教育部高校示范马克思主义学院和优秀教学科研团队建设项目（重点选题）
项目批准号：18JDSZK019

守正创新

——改革开放40年高校思想政治理论课建设经验研究

王新华 齐凯君 著

燕山大学出版社
·秦皇岛·

图书在版编目（CIP）数据

守正创新：改革开放 40 年高校思想政治理论课建设经验研究 / 王新华，齐凯君著 .
—秦皇岛：燕山大学出版社，2021.7
ISBN 978-7-5761-0211-6

Ⅰ .①守… Ⅱ .①王… ②齐… Ⅲ .①高等学校－思想政治教育－教学研究－中国
Ⅳ .① G641

中国版本图书馆 CIP 数据核字（2021）第 138300 号

守正创新——改革开放 40 年高校思想政治理论课建设经验研究

王新华 齐凯君 著

出 版 人：陈　玉
责任编辑：王　宁
封面设计：方志强
出版发行：燕山大学出版社 YANSHAN UNIVERSITY PRESS
地　　址：河北省秦皇岛市河北大街西段 438 号
邮政编码：066004
电　　话：0335-8387555
印　　刷：英格拉姆印刷(固安)有限公司
经　　销：全国新华书店

开　　本：700mm×1000mm 1/16　　印　　张：18.75　　字　　数：350 千字
版　　次：2021 年 7 月第 1 版　　印　　次：2021 年 7 月第 1 次印刷
书　　号：ISBN 978-7-5761-0211-6
定　　价：75.00 元

目录

CONTENTS

上编：历程篇

下编：经验篇

上编 历程篇

思想政治理论课是大学生思想政治教育的主渠道，担负着对大学生进行系统马克思主义理论教育的重要任务，是高校保证社会主义办学方向、落实立德树人根本任务的关键课程，是必须按照国家要求设置的课程。习近平总书记指出："历史是最好的教科书。"2021 年，中国共产党迎来百年华诞，中华民族实现了全面建成小康社会的千年夙愿，并开始向第二个百年的奋斗目标进军。站在新的历史交汇点上，梳理改革开放以来高校思想政治理论课建设的发展历程，分析和归纳不同历史阶段的特点，吸纳历史经验，汲取历史智慧，在守正创新中，进一步提升高校思想政治理论课实效性，筑牢思想政治工作的"生命线"，是一项意义重大又刻不容缓的工作。

进入改革开放新的历史时期以来，高校思想政治理论课从改革开放初期的重回正轨，到"85 方案"的不断丰富、"98 方案"的调整改革，再到"05 方案"的系统性建设，体现了课程建设继承与发展的统一。上编以课程体系的沿革为主线，按照改革开放初期（1978—1984）、"85 方案"实行时期（1985—1997）、"98 方案"实行时期（1998—2004）、"05 方案"实行时期（2005 年至今）的时间顺序，并根据内容的要求，将"05 方案"实行时期划分为"05 方案"实行前期（2005—2012）和 2012 年党的十八大以来，即中国特色社会主义进入新时代以来的高校思想政治理论课建设两个时期，从组织机构、课程体系、教材建设、教学方法改革、师资队伍建设、学科建设等方面的历史沿革为线索，梳理高校思政课建设的历史进程，分析高校思想政治理论课的守正与创新。

改革开放的每一步跨越与前进，都促使高校思想政治教育面对新情况、新问题，高校思想政治理论课的课程名称不断变化，课程方案不断调整，教学内容不断丰富：改革开放初期的称谓是“马列主义课”或“马克思主义理论课”；1982年后高校开设了“共产主义思想品德课”，而后拓展为“思想教育课”（或称“思想品德课”），1993后开始与“马克思主义理论课”合称为“两课”，在随后的“98方案”中普遍使用“两课”来概括两类课程；2004年8月后，统一使用“思想政治理论课”这一概念。本书统一使用“思想政治理论课”的称谓，简称“思政课”，但在涉及当时的文件和研究文献时，以历史上的提法为准，因此行文中会出现同一历史时期不同称谓交替使用的现象。

第一章　改革开放以来对思政课重要性认识的逐步深化

2016 年 12 月，习近平总书记在全国高校思想政治工作会议上强调："我们的高校是党领导下的高校，是中国特色社会主义高校。办好我们的高校，必须坚持以马克思主义为指导，全面贯彻党的教育方针。要坚持不懈传播马克思主义科学理论，抓好马克思主义理论教育，为学生一生成长奠定科学的思想基础。"[①] 学校思想政治教育是"马克思主义理论在学校教育实践中应用，是中华民族传统美德的继承，是社会主义精神文明的弘扬，这也是我国在意识形态领域中的政治优势所在"[②]。而思想政治理论课是高校思想政治教育的主渠道，大学生掌握马克思主义，主要是通过思想政治理论课来实现和保障的。

一、改革开放初期对思政课重要性的认识

20 世纪 70 年代末 80 年代初，在我国高等教育的历史上以及思想政治教育的历史上，都是一个重要的转折时期：1977 年高考的恢复，1978 年 3 月 18 日和 4 月 22 日全国科学大会和全国教育工作会议的先后召开，党和政府调整了知识分子政策。经过拨乱反正，特别是关于"实践是检验真理的标准"的讨论，冲破了长期以来"左"倾错误的束缚。1978 年 12 月，党的十一届三中全会果断抛弃"以阶级斗争为纲"的口号，作出了党的工作中心转移到社会主义现代化建设上来的决策。1981 年 6 月，党的十一届六中全会对新中国成立后

① 习近平谈治国理政：第 2 卷 [M]. 北京：外文出版社，2017：377.

② 徐文良 . 难忘的历程——高等学校思想政治教育的回顾与思考 [M]. 长春 ：吉林人民出版社，2008：5.

的重大历史事件作出了科学的总结，从根本上否定了“无产阶级专政下继续革命”的理论。高等教育逐渐走上正轨，思想政治教育和思想政治理论课的地位和作用也逐渐得到重视。

1. 为思政课“正名”

1978 年 4 月 22 日，邓小平在全国教育工作会议上的讲话中指出：“我们的学校是为社会主义建设培养人才的地方……毫无疑问，学校应该永远把坚定正确的政治方向放在第一位。”学生应该德育、智育、体育全面发展，成为有社会主义觉悟、有文化的劳动者，而且“政治觉悟越高，为革命学习文化就应该越加自觉，越加刻苦”①，这是对学生进行思想政治教育的意义所在。此前，教育部在全国征集意见并发布了《教育部办公厅关于加强高等学校马列主义理论教育的意见》（下文简称《意见》），对高校马克思主义理论教育的地位、马克思主义理论课的目的和任务、课程设置、教材、教学方法、教师队伍建设和领导体制问题提出了重要意见。该《意见》引用毛泽东的话，指出知识分子和青年学生除了专业学习外，还需要“在思想上要有所进步，政治上也要有所进步”，因为“没有正确的政治观点，就等于没有灵魂”，明确了青年学生学习马克思主义理论对健康成长的重要意义。同时明确指出：“马列主义理论课是社会主义各类高等学校的必修课；开设马列主义理论课，是新中国大学区别于旧中国大学，社会主义高等学校区别于资本主义高等学校的一个重要标志。”②

1979 年 3 月 30 日，中共中央在北京召开理论务虚会，讨论党的工作重心转移后的理论工作问题，邓小平在会上作了“坚持四项基本原则”的讲话，指出：“为了实现四个现代化，我们必须坚持社会主义道路、坚持无产阶级专政、坚持共产党的领导、坚持马列主义、毛泽东思想。”坚持四项基本原则是立国之本，既同党内的教条主义作斗争，又严厉回应了社会上的自由主义思潮。1987 年党的十三大，提出了社会主义初级阶段的基本路线，即“一个中心，两个基本点”。“一个中心”即以经济建设为中心，“两个基本点”即坚持四项

① 教育部社会科学司．普通高校思想政治理论课文献选编（1949—2008）[M]. 北京：中国人民大学出版社，2008：66.

② 教育部社会科学司．普通高校思想政治理论课文献选编（1949—2008）[M]. 北京：中国人民大学出版社，2008：70.

基本原则，坚持改革开放。四项基本原则是立国之本，改革开放是强国之路，两者互相联系，缺一不可。坚持四项基本原则是实现四个现代化的根本前提和政治保证，是我们党制定各项政策的基础。实现社会主义的现代化，必须坚持四项基本原则，而学生自觉地坚持四项基本原则的关键在于加强马列主义、毛泽东思想的基本理论教育，因此，“马列主义课在实现社会主义现代化建设的新时期中只能加强、不能削弱”，在各类专业中都是必修课程，“不能选修或免修”，这是“社会主义高等学校的特点和优点”①。

改革开放初期，在高校思想政治理论课建设上，出现了两种错误倾向：第一是对思政课的重要性认识不足。部分地区或高校尚未把加强和改进马列主义理论教育列入重要议事日程。第二种是将“红与专”分离或对立。1957 年，毛泽东同志在中共八届三中全会的扩大会议上提出“红与专”的人才培养标准，指出“政治是主要的，是第一位的，一定要反对不问政治的倾向，但是，专搞政治，不懂技术，不懂业务，也不行”，因此，“我们各行各业的干部都要努力精通技术和业务，使自己成为内行，又红又专”②。改革开放后，在“红与专”的问题出现的偏颇具体表现为：部分高校“对外语课和专业课抓得紧，对公共政治理论课抓而不紧”③，甚至“把马列主义理论课看成‘可有可无’，把学习马列主义理论同学习专业对立起来”。针对这两种错误倾向，“各级党委宣传部（或科教部）和教育部门必须充分认识马列主义理论课在高等教育中的重要地位和作用，切实加强领导，坚决纠正一切轻视马列主义理论课的错误倾向”④，指出：“决不能把思想政治工作和教学、科研工作对立起来或割裂开来。忽视和削弱思想政治工作，必将犯历史性的错误。要使师生员工懂得，专

---

① 教育部关于印发《改进和加强高等学校马列主义课的试行办法》的通知（1980 年 7 月 7 日）[C]// 教育部社会科学司 . 普通高校思想政治理论课文献选编（1949—2008）. 北京：中国人民大学出版社，2008：86-87.

② 毛泽东文集：第 7 卷 [M]. 北京：人民出版社，1999：309.

③ 高等学校政治理论课的基本情况和存在问题（1979 年 5 月 20 日）[C]// 教育部社会科学司 . 普通高校思想政治理论课文献选编（1949—2008）. 北京：中国人民大学出版社，2008：78.

④ 中央宣传部、教育部关于印发《关于加强和改进高等院校马列主义理论教育的若干规定》的通知（1984 年 9 月 4 日）[C]// 教育部社会科学司 . 普通高校思想政治理论课文献选编（1949—2008）. 北京：中国人民大学出版社，2008：95.

不等于红，但红一定要专。四个现代化建设是当前最大的政治，学生为祖国的四个现代化刻苦学习业务，是思想政治好的重要表现。”①

如上所述，马列主义理论课在整个高等学校中的重要地位是由社会主义高等学校的性质和马列主义、毛泽东思想基本理论的指导地位决定的。改革开放初期，对高校思政课的“正名”工作是加强课程建设的前提。

2. 为思政课“指路”

改革开放后的中国，春潮涌动，万物复苏，高校思想政治理论课建设伴随国家各项工作逐渐走向正轨，在为高校思想政治理论课“正名”后，思政课建设的“路线图”和“施工图”也逐渐清晰。

（1）进行全面的学情分析，是思政课建设和改革的基础

全面了解高校学生的时代特点和代际特征，能够使思政课的建设和改革更加有的放矢，精准有效。改革开放初期，绝大多数学生珍惜上大学的机会，学习科学文化知识的热情高，而且思想解放，肯于思考问题，容易接受新鲜事物，勇于创新，即“学生的主流是好的，是积极向上的，是大有希望的”②，但也存在消极的倾向，表现为以下两个方面。

第一，受历史条件的限制和影响，学生的理论基础较为薄弱。首先表现为学生对思政课的重要性认识不足，教师难教，学生不愿学：“不仅理工农医专业的学生重理轻文，忽视政治，对政治理论课不感兴趣，政教和党史专业的学生也不安心学习。”1979 年年初，教育部组织了全国范围的高校思政课状况调研，5 月份发布的《高等学校政治理论课的基本情况和存在问题》的调研报告，报告列举沈阳师范学院政教系一个学生来信：“我们学的政治理论好像没有多少用处，是可有可无的。对于现在的功课不像入学时那么热心了，有时甚至想

① 教育部、共青团中央关于加强高等学校学生思想政治工作的意见（1980 年 4 月 29 日）[C]// 教育部社会科学司 . 普通高校思想政治理论课文献选编（1949—2008）. 北京：中国人民大学出版社，2008：79.

② 教育部、共青团中央关于加强高等学校学生思想政治工作的意见（1980 年 4 月 29 日）[C]// 教育部社会科学司 . 普通高校思想政治理论课文献选编（1949—2008）. 北京：中国人民大学出版社，2008：80.

抛弃它，但又觉得束手无策，陷入痛苦的彷徨中”，体现了经历“文革”后，部分大学生对政治的排斥心理和内心的痛苦与彷徨。即使在中国人民大学党史系这样的专门从事马克思主义理论和党史研究的大学和专业中，也出现了“有些学生不想学党史，用主要精力和时间学外语，准备将来改行，搞翻译”的情况。考试是验证教学成效的标准之一，报告中列举了思政课考核的具体数字，说明课程建设面对的现状：如清华大学 1979 年年初，一个年级的哲学期中考试，题目是最基本的内容，预先还经过复习辅导，结果 1578 名考生中竟有 78 人不及格，出现了清华政治理论课考试成绩的最差纪录；华中工学院机二系七八级党史课的一次测验，173 人中有 14 人不及格，有 6 人将中国共产党的成立时间答成 1927 年，有 3 人答中国革命的道路是“城市包围农村”等现象，“这也是二十多年来没有见过的情况”[①]。

第二，受“文革”遗毒和西方思潮的影响，部分学生不能作出正确的政治判断。当时青年学生由于对马克思主义基本理论理解不深，对党的历史和革命的优良传统了解不多，对社会主义的优越性没有实际体会，部分学生产生一些思想困惑，比如：“发生‘文化大革命’这么大的问题，那么，共产党到底还可不可以相信？马克思主义还管不管用？社会主义还有没有前途？”部分学生“自谓‘看破了红尘’，对四项基本原则产生了怀疑，对四个现代化缺乏信心”。加上在对外开放环境下，各种社会思潮纷纷涌入，内容庞杂，良莠不齐，“那些带有负面影响的社会思潮，很多早已经被马克思主义经典作家分析过、批判过。它们可能在西方国家发展的某一历史时期起过作用，但是之后就被抛弃了。然而，随着我国思想的解放，又在 20 世纪 70 年代末涌进了中国”[②]。在这种背景下，部分学生“以偏概全，夸大现实社会的阴暗面，热衷于‘暴露时弊’，向往资本主义社会的自由民主和生活方式”，“极少数人甚至打着‘反特

① 高等学校政治理论课的基本情况和存在问题（1979 年 5 月 20 日）[C]// 教育部社会科学司 . 普通高校思想政治理论课文献选编（1949—2008）. 北京：中国人民大学出版社，2008：75.

② 中国高等教育学会 . 改革开放 30 年中国高等教育改革亲历者口述纪实（1978—2008）[M]. 北京：教育科学出版社，2008：276.

权’‘反官僚’的旗号，把矛头指向党的领导和社会主义制度”[①]。

综上，改革开放初期，由于经历了“文革”的挫折，大学生的理论基础薄弱，政治学习的热情不高，在对外开放的环境下，学生分辨力不强，容易受到西方社会思潮，包括资产阶级自由化思潮的影响，这是当时必须面对的实际情况，也是课程建设和改革的切入点和着力点。

（2）推进思政课教学内容的守正创新，是优化教学效果的关键

1980 年 7 月，教育部关于印发《改进和加强高等学校马列主义课的试行办法》，提出改进和加强马列主义课的教学，必须坚持党的政治路线和思想路线，解放思想，坚持四项基本原则，彻底肃清林彪、“四人帮”的流毒，从根本上拨乱反正。还要运用马列主义、毛泽东思想的基本原理研究新情况，解决新问题，使马列主义课不断适应社会主义现代化建设事业发展的新形势，体现守正和创新的辩证统一。1984 年 9 月 4 日，中央宣传部、教育部关于印发《关于加强和改进高等院校马列主义理论教育的若干规定》的通知，进一步指出马克思主义的生命力就在于“同各个时代、各个国家的具体实际相结合，回答实践提出的重大问题”，马克思主义理论教育也应该充分体现这一个基本特点，思政课要“紧密结合时代和科学技术的发展，紧密结合社会主义现代化建设的实践和党的路线方针政策，紧密结合学生中普遍存在的思想认识问题进行讲授”[②]，适应教育“面向现代化，面向世界，面向未来”的需要，真正做到启迪学生，教育学生。而要实现思政课教学内容的守正创新，需要充分发扬理论联系实际的学风，联系历史实际、国内外形势实际、学生的思想实际和专业实际，引导学生运用基本原理分析研究实际问题，加深对理论的领会，端正思想，提高觉悟。

---

① 教育部、共青团中央关于加强高等学校学生思想政治工作的意见（1980 年 4 月 29 日）[C]//教育部社会科学司．普通高校思想政治理论课文献选编（1949—2008）．北京：中国人民大学出版社，2008：80.

② 教育部社会科学司．普通高校思想政治理论课文献选编（1949—2008）[M]. 北京：中国人民大学出版社，2008：95.

二、“85 方案”对思政课重要性的认识

1982 年 9 月，中国共产党十二大召开，邓小平在大会开幕词中指出：“把马克思主义的普遍真理同我国的具体实践结合起来，走自己的道路，建设有中国特色的社会主义。”① 我国开启了社会主义现代化建设的新局面，对教育发展也提出了新的要求。改革开放以来的高校思想政治理论课建设是在中国特色社会主义理论和实践的不断推进中，在高等教育的改革和发展中不断前行的，其中第一次重要的演进就是从 1985 年到 1997 年“85 方案”的形成和实施。

1. 深刻认识课程改革的必要性和重要性

这个时期对高校思政课的重视集中体现在坚定马克思主义理论教育的教学改革的决心，加快改革步伐上。

20 世纪 80 年代初，中国社会经历了翻天覆地的历史变革。党中央敏锐意识到，我国正处在社会主义现代化建设的新的历史时期，在建设有中国特色的社会主义的事业中，大量的新情况和新问题需要我们去研究解决。现在的大学生是未来建设社会主义物质文明和精神文明的骨干力量，他们的世界观、理论水平、道德修养以及科学文化素质，能否适应新时期总任务的要求，关系到社会主义现代化建设的兴衰成败。大学生具有振兴中华的强烈愿望，善于学习、勤于思考、勇于探索、敢于创新，这是他们的优点。但是十年内乱造成的消极后果，还远没有清除干净；对外开放的历史环境固然有利于学生开阔眼界、解放思想，但西方资产阶级腐朽思想也不可避免地会渗透进来。在这样的形势下，必须加强和改进马列主义理论教育，才能提高学生的思想政治觉悟和辨别是非的能力，抵制形形色色的资产阶级和其他剥削阶级的思想侵蚀，自觉坚持四项基本原则，为实现党在新时期的总任务贡献力量。

在新的历史条件下，面对新的问题，思想政治理论课的改革迫在眉睫，这一时期对思政课重要性的认识集中体现为对思政课教学改革重要性和紧迫性的认识上。1985 年 8 月，《中共中央关于改革学校思想品德和政治理论课程教学的通知》（中发〔1985〕18 号文件）提出了课程改革的总体要求：“进行以中

① 邓小平文选：第 3 卷 [M]. 北京：人民出版社，1993：3.

国革命史为中心的历史教育，进行马克思主义基本理论的教育，进行中国社会主义建设和改革的理论、政策和实际知识的教育”，18 号文件标志着“85 方案”的形成。“85 方案”课程改革的主要内容集中体现在课程体系的补充和完善上：除了通过马克思主义理论课对学生进行系统的马克思主义理论教育外，还针对学生普遍关心的形势、政策、人生、理想、道德、民主、法制、纪律等方面的问题，有计划地开设思想教育课程，“既要善于和抓住学生成长中带有普遍性的思想认识问题，有计划地进行教育；又要注意密切结合形势的发展和学生的思想动态进行教育”①，加强思想政治教育的现实针对性。

教学改革涉及教材的编写、师资队伍的进修、管理体制的改革等问题，任务既繁重又艰巨。“85 方案”课程改革的力度较大，挑战也是前所未有的：如开设的“马克思主义原理”课，对马克思主义理论的研究，从过去分别开设“哲学”“政治经济学”和“科学社会主义”课程到“由合到分”，开设整体性和综合性更强的“大原理”课；改“中共党史”为“中国革命史”，以更深的历史纵深和更开阔的历史视野，坚定学生对中国共产党和中国特色社会主义道路的信心；同时开设“中国社会主义建设”课，讲述改革开放以来党在社会主义建设和改革过程中的新思想、新政策、新理论，让学生明确社会主义现代化建设事业中自身的责任使命。在思想教育课的设置上，除了对“共产主义品德”课进行扩展和整合外，还于 1986 年开设了“法律基础”课，1987 年开设了“形势与政策”课。课程内容的丰富和整合，对师资队伍的素质、科研和教材的支撑等都是较大考验。1986 年 3 月 20 日，国家教育委员会②关于在高等学校进一步贯彻《中共中央关于改革学校思想品德和政治理论课程教学的通知》的意见，指出改革政治理论课教学的需要“以中央《通知》为思想武器，统一学校领导

① 国家教育委员会关于高等学校思想教育课程建设的意见（1987 年 10 月 20 日）[C]// 教育部社会科学司 . 普通高校思想政治理论课文献选编（1949—2008）. 北京：中国人民大学出版社，2008：133.

②1949 年 11 月 1 日，中央人民政府教育部成立，此后直到 1985 年 6 月，教育部是国家最高管理教育的行政机构；1985 年 6 月 18 日到 1998 年 3 月 10 日，更名为国家教育委员会；1998 年 3 月 10 日后，国家教育委员会更名为教育部，并沿用至今。

干部和教师的认识，调动起他们的积极性，克服消极被动情绪，使政治理论课的教学改革迈出新的步伐"[①]，提出从 1986 年起，用三到五年的时间进行政治理论课教学改革，根据改革的难易程度确定改革的步伐，如"大原理"课的设置是课程改革中难度较大的一门课，课程改革需要循序渐进、逐步完善：1986 年初步探讨教学内容和体系，组织科研攻关；1987 年在科研攻关的基础上，编写教学大纲和试用教材，并进行教学试点；1988 年，总结试点经验，扩大试点范围，编写示范性大纲，修改试用教材；1989 年，评审推荐全国试用教材；1990 年，在全国多数学校开设"马克思主义原理"课。而"中国革命史"的开设，由于之前有清华大学改"中共党史"课为"中国革命史"课的试点经验，可以在此基础上，编写课程的示范性教学大纲，推动教材建设，评审推荐全国试用教材，于 1988 年在全国高校开设。预计 1990 年开始，多数高校能够落实新的课程方案，体现出循序渐进、稳扎稳打的渐进式改革特点。

2. 充分发挥思政课的意识形态功能

党的十一届三中全会以来，高校在探索改进和加强思想政治工作方面作了许多努力，取得了很多成绩，但在思想政治战线上也不同程度地存在着软弱混乱现象，具体表现为：忽视思想政治工作的重要性或淡化政治方向的教育，或由于思想政治教育的内容、形式和方法不适应新形势的要求，导致思想政治教育的效果弱化的现象。这个时期由于西方资本主义国家在意识形态领域的长期渗透，加上我们从思想上放松了对资产阶级自由化思想侵蚀的警惕，使资产阶级自由化思潮在中国形成三波较大的浪潮：第一波是以西单"民主墙"为代表的自由化思潮；第二波是围绕《苦恋》和人道主义、异化问题的讨论；第三波是以 1986 年年底出现的学潮为标志，1989 年春夏之交的政治风波标志着资产阶级自由化的极度泛滥和疯狂[②]。如邓小平所说："中国在粉碎'四人帮'以后，出现过一种思潮，叫资产阶级自由化，崇拜西方资本主义国家的'民主''自

---

① 教育部社会科学司 . 普通高校思想政治理论课文献选编（1949—2008）[M]. 北京：中国人民大学出版社，2008：111.

② 刘建武 . 资产阶级自由化思潮与和平演变——论反"和平演变"的长期性、艰巨性 [J]. 马克思主义研究，2016（8）：121-132.

由’，否定社会主义。”[①] 资产阶级自由化否定社会主义制度，主张资本主义制度，核心是否定共产党的领导，是“西方国家正在打一场没有硝烟的第三次世界大战。所谓没有硝烟，就是要社会主义国家和平演变”，针对当时的国际形势的风云变幻，邓小平指出：“东欧的事情对我们说来并不感到意外，迟早要出现的。东欧的问题首先出现在内部。西方国家对中国也是一样的，他们不喜欢中国坚持社会主义道路。”[②] 改革开放后，四项基本原则与资产阶级自由化的对立和斗争从来就没有停止过，反映了意识形态领域斗争的尖锐性和复杂性。

国内外企图在中国搞资产阶级自由化的势力，把高等学校作为他们思想渗透的主要场所，妄图从高校寻找和培养代理人。这个时期关于加强高校思想政治工作的文件频繁出台，反复强调各级教育部门领导和各高校“必须从反对‘和平演变’和争夺接班人的战略高度来认识和加强高校的马克思主义理论教育。珍视党和人民赋予的历史责任”[③]，凸显了对加强高校思想政治工作的极端重视，主要体现为：

（1）强调“德育首位”的思想

“德育工作在学校教育中的地位、作用，如同整个意识形态工作在社会主义事业中的地位、作用一样。”[④]1987 年 5 月，《中共中央关于改进和加强高等学校思想政治工作的决定》，以国家最高层级文件的形式对高校思想政治工作提出要求，要求各级教育部门和高等学校要“进一步明确办学指导思想，克服和防止只重视智育而轻视德育的倾向，充分认识加强思想政治工作的极端重要性”[⑤]。1989 年，江泽民在国庆 40 周年的讲话中指出：“各级各类学校不仅要

① 邓小平文选：第 3 卷 [M]. 北京：人民出版社，1993：123.

② 邓小平文选：第 3 卷 [M]. 北京：人民出版社，1993：344.

③ 国家教育委员关于加强和改进高等学校马克思主义理论教育的若干意见（1991 年 8 月 3 日）[C]// 教育部社会科学司 . 普通高校思想政治理论课文献选编（1949—2008）. 北京：中国人民大学出版社，2008：139.

④ 徐文良 . 难忘的历程——高等学校思想政治教育的回顾与思考 [M]. 长春：吉林人民出版社，2008：283.

⑤ 教育部社会科学司 . 普通高校思想政治理论课文献选编（1949—2008）[M]. 北京：中国人民大学出版社，2008：123.

建立完备的文化知识传授体系，而且要把德育放在首位，确立正确的政治方向。”[①]1991 年 8 月，《国家教育委员会关于加强和改进高等学校马克思主义理论教育的若干意见》，提出落实党中央关于把德育放在学校工作首位的指示精神，“对青年学生进行马克思主义理论教育，是由社会主义高等教育的性质和办学宗旨所决定的，是社会主义教育区别于资本主义教育的根本标志之一”[②]。德育首位是无产阶级阶级性的客观要求，也是社会主义教育的本质特征之一，在 20 世纪八九十年代历史背景下，强调德育首位，具有反资产阶级自由化的重要意义。

（2）增强思政课的现实针对性

这个时期站在反资产阶级自由化的高度，强调在思政课教学中理论联系实际的重要性。提出教学要克服“三脱离”的倾向，即克服“脱离中国社会主义现代化建设，脱离当代世界经济、政治和科学技术发展，脱离学生思想实际的弊端”。在保证系统性科学性的前提下，根据各门课程的特点，与正在进行的反资产阶级自由化的斗争结合起来，具体表现为：

第一，联系学生的实际。“要深入了解资产阶级自由化在学生中的影响，加强教学的针对性，着重解决根本政治原则和政治方向问题……对于在学生中有影响的资产阶级民主、自由、个性无条件绝对解放，以及全盘否定中国传统文化、鼓吹全盘西化等思潮，要深入分析其实质，揭露其对青年学生的危害”，经常调查分析学生的思想状况，联系学生思想实际，增强思想政治理论教育的针对性和预见性，有的放矢地对学生进行马克思主义理论教育教育，“使马克思主义理论课真正具有说服力、吸引力、战斗力，成为受学生欢迎的课程”[③]。

---

① 中共中央文献研究室 . 十三大以来重要文献选编（中）[M]. 北京：中央文献出版社，2011：75.

② 教育部社会科学司 . 普通高校思想政治理论课文献选编（1949—2008）[M]. 北京：中国人民大学出版社，2008：138.

③ 国家教育委员会关于进一步改革高等学校马克思主义理论课（公共课）教学的意见（1987 年 3 月 17 日）[C]// 教育部社会科学司 . 普通高校思想政治理论课文献选编（1949—2008）. 北京：中国人民大学出版社，2008：118.

第二，联系中国的实际。“要从中国国情出发，讲清只有坚持四项基本原则，才能坚持开放、改革，实现社会主义现代化的道理。”要求在教学中重点阐明以下问题：“（1）社会主义是历史发展的必然。实现社会主义现代化必须从中国国情出发，建设有中国特色的社会主义，才是唯一正确的道路。鼓吹全盘西化实质上就是主张走资本主义道路。（2）我国要集中精力进行社会主义建设，必须有稳定的政治环境，必须有一个强有力的领导核心，这就是中国共产党。在中国这样一个大国，没有共产党的领导，必然四分五裂、一事无成。（3）要争取一个安定团结的政治局面，没有人民民主专政不行。……在我国不能搬用西方资产阶级的民主，也不允许搞无政府主义。（4）坚持以马列主义、毛泽东思想为指导，是我国社会主义现代化建设事业的根本。中国和世界已经发生的巨大变化，证明马克思主义的强大生命力。马克思主义并没有结束真理，而是在实践中不断地开辟认识真理的道路。”①

如前所述，高等学校是意识形态建设和反资产阶级自由化的重要阵地，必须守土有责、守土负责、守土尽责。而重视思想政治教育的针对性和有效性，帮助青年学生逐步树立正确的世界观和人生观，沿着正确的方向健康成长，对于今天的思想政治理论课建设有重要启示。

“85 方案”实行时期，社会主义制度在世界风云变幻和国内体制转轨的严峻考验下，体现出强大的战略定力，显示出强大的生命力。我们经受住国际共产主义运动的挫折和低潮，以及国内政治风波的考验。进入 20 世纪 90 年代以来，我国高校的思想政治工作出现了新的转机：高校学生在动荡中受到深刻教育，增强了对资产阶级腐朽思想和各种错误思潮的识别力和抵制力，逐渐澄清了资产阶级自由化泛滥造成的思想混乱，提升了分辨是非的能力。历史告诉我们，在意识形态这个没有硝烟的战场，时刻需要警钟长鸣，“坚持马克思主义理论的纯洁性，发挥马克思主义的革命批判精神，要同资产阶级自由化的理

① 国家教育委员会关于在高等学校马克思主义理论课（公共课）教学中旗帜鲜明地坚持四项基本原则反对资产阶级自由化的通知（1987 年 3 月 5 日）[C]// 教育部社会科学司 . 普通高校思想政治理论课文献选编（1949—2008）. 北京：中国人民大学出版社，2008：116-117.

论观点、民主社会主义的理论观点和其他一切非马克思主义的理论观点划清界限”[①]，警惕错误思潮的侵蚀。正如邓小平所说：“反对资产阶级自由化至少还要搞二十年。”[②] 抵制资本主义的“和平演变”贯穿于改革开放的整个过程中，高校思想政治工作和思想政治理论课的建设具有不可替代的作用。

三、“98 方案”对思政课重要性的认识

“98 方案”实行时期，我国进入改革的攻坚阶段和发展的关键时期，社会情况发生了复杂而深刻的变化：经济成分和经济利益多样化、社会生活方式多样化、社会组织形式多样化、就业岗位和就业方式多样化日趋明显，经济、思想领域的矛盾不可避免地反映到大学生的思想中来。而高等教育的大众化以及高校的管理机制和毕业生分配制度的深度变革，带来了巨大冲击波，成为思想政治理论课改革的深层动力。高校德育工作和思想政治理论课面临着新课题和新挑战：“在经济体制发生重大变化，以公有制和按劳分配为主体，其他多种经济成分和分配方式并存的条件下，如何坚持社会主义意识形态的主导地位，用马克思列宁主义、毛泽东思想和邓小平同志建设中国特色社会主义理论教育青少年；在进一步扩大对外开放，学习国外先进科学技术和管理经验的条件下，如何教育青少年正确认识我国国情，继承和发扬中华民族优秀文化传统和中国共产党领导下的革命斗争传统，树立民族自尊、自信、自强、自立的精神；在新旧体制转换过程中还存在各种矛盾，社会生活中还有需要克服的消极现象的情况下，如何引导学生逐步树立正确的世界观、人生观和价值观，培养良好的道德品质；在人民生活水平有了较大改善和提高的情况下，如何培养学生具有自力更生、艰苦奋斗的精神和坚强的意志品质；在科学技术迅速发展、社会主义市场经济体制逐步建立的情况下，如何

① 国家教育委员关于加强和改进高等学校马克思主义理论教育的若干意见（1991 年 8 月 3 日）[C]// 教育部社会科学司 . 普通高校思想政治理论课文献选编（1949—2008）. 北京：中国人民大学出版社，2008：139.

② 邓小平文选：第 3 卷 [M]. 北京：人民出版社，1993：196.

指导学生在观念、知识、能力、心理素质方面尽快适应新的要求。”[①] 这些都是学校德育工作需要研究的新课题，也是高校思想政治理论课建设和改革的聚焦点和着力点。

1993年8月，中共中央组织部、宣传部、国家教委联合印发《关于新形势下加强和改进高等学校党的建设和思想政治工作的若干意见》，提出贯彻理论联系实际的方针和“少而精”“要管用”的原则，以增强说服力和有效性为目标，深入进行思政课的教学改革。随后，国家教委以清华大学、南开大学、吉林工学院、东北师范大学四所院校作为改革试点进行教学改革。本次课程改革是渐进的“双轨制”的改革，在新方案出台前，除试点院校外，其他高校保持课程体系相对稳定，从“讲政治”、巩固和发展社会主义意识形态的高度，抓好“两课”的教学和改革[②]，积累经验，稳扎稳打，逐渐将教学改革引向深入，为“98方案”的出台奠定了深厚的实践基础。1998年6月，中共中央宣传部、教育部关于印发《关于普通高等学校“两课”课程设置的规定及其实施工作的意见》的通知，规定四年制本科开设“马克思主义哲学原理”“马克思主义政治经济学原理”“毛泽东思想概论”“邓小平理论概论”和“当代世界经济与政治”（文科类开设）5门马克思主义理论课，同时开设“思想道德修养”和“法律基础”两门思想品德课，各科学生都要开设“形势与政策”课，这就是思想政治理论课的“98方案”。“98方案”为贯彻党的十五大精神，解决好邓小平理论进教材、进课堂、进头脑的要求，增强对高校学生的政治引领和价值引领，发挥了不可替代的功能和作用。

1.“两课”是高校思想政治教育的主要渠道

1993年7月26日，在全国高等学校党的建设工作会议国家教委主任朱开

① 中共中央关于进一步加强和改进学校德育工作的若干意见（1994年8月31日）[C]// 教育部社会科学司 . 普通高校思想政治理论课文献选编（1949—2008）. 北京：中国人民大学出版社，2008：151-152.

② 全国高校“两课”管理工作座谈会会议纪要（1996年6月5日）[C]// 教育部社会科学司 . 普通高校思想政治理论课文献选编（1949—2008）. 北京：中国人民大学出版社，2008：171.

轩同志的报告中，第一次将马克思主义理论课和思想政治教育课两类课程合称“两课”，高校思政课进入“两课”时代。

1991 年 8 月 3 日，《国家教育委员关于加强和改进高等学校马克思主义理论教育的若干意见》提出：“在高校的全部思想政治工作中，马克思主义理论课在对青年学生系统讲授马克思主义科学理论，进行科学世界观、人生观和价值观的教育，以及党的路线、方针和政策教育方面，担负着特殊重要的责任。它是“高校思想政治教育的主要阵地和主要渠道。”这是因为政治的坚定源于理论的清醒，“青年学生对于资产阶级社会政治学说本质的分辨和批判能力的提高，对于科学世界观、正确人生观、坚定的社会主义信念和远大共产主义理想的培养和树立，只有建立在科学的理论基础上，通过全面的和系统的马克思主义科学世界观和方法论的教育才可能实现”[①]。1993 年 8 月，《关于新形势下加强和改进高等学校党的建设和思想政治工作的若干意见》将学生思想政治教育的主渠道从“马克思主义理论课”拓展为“两课”，即“马克思主义理论课”和“思想政治教育课”。1995 年 10 月，《关于高校马克思主义理论课和思想品德课教学改革的若干意见》提出：“高校‘两课’是高校思想理论教育的主要渠道和主要阵地。”1995 年 11 月，《中国普通高等学校德育大纲（试行）》提出：“马克思主义理论课和思想品德课是对学生系统进行思想政治教育的主渠道和基本环节。”上述文件虽然有“思想政治教育课”和“思想品德课”的不同称谓，但都是指一类课程，而且都强调了“两课”的高校思想政治教育的“主渠道”作用，这是对多年来高校思想政治教育经验的总结，也是对课程功能和作用的概括。

1999 年出现“法轮功”问题，由于“对它的政治本质和严重危害，有一段时间没有引起我们足够的警觉”，以至于“酿成 1989 年那场政治风波以来最严重的政治事件”。“法轮功”问题的出现有着深刻的社会历史原因和复杂的国际背景，充分说明了“思想领域的矛盾和斗争错综复杂，有时还表现得相当

① 教育部社会科学司 . 普通高校思想政治理论课文献选编（1949—2008）[M]. 北京：中国人民大学出版社，2008：139.

激烈。思想领域的阵地马克思主义不去占领，非马克思主义和反马克思主义的东西就必然会去占领”[①]，凸显了坚持物质文明和精神文明“两手抓、两手都要硬”的重要性。“法轮功”不仅破坏社会稳定，又在理想、信念、人生观、价值观等方面腐蚀、毒害青年学生。在与“法轮功”的斗争中，高等学校守土有责，这是由我国教育的社会主义性质和根本任务决定的，而在加强马克思主义唯物论和无神论教育的重要性方面，思想政治理论课发挥着不可替代的作用。

高度重视思想政治工作，是我们党的优良传统和政治优势。在新的历史时期切实加强和改进思想政治工作，重视高校思想政治理论课的建设和改革，充分发挥其主渠道的作用，是一项重要而紧迫的任务。

2. 成立“两课”教学指导委员会

为了加强高校马克思主义理论课和思想品德课教学的宏观管理和顶层设计，充分发挥专家学者对“两课”教学改革与建设的咨询和指导作用。1997年12月，国家教育委员会决定成立普通高等学校马克思主义理论课和思想品德课教学指导委员会，即“两课”教学指导委员会（以下简称“教指委”）。教指委是人才培养的最权威和最高级别的专家组织，在中国高等教育的进程中，扮演着重要角色，发挥了关键的研究、咨询、指导和推动改革的作用。

“两课”教指委是在国家教委领导下，对高等学校“两课”教学工作进行研究、咨询、评价和指导的专家组织，组成人选包括长期从事“两课”教学和研究的高校教师，以及部分从事高校思想政治教育管理工作的党政部门负责同志。教学指导委员会每届任期四年，届中根据工作需要和人员状况可适当增补。教指委对高校“两课”教学改革、课程建设和学科发展中的一些重要问题。提出咨询和指导性意见，具体包括：进行马克思主义理论和思想品德教育重要决策的前期研究，向国家教委提出意见和建议；研究和指导“两课”教学改革和学科建设，组织教学经验的总结和交流，推动科学研究；进行教学改革方案、教学基本要求和教学成果的审议和鉴定；研究和参与教学质量与人才培

① 中共中央关于加强和改进思想政治工作的若干意见（1999年9月29日）[C]// 教育部思想政治工作司 . 加强和改进大学生思想政治教育重要文献选编（1978—2014）. 北京：知识产权出版社，2015：196.

养和科学研究基地评估工作；研究和参与教材建设和审议工作，检查教材质量；协助做好师资培训工作。把好“两课”教学的政治关、理论关和质量关。

“两课”教学指导委员会的成立是加强对高校德育工作进行系统顶层设计的一件大事，体现了这一时期对“两课”教学的高度重视。

1998 年 3 月，新一届国务院机构改革方案通过，原国家教委更名为教育部。教育部在机构改革中组建了社会科学研究与思想政治工作司，专设思想政治理论教育处，对“两课”教育教学进行管理，加强了“两课”管理上的综合效能，有利于把教学实践中涉及的重大理论问题的研究综合起来，也有利于将高校理论教师队伍建设和思想政治工作队伍建设结合起来。

四、“05 方案”实行前期对思政课重要性的认识

2004 年 8 月，中共中央、国务院颁布《关于进一步加强和改进大学生思想政治教育的意见》（中发〔2004〕16 号文件），成为进入新世纪以后高校思想政治工作的指导性纲领。16 号文件强调高等学校思想政治理论课是大学生思想政治教育的主渠道，是大学生的必修课，是帮助大学生树立正确的世界观、人生观、价值观的重要途径，体现了社会主义大学的本质要求。2005 年 2 月 7 日，中宣部、教育部联合印发了《关于进一步加强和改进高等学校思想政治理论课的意见》（教社政〔2005〕5 号），对新形势下高校思想政治理论课进行了系统的安排和部署，“05 方案”正式形成。“05 方案”以“思想政治理论课”的名称取代“两课”，并对课程设置作了统一规定：四年制本科的高校，设置“马克思主义基本原理”“毛泽东思想、邓小平理论和‘三个代表’重要思想概论”“中国近现代史纲要”“思想道德修养与法律基础”4 门必修课，同时开设“形势与政策”课以及“当代世界经济与政治”的选修课，并对每一门必修课的学分、基本内容和时间安排等作了原则性规定。

1.“全国一盘棋”

“05 方案”是经党中央同意在高等学校实施的新一轮的思想政治理论课改革。在此之前，为了深入了解“两课”教学中存在的深层次问题，有针对性地解决教学实效性不足问题，2003 年，教育部组织了全国范围的普通高校“两

课”教育教学调研工作，并列为教育部人文社会科学研究重大项目，时任教育部部长的周济亲自担任调研组组长，抽点了全国高校和教育主管部门的近50名专家，分综合、课程设置及教材内容、管理体制三个专题组进行，实行专题组长负责制。领导小组定期汇总编发《全国普通高校“两课”教育教学调研简报》，主送教育部党组成员，并报送中央宣传思想工作领导小组。2004年3月，时任中共中央总书记的胡锦涛在《关于高校公共理论课教学情况的调研报告》上作了重要批示，根据批示精神，中宣部、教育部成立了调研工作领导小组，进行了历时9个月的全国大学生思想政治教育暨高校思想政治理论课的调研，这是新中国成立以来，针对这一主题的深度和广度空前的调研。调研组在广泛征求意见的基础上，归纳出三种有代表性的课程改革方案，以书面形式再次征求高校教师和有关专家的意见。2005年1月，胡锦涛主持召开了中央政治局常委会议，专门研究部署了高校思想政治理论课工作，讨论通过新课程方案；同年9月，中央政治局常委亲自审定了四门高校思政课的教材提纲，而且教材建设纳入“马工程”中，由中宣部、教育部负责，集中全国最优秀力量，全国通用一本教材，这种高规格和高度统一性在新中国成立的历史上是空前的。“05方案”实行以来的教学实践，也充分彰显了教材建设全国一盘棋的优势。

2. 重视课程建设的系统性

思想政治理论课建设是一个包括课程建设、教材建设、学科建设、师资队伍建设等在内的系统工程，不能“单项突进”，必须坚持全面改革，在各项改革协同配合中推进，“05方案”的重要特点就是重视课程建设的系统性。

2004年1月，中共中央发出《关于进一步繁荣发展哲学社会科学的意见》，提出实施“马克思主义理论研究和建设工程”（下文简称“马工程”），4月27日至28日，中央召开工作会议，标志“马工程”正式启动。这是中国共产党历史上第一次以“工程”的方式进行大规模的马克思主义理论研究和教学工作，巩固了马克思主义在意识形态领域的指导地位，是一项重大的理论创新工程，是马克思主义发展史上具有里程碑意义的大事。“05方案”实行以来，思想政治理论课建设作为“马工程”的重要组成部分，不仅与学科建设双轮驱动，而且与师资建设、教材建设齐头并进。教材建设是思政课建设的基础保障，师资队伍建设是思政课建设的主体保障，而马克思主义理论学科的规范建设不仅从源头上保证了师资队伍的素质能力，也使高质量的教材编写成为可能，它们在协同中推进，在改革中深化，充分体现了整体性和系统性的特点。

五、新时代对思政课重要性的认识

党的十八大以来，党和国家事业发生了历史性变革，取得了举世瞩目的成就。2017 年，习近平总书记在党的十九大报告中指出："经过长期努力，中国特色社会主义进入了新时代，这是我国发展新的历史方位。"世界面临百年未有之大变局，我国处于近代以来最好的发展时期，中国社会开始进入全面建设社会主义现代化强国和实现中华民族伟大复兴中国梦的关键性奋斗阶段。经济发展提质增效，政治道路成熟稳健，文化自信不断彰显，中国特色社会主义历史方位的变化，对高校思想政治理论课建设提出新的、更高的要求。

1. 重视思政课的顶层设计和全面落实

以习近平同志为核心的党中央高度重视思想政治理论课建设，作出一系列重大决策部署：习近平总书记在全国高校思想政治工作会议、全国教育大会和学校思想政治理论课教师座谈会上的重要讲话，为开好思政课指明了前进方向，提供了根本遵循。为改善高校思政课教学状况，加强高校思政课改革创新，2015 年 7 月，中央宣传部、教育部关于印发《普通高校思想政治理论课建设体系创新计划》的通知，对思政课地位和作用的认识进一步提升："思想政治理论课是巩固马克思主义在高校意识形态领域指导地位、坚持社会主义办学方向的重要阵地，是全面贯彻落实党的教育方针，培养中国特色社会主义事业合格建设者和可靠接班人，落实立德树人根本任务的主干渠道，是进行社会主义核心价值观教育、帮助大学生树立正确世界观人生观价值观的核心课程。办好思想政治理论课，事关意识形态工作大局，事关中国特色社会主义事业后继有人，事关实现中华民族伟大复兴的中国梦，必须始终摆在突出位置，持之以恒、常抓不懈。"该通知按照系统规划、积极稳妥、敢于创新、重点突破的思路，围绕着提升思政课的教学效果，突出三个方面的考虑：一是顶层设计，系统规划。从教材、教师和教学三方面设计总体结构和布局，构成相互衔接、彼此支撑、整体推进的建设体系。二是积极稳妥、改革创新。既尊重以往的工作基础、取得的成绩和总结的经验，也根据新形势新任务新要求，力求思路创新、体系创新和政策举措创新，体现了守正与创新的有机统一。三是狠抓落实、突破重点，紧紧抓住突出矛盾和问题，重点围绕教师队伍建设、教学方法改革、马克思主义学院建设，对准焦点，突出重点，力争目标量化可检测。

2018 年 4 月，教育部印发了《新时代高校思想政治理论课教学工作基本要求》，与《普通高校思想政治理论课建设体系创新计划》相比较，对思想政治理论课进行定位，补充了思想政治理论课是“加强和改进高校思想政治工作、实现高等教育内涵式发展的灵魂课程”。为继续打好提高思想政治理论课质量和水平的攻坚战，坚持不懈传播马克思主义科学理论，讲清讲透习近平新时代中国特色社会主义思想的时代背景、重大意义、科学体系、精神实质、实践要求，全面推动习近平新时代中国特色社会主义思想进教材进课堂进学生头脑，打牢大学生成长成才的科学思想基础，引导大学生树立正确的世界观、人生观、价值观，不断提高大学生对思想政治理论课的获得感，《新时代高校思想政治理论课教学工作基本要求》对思政课教学工作提出十六项基本要求，包括：明确指导思想、坚持基本原则、严格落实学分、合理安排教务、规范建设教研室（组）、统一实行集体备课、创新集体备课形式、严肃课堂教学纪律、科学运用教学方法、改进完善考核方式、强化科研支撑教学、健全听课指导制度、综合评价教学质量、落实高校主体责任、强化地方统筹管理、加强全国宏观指导。保证思想政治理论课教学有虚有实、有棱有角、有情有义、有滋有味。

2019 年 3 月，习近平总书记主持召开了学校思想政治理论课教师座谈会，由党中央专门召开思政课教师的座谈会，无论在新中国的教育发展史上，还是在党的思想政治教育的历史上都是第一次，具有重要的里程碑意义。思政课是落实立德树人根本任务的关键课程，怎样将思政课的“有意义”讲得“有意思”，既有思想性、理论性，又有亲和力、针对性，座谈会以“八个相统一”给出了答案。2019 年 8 月，中共中央办公厅、国务院办公厅印发了《关于深化新时代学校思想政治理论课改革创新的若干意见》，要求对思政课课程体系进行调整创新，加强以习近平新时代中国特色社会主义思想为核心内容的思政课课程群建设，鼓励全国重点马院率先全面开设“习近平新时代中国特色社会主义思想概论”课，统筹推进思政课课程内容建设，为全面提高思政课质量和水平构建了四梁八柱。

2. 充分发挥思想政治理论课教学指导委员会的作用

为了进一步加强对全国高校思想政治理论课教学的督导、管理，为相关部门决策提供政策咨询，2009 年，教育部决定组建新一届高等学校思想政治理论课教学指导委员会。在组建过程中，明确教学指导委员会的主要任务是接受教育部委托，进行加强和改进高校思想政治理论课重要决策前期研究，就新教材建设、教学方法改革、师资队伍建设和学科建设等向教育部提出咨询意见和建议；组织和开展高校思想政治理论课教学的理论与实践研究；开展教师培养培训、教学成果鉴定和教学督导、检查等工作。

（1）教指委的成员组成

教学指导委员会委员的遴选原则包括：一是政治立场坚定，坚持用中国特色社会主义理论体系武装头脑，巩固马克思主义在高校意识形态领域的指导地位；二是要长期从事高校思想政治理论课教学科研，学术造诣高、教学经验或教学管理经验丰富，工作成绩突出，在全国或本地区思想政治理论课教育教学界有较高知名度，具有教授职称；三是要师德师风高尚，作风正派公道。具体包括五方面的专家：教育部社科委马克思主义理论学部委员、马克思主义理论一级学科评议组专家、高等学校哲学社会科学相关学科的著名专家、高等学校从事思想政治理论课教学和科研的一线教师、教育工作部门负责同志。

（2）教指委的组织形式

教学指导委员会组织形式采用二级组织形式，根据新课程方案课程设置的需要，分课程组建思想政治理论课教学指导委员会设置，2010—2014 年，高校思想政治理论课教学指导委员会分设“马克思主义基本原理概论”“毛泽东思想和中国特色社会主义理论体系概论”“中国近现代史纲要”“思想道德修养与法律基础”“形势与政策”“当代世界经济与政治”和“研究生思想政治理论课”6 个分教学指导委员会。2016—2020 年，教育部高校思想政治理论课教学指导委员会，扩大了覆盖面，增设了“高职高专思想政治理论课”分教学指导委员会。

（3）教指委的职责作用

2016年7月，教育部印发《高等学校思想政治理论课教学指导委员会章程》，对思政课教指委的职责、组织方式、工作任务、工作方式有了更规范明确的界定，教指委主要发挥以下作用：第一，咨询作用。针对思想政治理论课教学改革的重大理论与实践问题，经常性地开展深入、科学的调查研究，定期向教育部提交咨询建议和报告，为科学决策提供优质咨询。第二，研判作用。深入研究新形势下思想政治理论课建设规律，准确判断思想政治理论课面临的新情况新问题，原则上每学年对思想政治理论课建设状况开展一次系统调研，在教材建设、师资队伍建设、教学方法改革等方面提出建议。第三，督查作用。针对加强和改进思想政治理论课重大部署和重要举措的贯彻落实情况，有组织地开展督导、巡视、检查，及时向教育部提交督查报告，反映真实情况，协助做好责任追究等工作。第四，评估作用。总结推广思想政治理论课优秀教学方法。第五，培训作用。参与思想政治理论课教师队伍培养规划的制定和实施，组织专家积极参与骨干教师培训活动，切实增强培训效果。第六，示范作用。充分发挥专家组织的率先垂范作用，主动探索思想政治理论课改革创新路径，加强思想政治理论课精品课堂建设。第七，指导作用。加强对思想政治理论课教学的政治指导和业务指导，做到及时指导、精准指导，不断提升思想政治理论课的质；对思想政治理论课的教学改革、教学经验、教学质量等作出专业评估，总结推广量和水平。第八，引领作用。组织委员发挥专业、学识、科研等方面优势，在意识形态领域有效发声、引领舆论，为加强和改进思想政治理论课营造良好的社会环境和氛围。第九，与相关专家组织合作，推动马克思主义理论学科和马克思主义学院建设。第十，接受教育部委托，开展思想政治理论课建设其他相关工作。

教学指导委员会的设立和不断规范，加强了对高等学校思想政治理论课的宏观指导与管理，有效地提高了教育教学质量和水平。

如上所述，改革开放以来思政课建设的实践证明，思想政治理论课是思想政治教育的主渠道和主阵地，应当站位于赢得大学生就是赢得未来的战略高度，认识进行高校思想政治理论课的重大意义，注重系统集成、协同高效，突出守正创新、开拓进取。

第二章　加强党对思政课建设的领导

中国共产党的领导是中国特色社会主义的本质特征，是中国特色社会主义制度的最大优势。习近平总书记指出："加强党对教育工作的全面领导，是办好教育的根本保证。"[①] 坚持党委的领导是高校思想政治理论课建设最富生命力的原则。系统梳理、思考总结改革开放以来党领导思政课建设的历史经验，对于新时代办好思政课具有十分重要的意义。

一、改革开放初期党对思政课建设的领导

高等学校恢复正常的教学秩序后，如何加强党对高校思想政治工作以及思想政治理论课建设的领导就被提上了议事日程。

1．树立正确的党史观是前提

经历"文化大革命"后，高校思想政治理论课坚持党的全面领导，其前提是要引导学生正确评价党在探索过程中的失误和挫折，要使学生认识到"我们党也犯过这样那样的错误，但是党在历史上的错误，也都是由党来纠正的"，这是由于"我们党有实事求是、群众路线、批评与自我批评的优良作风，有民主集中制的优良传统"。在此基础上，"教育学生热爱党、信任党，坚持党的领导"，坚信在党中央的领导下，一定能够拨乱反正，不断解决前进中的问题，建成社会主义现代化强国，进而把学生的思想"统一到党的政治路线、思想路线和组织路线上来，统一到党中央的一系列重大决策上来"[②]。正确评价中国共

---

① 吴晶，胡浩．习近平在教育大会上强调坚持中国特色社会主义教育发展道路 培养德智体美劳全面发展的社会主义建设者和接班人 [J]. 人民教育，2018（18）：6-9.

② 教育部、共青团中央关于加强高等学校学生思想政治工作的意见（1980 年 4 月 29 日）[C]// 教育部社会科学司．普通高校思想政治理论课文献选编（1949—2008）．北京：中国人民大学出版社，2008：81.

产党，树立正确党史观，这既是思政课教学的重要内容和目的要求，同时也是思政课坚持党的领导的前提。1981 年，党的十一届六中全会通过了《关于建国以来党的若干历史问题的决议》，与 1945 年党的六届七中全会通过的《关于若干历史问题的决议》，都是运用辩证唯物主义和历史唯物主义的世界观和方法论，对建党建国以来若干历史问题作了科学分析和深刻总结，是树立正确党史观以及开展高校马克思主义理论教育的重要参考和文本依据。

2. 健全党对思政课的领导体制是保障

邓小平提出："毫无疑问，学校应该永远把坚定正确的政治方向放在第一位。"① 全面加强党的领导是高校坚持正确政治方向、办好思政课的根本保障。改革开放初期，对于如何坚持和加强党对高校思政课的领导、建立和健全领导体制，开始作出有益的尝试。

1979 年春，教育部政治理论教育司开展对全国高校政治理论课的调研，并提出加强高校思政课的领导和健全领导体制问题。1980 年 7 月，教育部关于印发《改进和加强高等学校马列主义课的试行办法》的通知，强调"搞好高等学校马列主义课教学的关键是加强党的领导，建立和健全领导体制"，具体包括：首先，高等学校的马列主义教研室应该是直属校党委领导的系（处）级的教学单位；其次，校党委应有一位书记或常委分管这方面的工作，经常了解教学情况，定时参加教研室的会议，学校的党政领导同志也应尽可能担负一些马列主义课的教学工作，以便更直观深入地了解问题，更及时有效地解决问题；最后，各省、市、自治区教育部门也应有适当的机构或人员负责高校思政课的工作②。

随着教学实践的深入进行，1984 年 9 月 4 日，中央宣传部、教育部关于印发《关于加强和改进高等院校马列主义理论教育的若干规定》的通知：除了继续强调高校要指定一名具有马列主义理论素养和懂得教育规律的书记或校长主管马列主义理论教学工作，并尽可能兼教一门马列主义理论课或作专题报告外，要求高校每学期至少还要研究一两次马列主义理论教育工作，切实解决工

---

① 邓小平文选：第 2 卷 [M]. 北京：人民出版社，1994：104.

② 高等学校政治理论课的基本情况和存在问题（1979 年 5 月 20 日）[C]// 教育部社会科学司 . 普通高校思想政治理论课文献选编（1949—2008）. 北京：中国人民大学出版社，2008：90.

作中的困难和问题；学校党委和校长还要把师资队伍建设作为自己的重要职责，帮助教师搞好自身的思想建设和业务建设，及时向教师传达中央的文件和指示。同时，要求各省、自治区、直辖市党委宣传部（或科教部）和教育厅（局）、国务院各部委教育局要加强对学校马列主义理论教育工作的领导，必须有专人负责这项工作，坚决纠正放任自流的状态，具体包括：经常检查各校执行情况，调查了解并积极解决教学中出现的一些带有普遍性的问题；交流经验，举办报告会和假期学习班，提供教学需要的内部资料，加强对马列主义理论教学研究会的领导，帮助解决干部、经费和其他方面的困难；定期召开马列主义理论教育工作会议，并将工作情况报告中宣部和教育部[①]。

二、"85 方案"时期党对思政课建设的领导

20 世纪 80 年代中期，随着国内改革的推进和深化以及对外开放的不断扩大，学生的思想状况愈加复杂，面对这种情况，党中央把对大学生思想政治教育提到了空前重要的地位。1983 年，全国教育系统唯一的党建期刊——《学校党建与思想教育》创刊，以探索新时期高校党建和思想政治教育工作新理念、新思路，服务学校党政领导、党务干部、宣传干部、学工干部、思想政治理论课教师和辅导员为宗旨，体现了党对高校思政课的领导和重视。这个时期正在进行的思想政治理论课的教学改革，任务迫切而繁重，要求"各级党委和政府部门必须切实加强领导，充分依靠和调动广大教师的积极性，坚定、积极而有步骤地做好这项工作。要进行深入的调查研究，广泛听取各方面的意见，先易后难，由局部到整体，经过扎扎实实的试验，逐步进行"[②]。发挥党委总揽全局、协调各方、调控节奏的作用。

1986 年年底，在少数人的煽动下，一些高校出现了资产阶级自由化苗头。

① 教育部社会科学司 . 普通高校思想政治理论课文献选编（1949—2008）[M]. 北京：中国人民大学出版社，2008：98-99.

② 中共中央关于改革学校思想品德和政治理论课程教学的通知（1985 年 8 月 1 日）[C]// 教育部社会科学司 . 普通高校思想政治理论课文献选编（1949—2008）. 北京：中国人民大学出版社，2008：108.

邓小平尖锐地指出了资产阶级自由化的本质和危害，强调必须坚持四项基本原则的必要性。高校党委充分发挥核心领导作用，组织马克思主义理论课教师认真学好中央文件和邓小平同志有关坚持四项基本原则、反对资产阶级自由化的论述，以及马克思、恩格斯、列宁、斯大林和毛泽东的有关论述，统一思想，提高认识，“有效地引导学生认清坚持四项基本原则、反对资产阶级自由化对于维护和发展安定团结的大好形势、坚持改革和对外开放、促进社会主义现代化建设的极端重要性”①。1989 年春夏之交出现政治风波，西方国家对中国社会主义制度的敌视以及对社会主义进行“和平演变”的意图昭然若揭，加强和改进大学生思想政治工作的迫切性更加凸显。1990 年 7 月 17 日，《中共中央关于加强高等学校党的建设的通知》，明确高等学校的领导体制是党委领导下的校长负责制，既避免了党政不分，“过分强调党委的领导，以致形成党委包办一切的现象”，又坚持了党委的领导地位，保证了高等学校的领导权掌握在忠于马克思主义的人手中，“这个文件的特点就是把党委和校长的职能作了粗线条的划分——哪些事归党委管，哪些事归校长管”。在此后的文件中，在此基础上进一步明确“思想政治教育要在党委的统一部署下进行，由校长和学校行政为主负责执行”②。从 1990 年开始，在党中央的直接领导下，中共中央组织部、中共中央宣传部和国家教委（教育部）党组三家开始联合定期召开全国高校党的建设工作会议，为高校党建、思想政治教育工作以及思想政治理论课指明方向，把工作落细落实，高校党建和思想政治教育工作得到切实加强。

如前所述，“85 方案”实行时期，由于国内外形势的风云变幻，这一时期高校思想政治教育的主题是反对资产阶级自由化，抵制西方的“和平演变”，坚持四项基本原则，而坚持共产党的领导是四项基本原则的核心，坚持党对高校思想政治理论课的领导，进一步细化和强调党的领导的具体要求，是坚持四

① 国家教育委员会关于在高等学校马克思主义理论课（公共课）教学中旗帜鲜明地坚持四项基本原则反对资产阶级自由化的通知（1987 年 3 月 5 日）[C]// 教育部社会科学司 . 普通高校思想政治理论课文献选编（1949—2008）. 北京：中国人民大学出版社，2008：116.

② 中国高等教育学会 . 改革开放 30 年中国高等教育改革亲历者口述纪实（1978—2008）[M]. 北京：教育科学出版社，2008：285-286.

项基本原则的题中应有之义。

三、“98 方案”时期党对思政课建设的领导

思想政治工作涉及经济和社会生活的各个方面，是经济工作和其他一切工作的生命线，“必须坚持在党的领导下，依靠全社会共同来做……充分调动社会各方面的积极性，形成职责明确、齐抓共管、覆盖全社会的工作机制”①。高校思想政治理论课建设需要各级党政教育部门和高校党政领导的整体合力。

1993 年 8 月，中共中央组织部、中共中央宣传部、国家教育委员会《关于新形势下加强和改进高等学校党的建设和思想政治工作的若干意见》②：各级党政教育部门和高校党政领导要重视加强对“两课”教育工作的领导，把“两课”作为重点课程来建设；增加对“两课”教育的投入，改善教学、科研条件，协调有关职能部门支持“两课”教育工作；建立健全校系领导定期听课制度和师生评课制度，促进教育质量的提高；将“两课”教师队伍建设作为整个学校教师队伍建设的重要组成部分，把“两课”教育工作状况作为评估学校工作和领导班子实绩的重要条件。1995 年 10 月，《关于高校马克思主义理论课和思想品德课教学改革的若干意见》中，强调要在党委的统一领导和部署下，建立和完善校长及行政系统为主实施的管理体制。学校党委和行政领导要定期研究“两课”教学工作，大力推动和指导教学改革，协调有关职能部门给予积极支持和配合，切实解决“两课”教学工作和师资队伍建设中存在的问题和实际困难。提倡和鼓励高校党政领导兼教一门思想理论教育课。有条件的地区和高校可逐步建立由省、区、市教育主管部门领导或高校有关领导、专家、教授参加的“两课”教学指导工作制度③。

---

① 中共中央关于加强和改进思想政治工作的若干意见（1999 年 9 月 29 日）[C]// 教育部思想政治工作司．加强和改进大学生思想政治教育重要文献选编（1978—2014）. 北京：知识产权出版社，2015：197.

② 教育部社会科学司．普通高校思想政治理论课文献选编（1949—2008）[M]. 北京：中国人民大学出版社，2008：120.

③ 教育部社会科学司．普通高校思想政治理论课文献选编（1949—2008）[M]. 北京：中国人民大学出版社，2008：160-161.

四、“05 方案”实行前期党对思政课建设的领导

“05 方案”是改革开放以来思政课教学改革迈出的重要一步。2004 年 8 月 26 日，《中共中央、国务院关于进一步加强和改进大学生思想政治教育的意见》（中发〔2004〕16 号）明确要切实加强党对大学生思想政治教育工作的领导：首先，各级党委和政府要从战略全局的高度，充分认识加强和改进大学生思想政治教育的重大意义，把培养什么样的人、如何培养人以及为谁培养人这个根本问题始终摆在重要位置，切实加强领导；其次，高等学校要建立和完善党委统一领导、党政齐抓共管、专兼职队伍相结合、全校紧密配合、学生自我教育的领导体制和工作机制，要把大学生思想政治教育摆在学校各项工作的首位，贯穿于教育教学的全过程①。为落实 16 号文件，2005 年 2 月，《中共中央宣传部、教育部关于进一步加强和改进高等学校思想政治理论课的意见》对各地各部门切实加强和改进党对高等学校思政课的领导提出了具体要求：纵向上，各级党委、政府要把加强和改进高等学校思想政治理论课教育教学作为一项重要工作摆上议事日程；横向上，组织部门、宣传部门、教育部门要各负其责，积极营造关心和支持思想政治理论课建设的良好社会氛围。具体到高校，“高等学校党委要切实负起政治责任，加强对思想政治理论课的领导。学校要有一名副书记和一名副校长主管思想政治理论课教学。学校宣传、教务、思想政治理论课教学单位等部门要各负其责，相互配合，共同做好思想政治理论课教育教学工作”。意见要求各地党政部门“要改善和提高高等学校思想政治理论课教师的待遇，及时向高等学校思想政治理论课教师传达党和国家的有关文件和政策，在阅读有关文件资料方面提供便利。各地及高等学校在职务聘任、科研立项、国内外学习进修和物质待遇等方面要充分考虑思想政治理论课教师工作的特点，在政策上予以扶持。要落实高等学校思想政治理论课的人员编制、经费投入和教学科研条件，创造良好的工作环境”②。

---

① 教育部社会科学司 . 普通高校思想政治理论课文献选编（1949—2008）[M]. 北京：中国人民大学出版社，2008：209.

② 教育部社会科学司 . 普通高校思想政治理论课文献选编（1949—2008）[M]. 北京：中国人民大学出版社，2008：217.

2005年3月9日，《中共中央宣传部、教育部关于进一步加强和改进高等学校思想政治理论课的意见》实施方案，要求加强对“05方案”实施工作的领导，认真做好各项工作：各地党委宣传部门要加强对实施工作的宏观指导，及时提出工作意见，加强组织协调工作。各地教育部门要负责实施工作的具体落实，抓好检查和指导工作。各高等学校党委要切实负起政治责任，把稳定教师队伍、提高教师素质作为当前加强和改进思想政治理论课的一项基础性工作来抓，做好思想政治理论课教师的思想政治工作和队伍建设工作。要根据教学需要，科学合理地组建教学单位，加强培训任课教师，妥善安排换岗教师，严把新进教师准入关，切实解决好新课程方案实施中的有关问题。

2008年7月，经中央批准，中共中央宣传部和中共教育部党组在北京联合召开加强和改进高校思想政治理论课工作会议，研究部署中国特色社会主义理论体系进教材、进课堂、进学生头脑及进一步加强和改进高校思想政治理论课工作。时任中共中央政治局常委李长春会见会议代表并作重要讲话，指出：高校思想政治理论课是对大学生进行思想政治教育的主渠道，对大学生世界观、人生观、价值观的形成有着不可替代的作用，是培养中国特色社会主义事业合格建设者和可靠接班人的重要途径，也是社会主义大学的本质体现。进一步加强和改进高校思想政治理论课教育，是国内外形势发展的需要，是全社会的期盼，也是高校广大教师、学生的呼唤。要求各高校要以党的十七大精神为指导，以教材建设和学科建设为基础，以教师队伍建设为重点，以教学方法创新为关键环节，以加强组织领导为保障，全面推进高校思想政治理论课建设，争取经过若干年的努力，把高校思想政治理论课建设成为大学生真心喜爱、终身受益的优秀课程。

为贯彻落实全国加强和改进大学生思想政治教育工作座谈会精神以及《中共中央宣传部、教育部关于进一步加强高等学校思想政治理论课教师队伍建设的意见》（教社科〔2008〕5号）有关规定，进一步加强宏观指导，规范高校思想政治理论课的组织管理、教学管理、队伍管理和学科建设。2011年年初，教育部研制了《高等学校思想政治理论课建设标准（暂行）》，标准包括A*、A、B三类指标，共38项，其中A*为核心指标（6项），包括组织管理、教学管理、队伍建设、队伍管理、学科建设、特色项目；领导体制、工作机制等 8 项 A 类重点指标；24 项 B 类基本指标。评价标准规定 A * 指标 6 项，A 类指标 7 项以上、B 类指标 20 项以上达标，方可认定合格。

五、新时代党对思政课建设的领导

中国特色社会主义进入新时代以来，党中央的高度重视使高校思想政治理论课的建设进入了一个新的历史时期。2015 年 7 月，中央宣传部、教育部关于印发《普通高校思想政治理论课建设体系创新计划》的通知，在 2004 年 16 号文件的基础上进行了拓展：明确对思想政治理论课要由"学校党委直接领导，协调校行政负责实施，分管校领导具体负责，并成立相应的领导机构"，强调学校宣传、人事、教务、研究生院（处）、财务、科研、学生处、团委等党政部门和思政课教学科研机构各负其责，相互配合，落实思想政治理论课教育教学、学科建设、人才培养、科研立项、社会实践、经费保障等各方面政策和措施。在党委的领导下，发挥全体教职员工和各个部门的思想政治教育功能，推进构建十大育人体系，即课程育人、科研育人、实践育人、文化育人、网络育人、心理育人、管理育人、服务育人、资助育人和组织育人体系。

新时代，党对高校思政课的领导集中体现在思政课成为高校的"一把手"工程上。"一把手"工程即高校党委书记、校长承担起政治责任和领导责任，带头听课、讲课，保证顶层设计的完善和各方力量的统筹。

"一把手"工程体现了对新中国成立后高校思政课建设的历史经验的吸纳和借鉴：1955 年，教育部副部长刘子载在高等工业学校、综合大学校院长座谈会上，强调加强学校对马克思列宁主义理论教育的组织领导和教学领导，"校长和副校长中必须有一个人亲自领导马克思列宁主义教研组的工作"，负责审查教学工作计划、科学研究工作计划和在职教师培养进修计划，定期听取教研组的汇报，克服教研组缺乏领导和领导薄弱的现象[①]。改革开放后，逐渐形成

① 关于高等学校的政治思想教育工作——刘子载副部长在高等工业学校、综合大学校院长座谈会上的发言》（1955 年 4 月 25 日）[C]// 全国普通高校"两课"教育教学调研工作领导小组 . 普通高校思想政治教育课程文献选编（1949—2008）. 北京：中国人民大学出版社，

了高校党政领导定期听课、授课的制度。进入21世纪新时代，这种历史经验得到了继承和发扬：2011年1月的《高校思想政治理论课建设标准（暂行）》，要求学校党委（常委）会议，校长办公会每学期至少召开一次专题会议，研究思政课的相关工作，把思想政治理论课建设列入学校事业发展规划，作为学校重点课程建设，每年至少进行一次专项督查；高校分管思想政治理论课的领导每学期到堂听课2次以上，听取教学工作汇报，解决实际问题。2015年9月的《高校思想政治理论课建设标准》，除了规定听课任务、召开专题会议和专项督查外，要求学校党委书记或校长每学年到思想政治理论课教研部门召开现场办公会至少一次，学校党政主要负责同志每学期至少讲授一次思想政治理论课。2018年4月，教育部关于印发《新时代高校思想政治理论课教学工作基本要求》的通知，对教育部、省级教育部门和高校领导的听课与授课进行了更清晰明确的规定：高校党委书记要落实思想政治理论课建设第一责任人责任，校长要切实负起政治责任和领导责任。健全听课指导制度，建立校、省、部三级听课制度。高校党委书记、校长，分管思想政治理论课建设和分管教学、科研工作的校领导，对每门思想政治理论课必修课，每人每学期至少听一次课；思想政治理论课教学科研二级机构领导班子每位成员，在一个任期内要对所有授课教师做到听课全覆盖。省级教育部门每学年要组织专家对属地高校开展全覆盖听课，总体上要覆盖各门思想政治理论课，并形成本地高校思想政治理论课课堂教学状况报告。教育部高校思想政治理论课教学指导委员会要组织专家开展随机听课，研制发布全国高校思想政治理论课教学状况年度报告。2019年8月14日，中共中央办公厅、国务院办公厅印发了《关于深化新时代学校思想政治理论课改革创新的若干意见》，高校党委书记、校长是思政课建设第一责任人，要结合自身学科背景和工作经历，“带头走进课堂听课讲课，带头推动思政课建设，带头联系思政课教师”，每学期至少给学生讲授4个课时思政课，领导班子其他成员每学期至少给学生讲授2个课时思政课，可重点讲授“形势与政策”课。除了强调高校党政干部的责任外，还提出要严格落实地

2008：21.

方党委思政课建设主体责任：把思政课建设作为党的建设和意识形态工作的标志性工程摆上重要议程，党委常委会每年至少召开一次专题会议研究思政课建设，抓住制约思政课建设的突出问题，在工作格局、队伍建设、支持保障等方面采取有效措施。建立和完善省（自治区、直辖市）党委领导班子成员联系高校和讲思政课特别是“形势与政策”课制度，各省（自治区、直辖市）党委和政府主要负责同志每学期结合学习和工作至少讲一次课。

如上所述，高校党委从统筹领导思想政治理论课建设，到直接听课、授课，要求越来越具体明确。“一把手”工程有利于充分调动全校上下，党政群工团各部门对思政课的支持，统筹规划，具体落实，体现了对党思想政治教育优良传统的继承和历史经验的借鉴，也为全面贯彻党的教育方针提供了坚强的政治和组织保障。

除了把思想政治理论课作为“一把手”工程抓紧、抓实、抓好外，新时代党对思政课建设的全面领导还体现在加强顶层设计、制定建设规范上。2015年9月，教育部正式印发修订后的《高等学校思想政治理论课建设标准》（下文简称《标准》），《标准》设立一级指标5项，包括组织管理、教学管理、队伍管理、学科建设、特色项目，以及领导体制、工作机制、机构建设、专项经费、管理制度、课程设置、教材使用、课堂教学、实践教学、教学方法改革、教学成果、政治方向、师德师风、教师配备、培养培训、职务评聘、经济待遇、表彰评优、学科点建设、科研工作、教学改革特色项目、其他等二级指标，还有若干三级指标。关于领导体制，《标准》明确思想政治理论课要由“学校党委直接领导，协调校行政负责实施，分管校领导具体负责，并成立相应的领导机构”。关于工作机制，除了规定校党委（常委）会议、校长办公会召开专题会议、学校党委书记或校长开现场办公会，以及学校党政主要负责的授课任务、学校分管领导的听课任务外，《标准》还要求“把思想政治理论课建设列入学校事业发展规划，作为学校重点课程建设，有条件的本科院校同时应作为重点学科建设，每年至少进行一次专项督查”，要求“学校宣传、人事、教务、研究生院（处）、财务、科研、学生处、团委等党政部门和思政课教学科研机构各负其责，相互配合，落实思想政治理论课教育教学、学科建设、人才培养、科研立项、社会实践、经费保障等各方面政策和措施”。

思想政治理论课不仅是一门课程，更是一种党的路线、方针、政策的传递，思政课只有在党的领导下，才能牢牢把握社会主义的办学方向。要从坚守意识形态阵地和党的事业薪火相传的战略高度，加强思想政治理论课建设的顶层设计和统筹部署，建立党委统一领导、党政齐抓共管、有关部门各负其责、全社会系统配合的工作格局，保证相关方针政策落地生根。坚持党的全面领导，实现上下贯通、左右贯通和整体联动，是高校思政课建设的突出特点和重要经验。

第三章 推动思政课组织机构建设

马克思主义学院是改革开放后的新生事物，在“05方案”实施后，尤其是党的十八大之后，马克思主义学院的建设进入了新的发展阶段。马克思主义学院担负着统一管理思想政治理论课教师、保障思想政治理论课教育教学有序运行的职责，并且能够有效地推动马克思主义理论学科建设、人才培养和教学科研梯队建设，以及社会服务和相关管理工作，是办好高校思想政治理论课的坚强战斗堡垒。

一、改革开放后组织机构建设的历史沿革

新中国成立后，我国高校主要学习苏联高等教育的体制和经验。从1952年开始，教育部根据“以培养工业建设人才和师资为重点，发展专门学院，整顿和加强综合大学”的方针，在全国范围内进行了高等学校院系调整工作，把系作为直属校部的行政组织，建立起“大学（学院）一系”的内部组织体制，建立专门的马列主义教研室，保证课程教学的计划性和组织性。如中国人民大学“统一采用苏联的‘卡菲德拉’（译作‘教研室’）作为基本教学组织”，设立了“中国革命史”“马列主义基础”“哲学”“政治经济学”四大理论教研室[①]。高校按照各门课程分别组建教研室（组），有利于各门课程的教学研究具体深入，保证教学秩序的稳定和工作效率的提高。“文化大革命”期间，马列主义教研室遭到严重的破坏。

改革开放前，“在过去的历史条件下，计划经济体制下形成的学校的严

① 耿化敏．中国人民大学与高校中国革命史课程的创设与停开（1950—1957）[J]. 党史研究与教学，2012（6）：70-71.

密管理制度及浓厚的政治氛围，激励着青年学生的进步要求，在那种情况下，德育工作比较容易开展，只要抓好内容、方法就可以推动工作”，但是在改革开放后新的历史条件下，德育工作的思路应该有新的发展，不能仅仅从内容、方法、途径着眼，还要从德育实施的前提和保障着手，“只讲内容方法而不讲条件保障，是一种片面性。因为任何事物的存在和发展都是有条件的，离开了一定的条件，一定的事物就不能存在和发展”[①]，教研室就是思政课教学的保障之一。改革开放后，各高校逐渐恢复建立马列主义教研室，1978 年 4 月，教育部办公厅印发的《关于加强高等学校马列主义理论教育的意见》指出：“当前高等学校的马列主义理论教育的问题很多，但解决这些问题的关键，是建立健全各级理论教育的领导体制”，提出“恢复马列主义理论课教研室（组）。”[②]1980 年 7 月，教育部印发《关于改进和加强高等学校马列主义课的试行办法》的通知，专门设置“马列主义教研室的设置和任务”一章，提出各高等学校一般都应建立马列主义教研室，设主任、副主任，并可按课程设置教研组，基本任务是：第一，统一组织教学和科研工作，制订规划，安排人员，编选有关课程的讲义及辅导材料，收集整理有关教学和科研的资料；第二，讨论教学内容，改进教学方法，总结和交流经验，提高教学质量；第三，组织全体成员的政治学习和业务学习，根据每个成员的业务水平和教学要求，分别制订培养提高计划和科研规划，并检查规划的执行情况等；第四，教研室应设置图书资料机构，配备必要的图书资料工作人员[③]。

1991 年 8 月，国家教育委员会印发《关于加强和改进高等学校马克思主义理论教育的若干意见》，提出马列教研室（部）等同于校系级建制，是理论课教学的直接组织和实施单位，并对教研室的职责进行了拓展：第一，教研室

① 徐文良．难忘的历程——高等学校思想政治教育的回顾与思考 [M]. 长春：吉林人民出版社，2008：167.

② 教育部社会科学司．普通高校思想政治理论课文献选编（1949—2008）[M]. 北京：中国人民大学出版社，2008：74.

③ 教育部社会科学司．普通高校思想政治理论课文献选编（1949—2008）[M]. 北京：中国人民大学出版社，2008：88.

（部）要加强与学校思想政治工作部门的联系，互相交流情况，分析研究学生中存在的思想理论问题，及时听取学生对教学的反映，增强教学的针对性；第二，教研室要坚持集体备课制度，组织教师互相听课，开展教学检查和教学评估，不断提高教学效果，保证教师授课有完整的讲稿，并按照教学大纲规定的基本内容和精神授课，以及新老教师的传帮带，指定老教师给予新教师指导，经过听课、试讲等训练之后方可正式上岗授课；第三，保证教师素质的提高，加强教师在职进修，并创造条件使教师至少在授课五年中能脱产半年补充知识、开展科研①。

除了马列主义教研室外，20 世纪 80 年代，高校开设“共产主义思想品德”课后，教育部提出有条件的学校可成立共产主义思想品德教研室（不称德育教研室），思想品德课教师在阅读文件、资料，听传达报告等与马列主义政治理论课教师同等待遇，共产主义思想品德教研室的主要任务是：组织实施课程教学，调查研究学生思想品德情况，结合教学进行思想品德教育的理论研究，协助主管思想政治教育的部门培训学生思想政治工作干部。教研室所需图书资料与开展教学活动等必要的费用从学校教学经费中列支，科研项目也由学校拨给科研经费，教师的进修从师资培训经费中列支②。总体而言，这个时期并没有对思想品德类课程和马列主义理论课进行统筹管理，相关文件对两类课程多是分别进行规定的，具体到高校内课程组织机构也是分别设置的：有的学校思想品德类课程属宣传部管理，有的学校属学工部（处）管理。

在“98 方案”实行时期，随着“两课”方案的实行，从教学机构上，逐渐实现了对“马克思主义理论课”和“思想教育课（或称思想品德课）”两类课程的整合，如西南大学于 1950 年设立马列主义教研室，1982 年成立马列主义基础部，1999 年成立“两课”教学部，2006 年成立思想政治理论课教学部，

① 教育部社会科学司 . 普通高校思想政治理论课文献选编（1949—2008）[M]. 北京：中国人民大学出版社，2008：142.

② 教育部关于印发《关于高等学校开设共产主义思想品德课的若干规定》的通知（1984 年 9 月 4 日）[C]// 教育部社会科学司 . 普通高校思想政治理论课文献选编（1949—2008）. 北京：中国人民大学出版社，2008：102.

2010年成立马克思主义学院。自20世纪80年代中后期，以“社会科学部”的称谓逐步取代马列主义教研室的现象日趋普遍。这个时期的二级机构存在着马列部、社科部、人文学院和政教部等不同名称。如华东师范大学于1953年3月创建马列主义教研室，1993年2月改为社会科学教学部；复旦大学1980年建立马列主义教研室，1987年改为马列主义理论教学部，1988年改为“社会科学基础部”。如郭凤志所说，这种现象的出现“绝不是从根本上取消高校的马克思主义理论教育教学，而是原先的马列主义教研室在定位和功能上‘悄然’发生变化”。部分高校的马列主义教研室是文科建设的孵化器：“由于我国理工科高校数量较多，在这些高校，政治理论课教师作为文科教师，还承担了除政治理论课之外的大文科课程的教学工作，开设了一系列人文社会科学的选修课（通识课）。在完成政治理论课这一公共选修课的同时，不少学校的社科部还陆续开办了一些专业，类似工作‘母机’和孵化器，培养了不少文科的院系。”这对于思政课教育教学、教师队伍的质量和水平，是有直接影响和负面效应的，因为“原先独立设置、直属学校领导的马列主义教研室，由于功能和作用的演化，便不知不觉地‘淹没’和‘下属’于人文学院、文理学院、文法学院、法政学院了；而一些规模较小的学校，将之规划与外语、数学、语文乃至体育等一起的公共基础部的状况，也是较为普遍的”①。出现了不同的思政课分属不同的专业院所，或者部分二级机构同时承担公共课和专业课教学任务的现象，由于缺乏统一的指导协调，力量分散，从长远看不利于思政课教学效果的提升。

20世纪90年代，高校进行了体制改革，大学下设学院，学院下设系，逐渐形成了“大学—学院—系”的三级体制。1992年4月，北京大学成立了全国第一家马克思主义学院，截至2007年4月，全国高校中25家成立了马克思主义学院，从全国范围上看，这一时期成立独立的思想政治理论课教学科研二级机构的高校还在少数。

① 郭凤志．高校思想政治理论课建设研究[M]. 北京：北京师范大学出版社，2019：285.

二、“05 方案”以来组织机构建设的规范和完善

“05 方案”实行之初，虽然还没有“马克思主义学院”之称，但提出要建立独立的思想政治理论课教学科研二级机构，强调“建立健全教学科研组织机构”，是十分必要的，主要体现在以下三个方面：“第一，这一组织机构，在人财物方面，必须是完全独立的（既不能与其他机构藕断丝连，也不能在重大决策上丧失话语权）。第二，这一组织机构，在隶属关系方面，必须是直属学校领导的（没有所谓的中介环节）。第三，这一组织机构，在定位和职责方面，主要涉及两点：一是加强思想政治理论课程教学和马克思主义理论研究，二是加强马克思主义理论学科建设”①。这个时期与此前相比，除了教学任务外，还强调二级机构的科研功能和社会服务功能等，如 2008 年 9 月，中共中央宣传部、教育部印发的《关于进一步加强高等学校思想政治理论课教师队伍建设的意见》提出：“各高等学校应当建立独立的、直属学校领导的思想政治理论课教学科研二级机构。该机构是思想政治理论课教学部门和马克思主义理论研究机构，又是马克思主义理论学科点的依托单位。其职责是：统一管理思想政治理论课教师，负责思想政治理论教学、科研、社会服务和相关管理工作；负责马克思主义理论学科建设、人才培养和教学科研梯队建设等工作。”②

2011 年 1 月，教育部颁发《高校思想政治理论课建设标准（暂行）》，把建设独立的、直属学校领导的教学科研二级机构作为思想政治理论课程建设的标准，列为各高校必须贯彻落实的核心指标，此后通过连续 4 年专项督查的办法来推动建设标准的落实。2015 年的《高等学校思想政治理论课建设标准》再次重申这个标准：要求思想政治理论课教学科研组织二级机构，承担全校本、专科学生和研究生思想政治理论课教学任务，统一管理思想政治理论课教师；有马克思主义理论学科点的机构同时应作为马克思主义理论学科点的依托单位，承担马克思主义理论科学研究、学科建设、研究生培养等工作。同时领导

① 郭凤志 . 高校思想政治理论课建设研究 [M]. 北京：北京师范大学出版社，2019：286.

② 教育部思想政治工作司 . 加强和改进大学生思想政治教育重要文献汇编（1978—2014）[M]. 北京：知识产权出版社，2015：374.

班子成员应是中共党员，且从事马克思主义理论学科研究和思想政治理论课教学，不得兼任其他二级院（系）的主要负责人，尽可能避免“一套班子，两块牌子”的现象，保证思政课教学科研组织机构负责人集中精力，专心致志，尽心尽职地搞好课程建设。同时，思想政治理论课教学科研组织二级机构，与专业院系同等配备办公用房和教学设备、基本图书资料、国内外主要社科期刊、声像资料、教学课件以及办公设备等，满足教学及办公需要。

2015年1月，中央办公厅国务院办公厅印发了《关于进一步加强和改进新形势下高校宣传思想工作的意见》，提出要“重点建好一批有示范影响的马克思主义学院”，这是在中央文件中第一次使用“马克思主义学院”这个概念。同年9月10日，中宣部、教育部颁发了《关于加强马克思主义学院建设的意见》，启动了全国重点马克思主义学院的申报和评审工作。截至2019年，通过三批申报工作已确定了37个重点马克思主义学院，通过这种重点示范、逐步推动的方式，向全社会释放了高度重视马克思主义学院建设的信号。

为进一步建强建好高校马克思主义学院，不断提升马克思主义学院建设的科学化、规范化、现代化水平，打造马克思主义理论教学、研究、宣传和人才培养的坚强阵地，使之成为办好高校思想政治理论课的坚强战斗堡垒，教育部于2017年9月印发了《高等学校马克思主义学院建设标准（2017年本）》、2019年4月印发了《普通高等学校马克思主义学院建设标准（2019年本）》，继续明确和强化了设立独立教学科研二级机构的要求，马克思主义学院建设蔚然成风，马克思主义学院建设的主要职责包括：

第一，马克思主义学院按照思想政治理论课各门课程分别对应设置教研室。在思政课的课程体系中，“形势与政策”课具有特殊性：除了教学内容的时效性和动态性强外，这门课还在专职教师外择优遴选大批兼职教师承担教学任务，而师资队伍来源的多样化，与规范化建设和统一的管理存在一定的矛盾和张力。因此很长时间以来，“形势与政策”课是由高校的学工部、宣传部，团委等其他职能部门负责的，力量相对分散。《高等学校马克思主义学院建设标准（2017年本）》规定马克思主义学院统一开设全校思想政治理论课（包括“形势与政策”课）。2018年4月《教育部关于加强新时代高校“形势与政策”

课建设的若干意见》，明确这门课为 2 学分，纳入学校教学计划。除规范教学内容外，还提出由学校思想政治理论课教学科研二级机构统一组织开课、统一管理任课教师，设置专门“形势与政策”课教研室，定期组织任课教师开展集体备课。课时的统一规定、教学管理的统一和机制的理顺，有利于课程功能和马克思主义学院战斗堡垒作用的发挥。

除了“形势与政策”外，进入新时代以来，还逐渐将研究生思政课教学纳入其中：《高等学校马克思主义学院建设标准（2017 年本）》提出“按照思想政治理论课各门课程分别对应设置教研室”；《普通高等学校马克思主义学院建设标准（2019 年本）》，除了本、专科思想政治理论课教学应按课程分别设置教研室（组）之外，“研究生思想政治理论课教学可结合实际设置教研室（组）”。

第二，加强教研室之间的沟通交流。新中国成立后的历史经验证明，教研室可以针对一些重大问题和理论观点集体讨论、严格把关，通过制度化的集体备课和新老教师传帮带等方式，保证课程正确的政治方向，实现对教学内容的准确把握，方便易行，有利于各门课程的教学研究具体深入，但是存在的不足之处是各门课程的教学是由不同教研室的不同教师独立开展的，如果不进行经常性沟通交流，就会造成内容的重复或者逻辑的脱节。2018 年 4 月，教育部颁布了《新时代高校思想政治理论课教学工作基本要求》，规定按照课程分别设置的教研室（组）要“定期组织集体备课，准确把握教材基本精神，研究确定教学进度和内容，形成统一的参考教案”；思想政治理论课教学科研二级机构要定期组织集体备课，还要“集中研讨教学共性问题，促进各门课程有效衔接”，即教学科研的二级机构，不仅要定期组织集体备课，并扩大集体备课的范围，加强教研室之间和教师之间的沟通交流，着眼全局，从课程方案整体的高度精准定位自己任教课程的功能，从整体上推进思政课建设。

第三，对学院党政领导班子的要求。要求班子成员为中共党员，职称合理，配备齐全，团结进取，且长期从事思想政治理论课教学和马克思主义理论学科研究，有奉献精神，开拓进取，群众认可。《普通高等学校马克思主义学院建设标准（2019 年本）》，在 2017 年本的基础上添加了“政治强，学术强，作风好”和“勇于担当作为”的要求。

第四，健全马克思主义学院的机构设置。除了要求按照各门课程分别对应设置教研室外，还要求“党政工团组织机构健全，教学委员会、学术委员会、学位评定委员会等机构运转有效”。

高校思想政治理论课建设涉及课程体系、教师队伍、学科建设等方方面面，涉及面广、任务重，需要坚强有力的组织机构保障。改革开放40多年，高校思政课教学机构从不完善到完善，从附属于其他教学单位（部门）到建立独立的二级教学机构，机构的健全为办好思政课提供了坚强保证。如佘双好所说，“马克思主义学院因思想政治理论课教学需要而诞生，思想政治理论课因马克思主义学院设立而有了稳定明确的归属”[①]。随着中国特色社会主义进入新时代，马克思主义学院也面临着从外延发展、量的增加转变到内涵发展与质的提高的历史关口。坚持“马院信马，在马言马”的鲜明导向和办学原则，“擦亮我国大学最鲜亮的底色”，重点建设一批教学科研皆强的马克思主义学院，充分发挥其机构保障和战斗堡垒作用。

① 佘双好．以马克思主义学院建设为抓手办好思想政治理论课[J]. 理论与改革，2020（1）：11-16.

第四章　加强课程体系和课程方案的建设

思想政治理论课的课程体系是指系统对大学生进行思想政治理论教育的课程的统称，课程方案是对各门课程开设的先后顺序和课时分配等进行更加明确的、系统的规定。在“85 方案”实施之前，本书用“课程体系”概括高校各门思想政治理论课形成的系统。

一、改革开放初期思政课程体系的继承与创新

改革开放后，各高校开始恢复正规化的马列主义理论教育，开启了课程体系改革的序幕。

1. 马列主义理论课的恢复

1978 年 4 月，《教育部办公厅关于加强高等学校马列主义理论教育的意见》指出，高等学校的马克思主义理论课程，主要任务是系统地对学生进行马克思主义三个组成部分的基本理论教育，武装学生的头脑，应开设“哲学”“政治经济学”和“中共党史”，同时延续改革开放前的做法，对不同专业进行分别规定：理、工、农、医专业有条件的还应在上述三门课基础上开设“自然辩证法”，文科应另加“国际共产主义运动史”，理、工、农医专业要不要开或如何开“国际共运史”，各校可以酌情处理。还有一种方案是，停开“国际共运史”，改为“科学社会主义”，作为所有高等学校的必修课，和“哲学”“政治经济学”一起，构成对马克思主义三个组成部分的教学，文科另加党史。上述两种方案，各高校根据条件试行，暂不作统一规定。各门课程的具体讲授内容和目标要求包括：

“辩证唯物主义与历史唯物主义”（“哲学”）是无产阶级的世界观、认识论和方法论，它是研究宇宙、社会、思维最一般规律的科学。开设这门课是为了培养学生树立无产阶级世界观，培养学生在一切工作中，坚持唯物主义，反

对唯心主义；坚持辩证法，反对形而上学；坚持历史唯物主义，反对历史唯心主义。

“政治经济学”是研究社会生产关系的科学，它揭示人类社会发展各个不同阶段上的生产关系的本质及发展规律，阐明资本主义、帝国主义必然灭亡，社会主义、共产主义必然胜利的历史总趋势。开设这门课是为了培养学生认识社会发展规律，特别是认识和掌握社会主义经济发展规律，以增强学生为共产主义事业奋斗的信心和决心，自觉地、正确地从事社会主义革命和社会主义建设。

“中国共产党党史”（“中共党史”）是马列主义的真理和中国革命具体实践日益结合的历史，是中国人民在中国共产党的领导下，取得新民主主义革命彻底胜利以及社会主义革命和社会主义建设伟大胜利的历史。开设这门课是为了帮助学生完整准确地领会和掌握毛泽东思想的体系，学习党的传统，提高对中国共产党的认识。

“国际共产主义运动史”（“国际共运史”）是马克思主义同各种社会主义流派和各种机会主义路线作斗争，并取得胜利的历史。开设这门课是为了培养学生懂得什么是马克思主义，什么是修正主义，懂得马克思主义必胜，修正主义必败，发扬无产阶级国际主义精神，把无产阶级世界革命进行到底。

对各门马克思主义理论课开设的顺序问题，一般是中共党史、政治经济学、哲学、国际共运史，理论课的学时应根据专业性性质和学制长短确定：理、工、农、医专业的理论课，一般应占教学计划总学时的 10%；文科专业一般应占 20% 左右。至于政治、法律、哲学、历史、财经等各科，根据培养目标的需要，学时比例还可以相应增加。鉴于“大跃进”和“文革”时期，高校对系统规范的思政课建设的忽视，这个时期强调马列主义理论课与政治运动、形势教育、劳动教育、政治工作等，从不同角度对学生进行马列主义思想教育，各有侧重，不宜相互代替，不能用“三政合一”（政治课、政治运动、政治工作合一）的办法削弱和取消理论课。凡是因特殊情况占用理论课教学时间的，必须补上[①]，体现了对系统、稳定的课程体系建设的重视。

① 教育部社会科学司．普通高校思想政治理论课文献选编（1949—2008）[M]. 北京：中国人民大学出版社，2008：71-72.

1980 年 7 月，教育部印发《关于改进和加强高等学校马列主义课的试行办法》的通知，对政治理论课的课程设置、教学时数、教学大纲和教材作了相应规定。关于课程设置，提出全国高校本科开设“中共党史”“政治经济学”“哲学”。文科专业加开“国际共产主义运动史”，也可试开“科学社会主义”。教学（包括讲授和讨论）时数，根据专业性质和学制长短确定：理工农医各专业的三门课，每门各为一学年，每周讲授 2 学时，全学年实际教学时数一般不少于 70 学时；文科专业的四门课，每门各为一学年，每周讲授 3 学时，全学年实际教学时数一般不少于 105 学时；政治、法律、哲学、历史和财经等专业的四门课的总学时，可以根据培养目标相应增加。为了保证学生对马列主义课的自习时间，教学与自习的时间以一比一为原则，自习时间应列入课程表①。这是改革开放后第一个关于高校思想政治理论课的规范性文件，体现出对 20 世纪 60 年代课程方案的继承和回归，初步搭建了马克思主义理论课的基本框架。

2. 思想品德类课程的开设

改革开放前高校的思想道德教育主要是通过群众性的道德教育运动的方式来实现的，并未开设系统规范的课程。虽然通过政治运动的方式进行道德教育具有时效性、针对性强的特点，但需要注意的是：“历次政治运动对学校德育产生的影响程度是不同的。若将政治运动作为高等教育德育历史发展的主线，就难以全面、正确地反应史实和总结历史经验”，高校的德育虽然不能不受社会政治生活制约和影响，但是应该具有稳定性、连贯性和递进性的特点，服务于学校的培养目标，“关注青年特点，正面教育为主，重在启发诱导”②，需要通过固定的课程来实现。

改革开放后，随着经济体制的转轨和国际交往不断扩大，西方各种文化思潮纷纷涌入，使大学生产生了新的迷惘和困惑，“潘晓来信”就是一个典型的代表：1980 年 5 月，《中国青年》杂志刊登了一封署名潘晓的长信《人生的路

① 教育部社会科学司 . 普通高校思想政治理论课文献选编（1949—2008）[M]. 北京：中国人民大学出版社，2008：87.

② 徐文良 . 难忘的历程——高等学校思想政治教育的回顾与思考 [M]. 长春：吉林人民出版社，2008：6-7.

呵，怎么越走越窄……》，引发了持续半年多的、全国范围的“人生的意义究竟是什么”的讨论，吸引了更多的大学生进行“人生目的”和“人生价值”的讨论。青年的思想动态，从侧面反映了开设课程对大学生进行系统的马克思主义世界观、人生观和价值观教育的必要性。20 世纪 80 年代初，一些高校的政工部门针对学生思想状况，举办了一些专题讲座，如北京师范学院编写了《人生哲理》讲义，面向全校学生开设讲座。1980 年以来，“大连工学院、华东师范大学政教系等单位从学生的新情况出发，利用政治学习时间开设思想修养课，收到良好效果”；1981 年上半年，“教育部政教司组织北京师范大学等六所院校编写了《道德品质修养》教学参考提纲，印发全国大专院校，推动大家在思想品德课的建设方面进行试验。短短一年多时间，这门课的建设取得了新的进展，引起了广泛的重视，受到了广大学生的欢迎”[①]。

20 世纪 80 年代以前，我国高校思政课以马克思主义理论课程设置为主。1982 年 10 月，根据党的十二大关于加强共产主义思想教育的精神，教育部印发了《关于在高等学校逐步开设共产主义思想品德课程的通知》，通过“共产主义思想品德”课对学生有计划地进行理想、道德和人生观教育，思政课的课程体系和教学内容得到拓展。1984 年 9 月 12 日，教育部在总结开课经验的基础上，印发了《关于高等学校开设共产主义思想品德课的若干规定》，对课程的任务、内容、教学原则、师资队伍等作出了原则性规定，教育部政治思想教育司制定了《共产主义思想品德教学大纲（试用本）》，提出各高校可结合本校的实际情况自编教材，并确定不同专业、不同年级的教学内容和重点，顺序和进度也需要从实际出发，有很大的灵活度和弹性。这门课程开设之初，由于处在摸索试验之中，名称有“思想修养课”“德育课”“道德修养课”“人生观教育课”“共产主义品德课”等不一而足，充分体现了探索和改革的时代特点。

课程开设之初，有人对课程的必要性和意义认识不足，“思想教育课程建设和发展进程中，往往面临一次又一次的困境。每逢精简课程、压缩课时，思想教育课程就首当其冲。其他课程膨胀、课时增加，就有一些人员想挤压思想

① 徐文良 . 难忘的历程——高等学校思想政治教育的回顾与思考 [M]. 长春：吉林人民出版社，2008：287.

教育课”[①]。事实上，学生日常学习生活中所遇到的问题，更多的是涉及思想品德修养和道德行为习惯的问题，这是单纯的政治理论课不能有效解决的，该课程把共产主义的道德原则和规范内化为学生的个人品质，现实针对性和实践性更强。而且“思想品德课的建立是广大德育工作者的一个创举，开拓了一条思想道德教育进教材、进课堂、求实效的新路”[②]。这门课程的开设是马列主义理论教育和思想品德教育并举的“两课”体系的先导，“马克思主义理论课对学生进行系统马克思主义理论教育，是思想教育的基础”[③]，而大学生的思想道德水平提高，也必将促进马克思主义理论教育更加深入，更具有实效性，马列主义理论教育和思想品德教育是相辅相成、相互促进的。

二、“85 方案”时期的课程体系建设

“85 方案”实行时期，改革开放和社会主义建设进入新的阶段，在国际形势的风云变幻中保持了较强战略定力，思政课的课程体系也在不断改革中逐渐丰富、完善，形成了系统的课程方案。

1985 年 8 月，《中共中央关于改革学校思想品德和政治理论课程教学的通知》（中发〔1985〕18 号文件）提出了课程改革总体要求：“进行以中国革命史为中心的历史教育，进行马克思主义基本理论的教育，进行中国社会主义建设和改革的理论、政策和实际知识的教育。”1986 年 3 月 20 日，国家教育委员会关于在高等学校进一步贯彻《中共中央关于改革学校思想品德和政治理论课程教学的通知》的意见，将 18 号文件进一步细化落实：提出从 1986 年起，用三到五年的时间进行政治理论课教学改革，明确要开设“中国革命史”“中国社会主义建设”“马克思主义原理”，同时因地制宜地进一步加强对学生的共

① 徐文良 . 难忘的历程——高等学校思想政治教育的回顾与思考 [M]. 长春：吉林人民出版社，2008：309.

② 徐文良 . 难忘的历程——高等学校思想政治教育的回顾与思考 [M]. 长春：吉林人民出版社，2008：423 .

③ 国家教育委员会《关于高等学校思想教育课程建设的意见》（1987 年 10 月 20 日）[C]// 教育部社会科学司 . 普通高校思想政治理论课文献选编（1949—2008）. 北京：中国人民大学出版社，2008：132.

产主义品德教育，标志着“85 方案”的形成。

顾海良将改革开放以来高校思政课建设的基本思路和重要特点，概括为“确立一个意识，融合两类课程，涵盖三个层面，把握四个统一”[①]：“确立一个意识”是指思政课是对大学生进行思想政治教育的“主渠道”和“主阵地”意识；“融合两类课程”是指由单一的马列主义理论课拓展为马克思主义理论课程和思想品德课程，形成“两课”的基本格局；“涵盖三个层面”是指以马克思主义基本原理教育为主题的课程，马克思主义与中国实际结合为主题的课程，以及运用马克思主义的立场、观点和方法认识客观世界与改造主观世界，树立正确世界观、价值观和人生观为主题的课程设置。本书沿用这种概括，通过理论原理课、理论发展课和理论运用课三个组成部分，分析课程方案的构成。

1. 理论原理类课程的由分到合

理论原理课是以马克思主义基本原理教育为主题的课程，在“85 方案”中主要体现在“马克思主义原理”的开设上，该课程把原来的“马克思主义哲学”和“马克思主义政治经济学”课和“科学社会主义”类课程合并为一门，又被称为“大原理”课，是马克思主义理论体系中最基本、最具普遍性的内容，体现了对马克思主义理论的整体性掌握。

列宁在《马克思主义的三个来源和三个组成部分》中指出，马克思主义学说是“人类在 19 世纪所创造的优秀成果——德国的哲学、英国的政治经济学和法国的社会主义的当然继承者”，“马克思的全部天才正是在于他回答了人类先进思想已经提出的种种问题。他的学说的产生正是哲学、政治经济学和社会主义极伟大的代表人物的学说的直接继续”[②]。三个组成部分构建我们对马克思主义理论的认知模式，也是高校构建思政课课程体系的重要依据。

新中国成立后，在马克思主义的三个组成部分中，关于哲学和政治经济学课程的开设由来已久，但本科阶段始终没有开设专门的科学社会主义的课程：20 世纪 50 年代开设“辩证唯物论与历史唯物论”“政治经济学”和主要

① 顾海良．改革开放以来高校思想政治理论课程建设论略 [J]. 思想理论教育导刊，2008（9）：16-25.

② 列宁专题文集・论马克思主义 [M]. 北京：人民出版社，2009：66-67.

讲授苏联共产党历史的“马列主义基础”；1978 年 4 月，教育部办公厅《关于加强高等学校马列主义理论教育的意见》，曾提出过停开“国际共产主义运动史”，改开“科学社会主义”课的方案。需要明确的是，科学社会主义是马克思主义全部学说的结论，“文革”时期的失误和实践也证明，如果理论认识不清，现实一定出问题。在这个历史时期，讲授科学社会主义的内容，具有特殊重要的作用：首先，随着改革的深入和体制的转轨，需要用科学社会主义理论才能正确理解建设有中国特色的社会主义不是要改变社会主义制度，而是为了社会主义制度的自我完善和发展；其次，十一届三中全会以来，党中央的一系列重要文件为马克思主义理论宝库增加了新内容，同时“要敢于突破那些过了时的、同现在实际情况不符合的个别原理”[①]；最后，在对外交往日益扩大的背景下，需要让学生明确“尽管我国人民群众也是重实际的，要以亲身感受评价社会，但是单纯的物质标准，难以令人分辨社会主义制度的优劣，作出正确的评价和选择”。因此在教学中，“我们既要讲社会主义的历史必然性、优越性和社会主义理想信念，也要讲资本主义的本质、固有矛盾和现实存在的弊端”[②]。为了正本清源、与时俱进，开展科学社会主义的教学具有很强的现实意义。

我们对马克思主义理论的研究、教育和宣传，很长时间是按照哲学、政治经济学、科学社会主义分门别类地进行的，虽然有其必要性，并取得了很多成绩，但从长远发展上看，不利于深入揭示马克思主义各组成部分之间的逻辑关系，领会马克思主义理论的科学性，如列宁所说，马克思主义哲学是“由一整块钢铸成的”[③]，不能去掉任何一部分。而“大原理”课程的设置，能够使大学生系统地掌握马克思主义的立场、观点和方法。

2. 理论发展类课程的改革调整

理论发展类课程是指体现马克思主义基本原理同中国革命、建设和改革的

① 教育部社会科学司 . 普通高校思想政治理论课文献选编（1949—2008）[M]. 北京：中国人民大学出版社，2008：109.

② 徐文良 . 难忘的历程——高等学校思想政治教育的回顾与思考 [M]. 长春：吉林人民出版社，2008：147.

③ 列宁专题文集 • 论马克思主义 [M]. 北京：人民出版社，2009：112.

结合的课程。“85方案”中集中体现为“中国革命史”课和“中国社会主义建设”课的开设上。

(1)将“中共党史”课改为“中国革命史”课

首先以清华大学为试点，进行开设“中国革命史”课的实践，委托清华大学举办“中国革命史”教学研讨班，介绍五年来开设“中国革命史”课的经验，为新课程的全面铺开作准备。“中共党史”的课程目标是研究中国共产党的历史发展及其规律，而“中国革命史”课是通过中国近现代革命的历史，揭示中国走上以共产党为领导力量的社会主义道路的必然性。何东昌曾说过：“‘文化大革命’以前，党有崇高的威望，只要是党说的，那就是正确的。现在，你给学生讲党课、讲党史，他就要问，为什么一定要中国共产党来领导？他还没闹清楚，党犯了错误我们该怎么办？问题的起点与改革前不一样。你从党史开始讲，就不符合学生的实际。所以，提出来改讲中国革命史课。”[①] 如表4-1所示，从课程的主要内容看，与“中共党史”相比，“中国革命史”课程的起始时间提前，在更广阔、更具历史纵深的时空中展现中国革命赖以发生发展的客观社会条件，了解中国革命的艰辛和复杂，了解国史国情，进而更理性地认识社会主义与资本主义的差距，更深刻地认识中国共产党的领导和社会主义道路的必然性和现实意义，自觉抵御资产阶级自由化的侵蚀。

表4-1　1991年《中国革命史教学大纲》(修订试用本)[②]

第一章	近代中国社会和资产阶级民主革命的准备
第二章	资产阶级领导的民主革命
第三章	五四运动和国民革命
第四章	土地革命战争和抗日救亡运动
第五章	全民族的抗日战争
第六章	全国解放战争
第七章	社会主义制度在全国的确立
第八章	对社会主义建设道路的探索

① 中国高等教育学会.改革开放30年中国高等教育改革亲历者口述纪实(1978—2008)[M].北京：教育科学出版社，2008：13.

② 段忠桥.建国以来普通高校马克思主义理论课和思想品德课课程设置及教学内容历史沿革资料汇编(下编)[M].北京：高等教育出版社，2004：318-339.

（2）开设“中国社会主义建设”（以下简称“社建”）

胡乔木提出：“今天的马列主义课的讲授内容，不能离开社会主义建设的需要，否则，就很难建立起自己应有的威信。”①“社建”课是为适应改革开放和社会主义现代化建设的新形势而开设的课程，整合了社会主义建设的实践和“政治经济学”的社会主义部分，主要内容如表 4-2 所示。“社建”课使学生通过建设中国特色社会主义理论的系统学习，破除对马克思主义教条式理解，廓清中国改革姓“社”还是姓“资”的迷雾，深化对马克思主义理论的理解，进一步坚定社会主义、共产主义信念，增强坚持党的基本路线的自觉性。对于青年学生来说，面对改革开放的大潮和市场经济的冲击，“社建”课能够更直接有效地回答现实困惑，解决走向社会主义后的现实问题。

表 4-2　1991 年《中国社会主义建设教学要点》（修订试用本）②

第一章	科学认识我国社会所处的历史阶段
第二章	坚持国民经济持续、稳定、协调发展
第三章	发展社会主义的有计划商品经济，改革经济体制
第四章	改革生产资料所有制结构
第五章	建立适应有计划商品经济发展要求的经济运行体制
第六章	完善分配制度，科学指导消费
第七章	实行对外开放
第八章	建设社会主义的民主政治
第九章	发展统一战线，增强民族团结
第十章	加强社会主义精神文明建设
第十一章	坚持党的领导，加强党的建设

3. 理论运用类课程的丰富充实

理论原理课和理论发展课属于马克思主义理论课，理论运用课即思想教育课，是指运用马克思主义立场、观点和方法，认识客观世界和改造主观世界，树立正确的世界观、人生观和价值观为主题的课程。曾任国家教委政教司大学生思想处处长、副司长的张晋峰指出：“思想政治教育必须理论联系实际。我们不能仅仅满足于系统地去讲马克思主义理论，而是要努力运用马克思主义的

① 蒋学模，吴树青，辛守良，等.《政治经济学教学大纲》（修订稿）的若干说明 [J]. 教学与研究，1983（4）：16-22.

② 段忠桥 . 建国以来普通高校马克思主义理论课和思想品德课课程设置及教学内容历史沿革资料汇编（下编）[M]. 北京：高等教育出版社，2004：278-317.

立场、观点和方法，运用多学科的知识，来回答学生中间普遍存在的世界观、人生观或者个人品德方面的一些问题，来回答学生普遍关心的一些问题。既包括如何树立人生理想，如何实现自己的人生价值，如何看待国家改革与发展的形势与问题，树立法律意识和法制观念等大一些的问题，又包括个人应该怎么样对待学习，怎样对待交友、恋爱、婚姻等相对小一些的问题。”①

随着经济体制改革的推进和对外开放的不断扩大，在对大学生进行人生、理想、道德等内容的教育时，仅靠一门“共产主义思想品德”课已远远不能适应形势发展的需求，对学生进行法律法规的教育和形势与政策的教育逐渐被提上了日程并开始实施，“思想道德修养”“法律基础”“形势与政策”合称为“思想教育”课。

（1）“思想道德修养”课的扩展

随着形势的变化，1982年开设的“共产主义思想品德”课，在实践中不断探索、补充，1987年10月20日，《国家教育委员会关于高等学校思想教育课程建设的意见》提出，设置“大学生思想修养”“人生哲理”“职业道德”三门课程，各校可因校制宜有选择地开设，可以列为必修课，也可以列为选修课，但都需要列入教学计划中。可以根据不同年级的具体特点和实际需要，按照一、二、三年级顺序：“大学生道德修养（暂名）”紧密结合一年级学生的实际情况，适应从中学到大学的转变，为大学期间的健康成长打下良好的思想基础，引导学生认清时代要求与历史责任，重视文明道德修养，培养优良的校风、学风，正确处理个人到大学的转变。“人生哲理”课帮助学生运用马克思主义把握正确的人生方向，认识和处理个人与社会的关系，树立为人民服务的思想，同时培养开拓进取的精神，识别和抵制各种错误的人生观。“职业道德”课使学生明确社会主义职业道德的基本原则和主要规范，以及本专业职业道德的具体内容和要求，为学生踏入社会作准备。据统计，到1991年，全国70%左右的高等学校开设了“大学生思想道德修养”和“人生哲理”课，50%以上的学校开设了“职业道德”课。②课程的设置力图从不同角度解决不同时期学

① 中国高等教育学会.改革开放30年中国高等教育改革亲历者口述纪实（1978—2008）[M].北京：教育科学出版社，2008：280.

② 何东昌.中华人民共和国教育史（下卷）[M].海口：海南出版社，2007：731.

生的思想问题，充分体现了全方位教育和全程教学的理念，同时这类课程具有很强的针对性和精准性，取得了较好的教学效果。

为贯彻邓小平南方谈话时提出的“学马列要精，要管用”的指示精神，同时为避免三门课程内容的重叠或脱节，形成整体的功能和优势，在课程实践中逐渐对三门课程进行了整合和改革，到 1995 年前后统一开设一门“思想道德修养”，“‘职业道德’除师范、医学等一些特殊专业作为专业基础课纳入教学计划，其他专业可作为选修课或作为‘思想道德修养’课的一部分安排教学”①。这门课程的拓展和整合，充分体现了这个时期课程建设不断调整和改革的特点。

（2）“法律基础”课的开设

改革开放后，为适应社会主义现代化建设的需要，进一步健全社会主义法制。在建设社会主义精神文明、全民普及法律常识的背景下，1986 年 9 月 1 日，《国家教育委员会关于在高等学校开设“法律基础课”的通知》，提出开设“法律基础课”，“应在中学法律常识教育的基础上，针对大学生的思想实际，讲授有关的法律知识，使学生懂得社会主义法的本质和作用，了解我国社会主义法治建设的任务和历史经验教训；学习我国政法工作的基本方针和政策；懂得宪法是我国的根本大法以及我国公民的基本权利和义务；掌握刑法、民法通则、经济法等专门法的基本精神和有关规定，知法守法，增强法制观念，为建设具有高度的社会主义民主和健全的社会主义法制的现代化强国而努力”②。张晋峰强调：“‘法律基础课’不能开设成‘法学概论’，要突出法律意识和法律观念的培养和树立”③，这是作为思想教育课程的“法律基础”的教学目标。

“法律基础”课的开设有很强的现实针对性，能够使大学生完善知识结构，

① 关于普通高等学校“两课”课程设置的规定及其实施工作的意见 [C]// 教育部社会科学司 . 普通高校思想政治理论课文献选编（1949—2008）. 北京：中国人民大学出版社，2008：183.

② 教育部社会科学司 . 普通高校思想政治理论课文献选编（1949—2008）[M]. 北京：中国人民大学出版社，2008：113.

③ 中国高等教育学会 . 改革开放 30 年中国高等教育改革亲历者口述纪实（1978—2008）[M]. 北京：教育科学出版社，2008：281.

增强用法律来指导、规范自己的行为的自觉性。在这门课程开设之初，采取三种办法解决师资队伍的适应问题：第一，邀请其他学校法律专业的教师和政法部门的工作人员到各大学兼职讲课；第二，加强对政治理论课教师和思想政治工作人员的培训；第三，吸纳法律专业的毕业生充实到“法律基础”课的教师队伍中。这些做法虽然更多的是出于当时历史环境的过渡方法，但是对加强专业和高校之间的沟通交流、动员社会力量实现全员育人，依然有启示借鉴意义。

（3）“形势与政策”课的开设

新中国成立后，高校就重视定期地向学生进行形势任务和时事政治教育，及时将国内外发生的重大事件，以及党的路线、方针、政策向学生传达。1961年的《改进高等学校共同政治理论课程的意见》，将“时事和政策教育”作为一门规范课程开设，指出高等学校共同政治理论课程包括两类：一类是马克思列宁主义基础理论，另一类是形势和任务。通过设置课程，保证了时事教育的常态化和规范化，要求各专业各年级都开设，平均每周一到二个学时，主要内容是讲解国内外形势，党和国家的任务、方针和政策，通过向学生作报告和组织学生阅读文件，并辅之以座谈和讨论的方式完成①。除了本科生教育外，也重视对研究生的时事教育：1963 年 8 月，《关于高等学校研究生政治理论课的规定（草案）》指出，研究生的政治理论课包括“马克思列宁主义理论”和“思想政治教育报告”两部分，“思想政治教育报告”主要是向研究生作国内外形势、党的方针政策和共产主义道德品质的报告②。

形势政策教育“是生动活泼的马克思主义立场、观点、方法的教育”，是马克思主义基本原理和当前社会主义建设实践的结合，是马克思主义在新的条件下的运用和发展，“它关系到学生的政治态度，在历史转折和社会改革时期尤其重要”③。改革开放是具有历史转折意义的伟大抉择，通过设立固定课

① 教育部社会科学司．普通高校思想政治教育课程文献选编（1949—2008）[M]. 北京：中国人民大学出版社，2008：41-42.

② 教育部社会科学司．普通高校思想政治教育课程文献选编（1949—2008）[M]. 北京：中国人民大学出版社，2008：49.

③ 徐文良．难忘的历程——高等学校思想政治教育的回顾与思考 [M]. 长春：吉林人民出版社，2008：34.

程，提高学生运用马克思主义基本理论分析现实问题的能力，具有特殊的重要性。在吸纳历史经验的基础上，1987 年 10 月，国家教委《关于高等学校思想教育课程的意见》中，将“形势与政策”课作为思想教育课的必修课，要求高校每学期开设，教学时数可以自主安排，“帮助学生了解国内外重大时事，学习党的路线、方针、政策，全面掌握‘一个中心，两个基本点’，认清形势和任务，激发爱国主义精神，增强民族自信心，珍惜安定团结的局面”[①]，进而自觉坚持四项基本原则，反对资产阶级自由化，为建设中国特色社会主义努力奋斗。1988 年 5 月，国家教委下发了《关于高等学校开设“形势与政策”课的实施意见》，对这门课的教学内容、教学原则、教学安排、师资、教材、经费等，作出了相应的规定。

1996 年，《国家教育委员会关于进一步加强高等学校“形势与政策”课程建设的意见》指出，“形势与政策”课具有特殊性和灵活性：可列入课表开设常规性课程，也可以利用政治学习时间，采取专题学习、讨论或讲座的形式集中或分散安排学习，实现课堂讲授与形势报告、专题讲座的结合，“请进来”与“走出去”相结合，课堂教学与课外实践相结合。“形势与政策”课备课难度大、耗时多、现实性和针对性强，课程“教学资料的编写是一项政治性、政策性、时效性很强的工作”[②]，其教学内容的规范化、备课的集体化和师资力量的优化强化，是必须面对的难题。1997 年，教育部决定进一步加强“形势与政策”课建设，每年在寒暑假培训课程骨干教师，每年印发两次“形势与政策”课教育教学要点。2004 年 11 月 17 日，《中共中央宣传部教育部关于进一步加强高等学校学生形势与政策教育的通知》，提出加强“形势与政策”课的教材和教学资料的建设，每年制定两期教育教学要点，于春、秋两季学期前印发给全国各地教育行政部门和高等学校，作为教学参考资料。教育部还组织编写制作及时反映国内外形势最新动态的《时事报告》（大学生版）和《时事》VCD 作为学生学习辅导资料，并把《时事报告》作为教育教学必备参考

① 教育部社会科学司 . 普通高校思想政治教育课程文献选编（1949—2008）[M]. 北京：中国人民大学出版社，2008：133.

② 教育部社会科学司 . 普通高校思想政治教育课程文献选编（1949—2008）[M]. 北京：中国人民大学出版社，2008：175-177.

资料①。

综上，这个时期“思想道德修养”的整合、“法律基础”和“形势与政策”课程的设立，充分体现了理论运用类课程的丰富和发展。如前所述，只开设马克思主义理论课，不能强有力解决大学生人生层面的问题，也不能有效消除他们精神世界的疑惑和烦恼。高校思想政治教育，既包括政治立场、政治观点、政治素质等，也包括人伦道德、修身养性、人格完善等，思想政治教育要“入耳、入脑、入心”，真正的落地落实，需要马克思主义理论课和思想教育课同时并举，二者必须分别设课，不能相互混同。思想教育课“并不是从原来的马克思主义理论课中拉出来的，而是以学生成长规律和学生成长的实际需要为出发点和落脚点，逐步探索、实践形成的。如果将现有的人生观教学内容全部纳入哲学课讲，要么会影响哲学课内容结构，人生观讲的比重太多，哲学的其他原理就要压缩；要么就会削弱现有的人生观教育，因为在哲学中只能作为章节讲几堂课而已。如果将道德教育纳入‘社建’讲，也是同样的结果。或者造成‘社建’内容结构的畸形，或者只是在‘精神文明建设’中作为一个章节，实际上削弱现有的道德观教育”②。

“85 方案”是改革开放之后提出的第一个成型的思想政治理论课方案，具有重视国情教育和爱国主义教育、紧密联系学生思想实际的鲜明特点。理论原理、理论发展和理论运用三个层面的统一，开创了高校思想政治理论课的新格局和新高度，并在此后的课程方案中得以延续。

三、“98 方案”时期的课程体系建设

1993 年 7 月 26 日，全国高等学校党的建设工作会议，第一次出现“两课”的概念，此后直到“05 方案”实施，相关文件中，“马克思主义理论课和思想品德课”与“两课”的称谓交替使用。从 1993 年开始进行思政课的改革，教学改革“贯彻理论联系实际的方针和‘少而精’‘要管用’的原则，以

① 教育部社会科学司 . 普通高校思想政治教育课程文献选编（1949—2008）[M]. 北京：中国人民大学出版社，2008：210-211.

② 徐文良 . 难忘的历程——高等学校思想政治教育的回顾与思考 [M]. 长春：吉林人民出版社，2008：313.

增强说服力和有效性为目标，以改进教学内容和方法为重点”[①]，到1998年形成了“两课”新的教学方案。1998年6月，中宣部、教育部印发了《关于普通高等学校“两课”课程设置的规定及其实施工作的意见》，规定四年制本科开设“马克思主义哲学原理”“马克思主义政治经济学原理”“毛泽东思想概论”“邓小平理论概论”和“当代世界经济与政治”（文科类开设）5门马克思主义理论课，同时开设“思想道德修养”和“法律基础”两门思想品德课，各科类学生都要开设“形势与政策”课，这就是思想政治理论课的“98方案”，即“两课”。

1. 理论原理类课程由合到分

“98方案”与“85方案”相比，理论原理类课程最明显的特点是“由合到分”，“马克思主义哲学”和“马克思主义政治经济学”重新作为独立的课程开设，之所以进行这样的设置，主要是原因：“85方案”实施后，全国只有部分学校开设了“马克思主义原理”课，相当一部分学校仍然开设独立的“哲学”“政治经济学”等课程，即使在开设“大原理”课的学校，由于师资队伍知识结构的不适应，未能达到预定的教学目标，以往高校的思想政治理论课教师专业分工明确，较少有能对马克思主义三个组成部分融会贯通的教师。事实证明，如果没有学科建设、教材建设和师资队伍的有力支撑，整体化的马克思主义理论教学就是有其名无其实的。这门课由分到合，再从合到分的起伏，充分说明任何课程的改革都是系统工程，需要师资、学理等支持系统的支撑作用。

同时，马克思主义原理类课程的分开设置有利于增强课程的现实针对性。比如，在当时经济体制的转轨和社会的转型，迫切呼唤马克思主义政治经济学的分析：我国实行社会主义市场经济体制，社会主义是目标，具有明确的指向性，市场经济是手段，具有较大的自发性。市场经济的利益机制，可以在更大程度上驱动人们的积极性，有利于经济的发展，符合以经济建设为中心的要求，我国经济多年持续、稳定地增长，就是最好的证明。但是经济利益一旦成为人们衡量一切的价值尺度，特别是成为人生价值取向，就会以谋取个人利益

① 教育部社会科学司．普通高校思想政治教育课程文献选编（1949—2008）[M]. 北京：中国人民大学出版社，2008：148.

为人生目的，经济发展成果不能让人民共享，就会拉大贫富差距，与实现共同富裕背道而驰，又与社会主义指向有不相适应的一面。如何驾驭市场经济沿着社会主义的指向发展，运用市场经济手段达到实现社会主义的规定目标，既要发扬市场经济的长处，又要发挥社会主义制度的优越性，两者是否具有一致性？如何实现以公有制为主体、多种所有制经济共同发展的基本经济制度与社会主义市场经济体制的有机结合？这些改革中面对的现实问题，对马克思主义政治经济学的教学提出了更高的理论需求。独立设课能够更好地回答我国经济发展的理论和实践问题，提高驾驭社会主义市场经济能力。

2. 理论发展类课程的与时俱进

从“98 方案”开始，马克思主义中国化最新理论成果的课程，开始在课程体系中居于中心地位。“98 方案”中的理论发展类课程具有以下两个特点：

第一，改史为论。“85 方案”中的“中国革命史”和“中国社会主义建设”是以史为主的，“98 方案”中开设的“毛泽东思想概论”和“邓小平理论概论”，如表 4-3 和 4-4 所示，具有以论带史、以史证论的特点，有助于把对中国革命史和社会主义建设史的感性认识升华为理性认识，从理论层面更深刻地揭示中国革命、建设和改革发生发展的历史规律及本质，更充分地体现了马克思主义理论课的课程性质。

表 4-3　1998 年《毛泽东思想概论》教学要点（供普通高校本科使用，征求意见稿）[①]

一	毛泽东思想的形成
二	近代中国社会和中国革命
三	新民主主义革命的总路线和基本纲领
四	新民主主义革命的三大法宝
五	新民主主义革命的发展道路
六	新民主主义革命的国家政权
七	社会主义革命和社会主义制度的基本确立

① 段忠桥 . 建国以来普通高校马克思主义理论课和思想品德课课程设置及教学内容历史沿革资料汇编（下编）[M]. 北京：高等教育出版社，2004：397-401.

表 4-4　1998 年《邓小平理论概论》教学要点（供普通高校本科使用，征求意见稿）[①]

一	当代中国的马克思主义
二	社会主义的本质和根本任务
三	社会主义初级阶段和党的基本路线、基本纲领
四	社会主义建设的发展战略
五	社会主义初级阶段的所有制结构
六	社会主义初级阶段个人收入的分配制度
七	社会主义市场经济
八	社会主义国家的对外开放
九	社会主义民主政治和法制
十	社会主义精神文明建设
十一	实现祖国和平统一的“一国两制”
十二	我国社会主义的外交战略
十三	社会主义事业的依靠力量
十四	社会主义事业的领导核心

第二，与时俱进。1997 年 9 月，党的十五大把邓小平建设中国特色社会主义理论，正式命名为“邓小平理论”，并确立为党的指导思想写进了党章，党的理论创新和指导思想的与时俱进，对高校思政课提出了新的要求。为贯彻党的十五大精神，教育部决定在试点实践的基础上，调整原有课程设置，重新建构教学体系。1998 年 4 月 28 日，中宣部、教育部下发了《关于普通高等学校开设“邓小平理论概论”课的通知》，要求从 1998 年秋季开始，普通高校要以“中国社会主义建设”课程为基础，开设“邓小平理论概论”课，并把“马克思主义原理”中“科学社会主义论”的内容和“中国革命史”中关于 1956 年以后的内容，融合到这一课程中进行讲授。

马克思主义从来都不是一个封闭僵化的体系，思想政治理论课也体现了与时俱进的特点。2002 年 11 月，党的十六大把“三个代表”重要思想写入新修改的党章中。2003 年后，各高等学校将“邓小平理论概论”课调整为“邓小平理论和‘三个代表’重要思想概论”课，在内容上吸纳马克思主义中国化的最新成果，充分体现马克思主义与时俱进的理论品质。

① 段忠桥 . 建国以来普通高校马克思主义理论课和思想品德课课程设置及教学内容历史沿革资料汇编（下编）[M]. 北京：高等教育出版社，2004：402-409.

3. 理论运用类课程的规范整合

（1）“思想道德修养”课

“98 方案”中，如表 4-5 所示，这门课的教学内容和教学体系得到了规范和整合，并且吸纳了心理健康教育的内容。随着世纪之交社会的高速发展和剧烈变迁，大学生的心理健康问题引起了广泛的重视，而且大学生健康稳定的心理素质是形成良好道德品质的基础，二者的相互渗透逐渐引起重视：1995 年 11 月，《中国普通高等学校德育大纲（试行）》提出把心理健康教育作为高等学校德育的重要组成部分；2001 年 3 月 16 日，《教育部关于加强普通高等学校大学生心理健康教育工作的意见》将路径进一步具体化，提出可以在“思想道德修养”中，科学安排有关心理健康教育的内容。二者的交叉融合是加强和改进大学生思想政治教育、优化思想政治理论课内容结构、增强教学的科学性和针对性、提升教学效果的有效途径，能够收到事半功倍的效果，体现了教学内容的守正创新。

表 4-5　1998 年《思想道德修养》教学大纲（第二版）①

一	当代中国的马克思主义
二	社会主义的本质和根本任务
三	社会主义初级阶段和党的基本路线、基本纲领
四	社会主义建设的发展战略
五	社会主义初级阶段的所有制结构
六	社会主义初级阶段个人收入的分配制度
七	社会主义市场经济
八	社会主义国家的对外开放
九	社会主义民主政治和法制
十	社会主义精神文明建设
十一	实现祖国和平统一的“一国两制”
十二	我国社会主义的外交战略
十三	社会主义事业的依靠力量
十四	社会主义事业的领导核心

（2）“法律基础”课

这门课充分体现与时代的紧密结合：1997 年 9 月，党的十五大提出了依法治国基本方略，《中华人民共和国刑法》等重要法律作了重大修改，全国人大

① 段忠桥．建国以来普通高校马克思主义理论课和思想品德课课程设置及教学内容历史沿革资料汇编（下编）[M]. 北京：高等教育出版社，2004：448-507.

及其常务委员会制定了一批有关社会主义市场经济的法律，“法律基础”课必须要反映我国立法动态的需要，在教学内容上相应作出调整、充实和修改。如表 4-6 所示，1998 年教学大纲和 1988 年相比，加入了“知识产权法律制度”，将 1988 年大纲中第六章“经济法”调整为“社会主义市场经济法律制度”，同时增加了“邓小平民主法制理论与依法治国”一章，体现了教育部关于“两课”要以邓小平理论为中心的指示精神和“一门为主，多门渗透”的要求。

表 4-6 “法律基础”教学大纲

	1988 年（高等学校试用本）①	1998 年第三版②
第一章	我国社会主义法的基本理论	我国社会主义法的基本理论
第二章	宪法	邓小平民主法制理论和依法治国
第三章	行政法及治安管理处罚条例	宪法法律制度
第四章	民法	行政法律制度
第五章	婚姻法和继承法	民事法律制度
第六章	经济法	知识产权法律制度
第七章	刑法	社会主义市场经济法律制度
第八章	诉讼法	婚姻家庭与财产继承法律制度
第九章	律师制度和公证制度	刑事法律制度
第十章		诉讼法律制度

实践证明，“针对学生普遍关心的形势、政策、人生、理想、道德、民主、法制、纪律等方面的问题，有计划地开设一些思想教育课程，在时间上、制度上加以保证，是必要的”③。

“98 方案”形成的“两课”架构，对马克思主义理论课和思想教育课的区别和协同关系有了更深入的认识：“马列主义理论课侧重于系统的基础理论教育，从基本立场、观点和方法上加以指导。两者不宜以联系实际或不联系实际来区分，只是侧重面不同，内容可以有交叉，即使是同一个内容，也可以从不同的角度出发。马列主义理论课更具理论深度，思想教育面对的问题比理论课

①教育部思想政治工作司，司法部法制宣传司 . 法律基础教学大纲 [M]. 北京：高等教育出版社，1998.

②段忠桥 . 建国以来普通高校马克思主义理论课和思想品德课课程设置及教学内容历史沿革资料汇编（下编）[M]. 北京：高等教育出版社，2004：598.

③教育部社会科学司 . 普通高校思想政治教育课程文献选编（1949—2008）[M]. 北京：中国人民大学出版社，2008：132.

广度大些。……政治方向、政治原则的教育，与人生观、道德观的教育是相互联系的，又是不能互相取代的。”①

四、“05 方案”实行前期的课程体系建设

“05 方案”达到了思政课发展的继承性与创新性的高度统一。从 1995 年 5 月 1 日起，我国开始实行 5 天工作制，对“两课”的“少而精”提出硬性的要求，而“98 方案”存在着门数过多（理工科 7 门、文科 8 门）、课程分工太细、课时安排太多的情况；同时，“两课”的课程之间、大学与中学课程之间、公共课与专业课之间的重复或脱节现象，客观上也要求教学改革的进一步发展，在这个背景下，高校思想政治理论课的“05 方案”也就呼之欲出了。

“05 方案”以“思想政治理论课”取代“两课”，并对课程设置作了统一规定：四年制本科的高校，设置“马克思主义基本原理”（以下简称“原理”）、“毛泽东思想、邓小平理论和‘三个代表’重要思想概论”（以下简称“概论”）、“中国近现代史纲要”（以下简称“纲要”）、“思想道德修养与法律基础”（以下简称“基础”）4 门必修课，同时开设“形势与政策”课以及“当代世界经济与政治”的选修课，并对每一门必修课的学分、基本内容和时间安排等作了原则性规定。

1. 理论原理类课程的重新整合

如前文所述，“85 方案”中曾进行过“由分到合”的“大原理”的实践，但由于师资队伍和学理支撑等现实条件的限制，未能在此后的“98 方案”中继续贯彻执行。“98 方案”“由合到分”：在本科阶段分别设立“马克思主义哲学原理”和“马克思主义政治经济学原理”，在研究生阶段设立“科学社会主义理论与实践”。“05 方案”开设“原理”课，重新将马克思主义的三大组成部分有机整合，体现对马克思主义理论整体性认识和把握的否定之否定，而且相比于“85 方案”，不论是师资队伍还是学理支撑，“05 方案”实施条件更成熟，思想认识也更为一致，课程也取得了良好的效果。

① 徐文良 . 难忘的历程——高等学校思想政治教育的回顾与思考 [M]. 长春：吉林人民出版社，2008：304.

“05 方案”中“原理”课的设置，既不是对“85 方案”的简单回归，也不是“98 方案”中两门课程的机械合并或简单相加。马克思主义包罗万象、理论博大精深，对于大学生来说，理解庞大的理论体系殊为困难。“05 方案”的“马克思主义基本原理”相比于“85 方案”的“马克思主义原理”，加入了“基本”两个字，更准确地明确了课程的教学目标：“85 方案”的教学目标是“进行马克思主义基本理论的教育，使学生了解马克思主义哲学、历史学、经济学、政治学和科学社会主义等基本理论观点的历史渊源、主要内容和现代发展（包括在中国运用和发展）；同时有分析有比较地介绍当代其他各种社会思潮，对错误的思潮要有分析地进行充分说理的批评，培养学生运用马克思主义对这些思潮进行鉴别和分析的能力”①；“05 方案”中“马克思主义基本原理”的教学目标是“着重讲授马克思主义的世界观和方法论，帮助学生从整体上把握马克思主义，正确认识人类社会发展的规律”②。“原理”课对马克思主义整体性的理解由四大支点构成：“第一，辩证唯物主义和历史唯物主义是马克思主义最根本的世界观和方法论；第二，马克思主义政党最鲜明的政治立场就是致力于实现无产阶级和广大人民的根本利益；第三，坚持一切从实际出发，理论联系实际，实事求是，在实践中检验真理和发展真理的与时俱进的理论品质；第四，实现共产主义，是马克思主义最崇高的社会理想。”③“原理”课讲授的是马克思主义体系中最基本最核心的内容，强调对马克思主义整体性的理解，掌握了马克思主义的基本原理，就掌握了马克思主义的精髓和要义。

列宁认为：“马克思主义是非常深刻和多方面的学说。因此，在那些背弃马克思主义的人提出的‘理由’中，随时可以看到引自马克思著作的只言片语

① 中共中央关于改革学校思想道德和政治理论课程教学的通知（1985 年 8 月 1 日）[C]// 教育部社会科学司 . 普通高校思想政治教育课程文献选编（1949—2008）. 北京：中国人民大学出版社，2008：107.

②《中共中央宣传部、教育部关于进一步加强和改进高等学校思想政治理论课的意见》实施方案（2005 年 3 月 9 日）[C]// 教育部社会科学司 . 普通高校思想政治教育课程文献选编（1949—2008）. 北京：中国人民大学出版社，2008：219.

③ 郭凤志 . 高校思想政治理论课建设研究 [M]. 北京：北京师范大学出版社，2019：97.

（特别是引证得不对头的时候），这是不足为奇的。”① 因此从整体上把握马克思主义理论，是正确理解马克思主义的前提，如果“单项突进”，仅从马克思主义理论三个组成部分进行科研或教学，容易形成理论盲区，窄化理论视野，造成对实践阐释的钝化和现实呼应的乏力，这是“05 方案”设置“马克思主义基本原理”课的必要性所在。

2. 理论发展类课程的统筹协调

“85 方案”开设“中国革命史”“中国社会主义建设”，侧重社会历史发展的教育，但理论含量有可提升的空间，也不能有效地解决与中学历史课的重复问题；“98 方案”开设的“毛泽东思想概论”“邓小平理论概论”（及此后的“邓小平理论和‘三个代表’重要思想概论”）将社会历史教育统一于马克思主义中国化的理论教学内，又容易影响大学生历史教育的效果。“05 方案”分别开设了“纲要”和“概论”课，充分体现了历史教育和理论教育的统一。

（1）“纲要”课的主要内容和开设意义

“纲要”课是“05 方案”设立的一门新课程，承担着对学生进行历史教育的独特功能。在最初上报的课程方案中并没有这门课，是党中央在研究新的课程设置后正式提出的，充分体现了党中央对大学生历史教育的重视。通过“纲要”课，旨在让学生了解历史、了解国情，明确近代以来历史和人民选择马克思主义、选择中国共产党、选择社会主义的历史必然性，为马克思主义中国化理论发展提供生动的历史背景和社会历史依据。“概论”课着重讲授中国共产党把马克思主义基本原理与中国实际相结合的历史进程及其理论成果，而马克思主义中国化的理论成果是中国近现代史发展的理论必然，二者各有侧重，相互支撑，体现了历史教育和理论教育的统一。

（2）“概论”课的主要内容和开设意义

“98 方案”将党在不同历史阶段的指导思想分开授课，学生能够完整地、准确地理解各个理论体系。但存在的问题是容易把原本互相联系、有机统一的理论体系分割成条条块块，一些共性问题容易机械地重复、交叉，使学生难以

---

① 列宁专题文集・论马克思主义 [M]. 北京：人民出版社，2009：305.

准确把握党的指导思想的内在统一。“05 方案”实行之初，将两门课程整合，开设了“毛泽东思想、邓小平理论和‘三个代表’重要思想概论”。2007 年党的十七大，提出了“中国特色社会主义理论体系”的科学命题，明确指出中国特色社会主义理论体系是“包括邓小平理论、‘三个代表’重要思想以及科学发展观等重大战略思想在内的科学理论体系”。2009 年将这门课程名称调整为“毛泽东思想和中国特色社会主义理论体系概论”。2012 年党的十八大，把科学发展观列入党的指导思想，并体现在思想政治理论课的教学中。需要明确的是，各个理论成果虽然形成于不同时期，但都是马克思主义理论在中国的具体运用。“05 方案”中的“概论”课将党的指导思想作为一个整体，系统地教授，有利于学生全面理解和准确把握中国化的马克思主义的逻辑框架和结构形式，整体地把握各个指导思想的内在关联和传承发展。

3. 理论运用类课程的深度融合

“基础”课是将“98 方案”中“思想道德修养”与“法律基础”两门课组合，在融合中发展，在重构中创新。“思想道德和法律是调节人的行为、协调人际关系、维护社会秩序的两种基本社会规范。思想道德素质和法律素质是人们不可缺少的两种基本素质，……‘基础’课将思想道德与法律有机结合为一体，充分反映了社会主义思想道德与法律相辅相成、缺一不可的紧密关系。社会主义思想道德与法律都是社会主义生产关系的产物，受着社会主义生产关系的制约，同时又反映和作用于社会主义生产关系；它们都是在马克思主义的指导下建立和发展起来的，具有相同的理论基础；它们都是工人阶级和广大人民群众意志与利益的体现，是调节人与人之间相互关系、维护社会秩序与稳定的社会规范；它们的许多原则和内容也都是一致的。社会主义思想道德为社会主义法律提供了思想基础和价值目标；社会主义法律为社会主义思想道德提供了制度保障。”①

“基础”课是对高校大学生进行思想政治教育的基础入门课，主要从道德

① 王易，任喜莹．试析“思想道德修养与法律基础”课的几个基本问题 [J]. 思想理论教育导刊，2007（12）：40-43.

和法律两方面着力规范大学生的精神和行为，针对大学生成长过程中面临的人生课题，进行正确的世界观、人生观、价值观、道德观和法制观的教育，对大学生进行思想引导和行为养成的教育，充分体现了依法治国和以德治国的统一。教学中要突破道德和法律“两张皮”的教学结构，强化内容的耦合和逻辑的融合，解决学生在成长成才过程中遇到的实际问题。

综上，“05 方案”中，理论原理课的重新整合、理论发展课的统筹协调和理论运用课的融合重构，以及四门课之间的相互支撑、相互呼应，实现了纵与横的交错、史与论的结合，体现了整体性建设的优化。

五、新时代的课程体系建设

党的十八大以来，党和国家事业发生了历史性变革，取得了举世瞩目的成就。中国特色社会主义进入了新时代，中国特色社会主义历史方位的变化，对高校思想政治理论课建设提出新的、更高的要求。中国特色社会主义事业的发展进步，综合国力不断迈上新台阶，增强了我们理直气壮讲马列的底气和信心，思政课的整体面貌发生了深刻的变化。

1. 课程方案的调整

2017 年，党的十九大提出了习近平新时代中国特色社会主义思想，为新时代中国特色社会主义建设以及中华民族伟大复兴提供了思想指南和理论指导。作为马克思主义中国化最新成果，习近平新时代中国特色社会主义思想的“进教材、进课堂，进头脑”是高校思想政治理论课的一项重要任务，“三进”通过两种方式实现：

第一，优化存量。“05 方案”中现有课程要充分体现党的十九大精神和习近平新时代中国特色社会主义思想的内容。

第二，扩大增量。通过新课程的开设，保证马克思主义中国化最新成果的“三进”，2019 年 8 月《关于深化新时代学校思想政治理论课改革创新的若干意见》中，要求全国重点马克思主义学院，在原有“4+1”课程体系的基础上，率先全面开设“习近平新时代中国特色社会主义思想概论”课，更加系统地学习马克思主义最新理论成果，进行思想政治理论课的创新和探索。

2020 年 12 月，《新时代学校思想政治理论课改革创新实施方案》提出，在本科阶段开设：“马克思主义基本原理”（3 学分）、“毛泽东思想和中国特色社会主义理论体系概论”（5 学分）、“中国近现代史纲要”（3 学分）、“思想道德与法治”（3 学分）和“形势与政策”（2 学分），在全国重点马克思主义学院率先全面开设“习近平新时代中国特色社会主义思想概论”课，适时组织编写“习近平新时代中国特色社会主义思想概论”课教材，学分按有关要求执行。除了新开设的课程外，相比于“05 方案”前期的课程方案，2020 年的实施方案进行了调整：“原理”课主要讲授反映马克思主义世界观和方法论的最基本的原理，帮助学生深刻领会、准确把握马克思主义的根本性质和整体特征，更强调对马克思主义理论的整体理解；“概论”课引导学生深刻理解中国共产党为什么能、马克思主义为什么行、中国特色社会主义为什么好，坚定“四个自信”；“纲要”课主要讲授中国近代以来争取民族独立、人民解放，以及实现国家富强、人民幸福的历史，帮助学生了解党史、国史、国情，深刻领会历史和人民选择马克思主义、选择中国共产党、选择社会主义道路、选择改革开放，即“四个选择”的必然性；与“05 方案”实行之初相比，在教学目标中增加了了解“党史”的内容，并融入了实现中国梦的三大基本内涵：国家富强、民族振兴、人民幸福，“纲要”的内容基本涵盖了中国共产党党史的发展历程，应该承担起党史教育的重任，抵御历史虚无主义思潮的侵蚀；“思想道德与法治”，比较之前，除了课程名称的变化外，充分体现全面依法治国的要求，体现了教学内容的守正创新。

2. 开设选择性必修课程

新中国成立后，文理科的思想政治理论课是区别对待的，在开设课程门数和学时上有所区别，但是随着科学研究的发展和技术手段的进步，基础科学和应用科学的分支越来越多，科学的综合性越来越高，各学科之间的互相联系互相渗透也越来越强，到“05 方案”实行时，思想政治理论课也不再进行文理科的区别对待。但是作为面向全体学生授课的公共课，授课的对象涵盖文、理、工、艺术等不同专业的学生，知识储备、思维模式都存在较大的差异，如果采取相同的授课方式，必然会影响学生对课程内容的接受。因此，提升思想政治理论课的教学效果需要在教学实践中，根据不同地域、不同专业学生的特点，进行精准化设计。

20 世纪 90 年代中期，高等院校在教学管理上改学年制为学分制，学分制是以“学分”为统一单位来测量每门课程学习量的一种方法，其基本的特点是尊重学生的个体差异，给学生充分的自主权，允许学生在学习进度上作一定的自我调节，改变学生知识结构单一的状况，适应学科互相渗透的发展趋势。高校思想政治理论课也构建了必修课和选修课相结合的结构，以适应学科发展与人才培养的需要。各高校根据学生的专业特点和师资条件，逐步开设相关的人文社会科学类选修课程，与“两课”教学统筹规划，相互配合，分工合作①，如中山大学开设了“中西道德比较”“中国近现代杰出人物生平与思想评介”“广东的改革开放与现代化建设”“当代西方经济理论与实践”“当代西方社会思潮评析”等配套选修课和专题讲座②。这些选修课程有助于拓展学生对主干课程理解的深度和广度，符合现代教育创造性学习和培养个性的要求。

2019 年 8 月，中共中央办公厅、国务院办公厅印发《关于深化新时代学校思想政治理论课改革创新的若干意见》，提出可以“围绕习近平新时代中国特色社会主义思想，党史、国史、改革开放史、社会主义发展史，宪法法律，中华优秀传统文化等设定课程模块，开设选择性必修课程”，建立“必修 + 选修”整体联动的课程体系。2020 年 12 月，《新时代学校思想政治理论课改革创新实施方案》提出：各高校结合本校实际，统筹校内通识类课程，围绕马克思主义经典著作，党史、新中国史、改革开放史、社会主义发展史，中华优秀传统文化、革命文化、社会主义先进文化，宪法法律等，开设本科及高等职业学校专科选择性必修课程，确保学生至少从“四史”中选修一门课程，

① 关于高校马克思主义理论课和思想品德课教学改革的若干意见（1995 年 10 月 24 日）[C]// 教育部社会科学司 . 普通高校思想政治教育课程文献选编（1949—2008）. 北京：中国人民大学出版社，2008：219.

② 郭文亮，李辉 . 加强“两课”学科建设 提高“两课”教学质量 [J]. 思想理论教育导刊，2001（7）：61-62.

各高校要安排选择性必修课程的必要学时，充分发挥马克思主义学院的统筹审核把关作用。

综上，新时代的思想政治理论课内容更加丰富、结构也更加合理，能够更好地承担立德树人的根本任务。

3. 探索合理的开课顺序

加强课程方案的建设，应该理清各门课程之间内在的逻辑关系，合理确定课程开课顺序，进而充分发挥思想政治理论课的整体功能，提升教学实效性。

1978 年 4 月，教育部办公厅《关于加强高等学校马列主义理论教育的意见》和《全国教育工作会议征求意见稿》提出，注意高等学校四门理论课相互间的分工和配合问题，一般按照党史、政治经济学、哲学、共运史的顺序开设课程。1979 年上半年，教育部组织在部分高校进行政治理论课开展情况调研，形成《高等学校政治理论课的基本情况和存在问题》的调研报告，对开课顺序进行了探索，提出了两种方案：第一种方案，一年级开设“中共党史”，二年级设“政治经济学”，三年级设“哲学”，文科四年级设“国际共产主义运动史”，因为先学“党史”比较合乎由感性认识到理性认识的过程。第二种方案，按照“哲学”“政治经济学”“党史”的顺序开设课程，因为高校党史课与中学历史课有许多重复，也有“文革”后“党史”教学中遇到问题较多的考虑。后学“党史”，可以在讲党史中运用马列主义哲学和政治经济学的原理，解决中国革命的实际问题，避免与中学阶段的教学重复，提升学生的兴趣。此后，思想政治理论课程设置几经调整，但不再规定排课顺序，为高等学校在制订教学计划时留下充分的自主权。但在实施中出现了一些高等学校由于认识不到位，或者师资力量不足等原因随意排课的现象，影响了教学效果的提升。经过实践探索，2018 年 4 月 12 日，教育部印发《新时代高校思想政治理论课教学工作基本要求》，提出思想政治理论课各门课程应有序衔接，原则上先学习“基础”课、“纲要”课，再学习“原理”课、“概论”课，每学期必修“形势与政策”课，“做到前面的教学内容为后面的教学内容奠定基础，后面的教学内容能够深化和提高对前面的教学内容的认识”[①]。

4. 确定合理的学分比例

除了课程间排课顺序外，新时代思想政治理论课建设还体现对各门课程学分的合理安排上。“05 方案”实行之初，原则上规定“原理”“概论”“纲要”“基础”课的课时数，分别为 3 学分、6 学分、2 学分、3 学分[②]，同时允许各高校根据本校的实际情况，来分配总课时数和各门课的课时数。但随着时间的向前推移，“纲要”课的教学目标实现了从“三个选择”到“四个选择”的拓展：“纲要”课开设之初，教学目标是“两个了解，三个选择”，即帮助学生了解国史、国情，深刻领会历史和人民是怎样选择了马克思主义、选择了中国共产党、选择了社会主义道路。2011 年 7 月 1 日，胡锦涛同志在庆祝中国共产党成立 90 周年大会上的讲话中指出：“事实充分证明，在近代以来中国社会发展进步的壮阔进程中，历史和人民选择了中国共产党，选择了马克思主义，选择了社会主义道路，选择了改革开放”，将“改革开放”作为近代以来历史演进的主要线索之一，“四个选择”也成为对近代以来中国历史演进更为科学完整的概括。高校思想政治理论课也及时地反映了党的理论创新的要求：2013 年版的“纲要”教材将课程的教学目标从“三个选择”拓展为“四个选择”，即“了解国史、国情，深刻领会历史和人民是怎样选择了马克思主义，选择了中国共产党，选择了社会主义道路，选择了改革开放”，加入了“选择改革开放”的内容。“纲要”课是贯通古今的，课程的下限是开放的，教学内容随着时间的向前推移不断丰富，课时与内容之间的矛盾也越来越突出，如果课时太少，对一些重大的理论问题就不能讲深讲透。2018 年 4 月，教育部提出严格落实各门课的学分：“原理”“概论”“纲要”和“基础”课分别为 3 学分、5

① 姜秀英. 试论高等学校思想政治理论课的排课顺序——高质量实施“05 方案”的重要环节[J]. 思想理论教育导刊，2006（5）：71-73.

② 教育部社会科学司. 普通高校思想政治教育课程文献选编（1949—2008）. 北京：中国人民大学出版社，2008：219.

学分、3 学分、3 学分[①]，2020 年 12 月，《新时代学校思想政治理论课改革创新实施方案》也延续了之前各门课程学分的规定。比较起“05 方案”前期的实施方案，变化体现在理论发展类两门课的比重变化上：“概论”课的内容精简凝练，学时减少，“纲要”课的比重增大，学时增加。结构的合理化保证了整体功能大于部分功能之和，更能够实现历史与现实的紧密结合，充分发挥理论发展类课程学习历史、服务现实的教学功能。

高校思想政治理论课的开设是一脉相承、薪火相传的，新中国成立后，经过 70 多年建设与探索，形成了相对稳定和比较规范的学科体系、学术体系、话语体系和教材体系。当然，“05 方案”并不是高校思想政治理论课建设的最终方案，课程方案仍需根据形势的发展变化，不断地守正创新。面对新形势、新情况和新要求，考察改革开放以来高校思想政治理论课建设的历史演进与创新发展，对于加强高校思政课建设改革、不断提升教学实效性，具有重要的参考价值。

①《中共中央宣传部、教育部关于进一步加强和改进高等学校思想政治理论课的意见》实施方案（2005 年 3 月 9 日）[C]// 教育部社会科学司 . 普通高校思想政治教育课程文献选编（1949—2008）. 北京：中国人民大学出版社，2008：219.

第五章　加强思想政治理论课的教材建设

教材是教学目标的凝结和集中，是教学开展的主要依据，也是教学取得成效的前提条件。高校思想政治理论课教材建设是思想政治理论课的基础，也是提高教学质量、实现培养目标的基础性工作。

新中国成立初期，我国高校的马克思列宁主义理论课学习苏联高等学校先进经验，翻译和出版了由苏联高等教学管理机关正式批准颁发的教学大纲，苏联的教材也成为我国高校教材的范本，如“马列主义基础”课的教材使用的是1938年出版的《联共（布）党史简明教程》。使用苏联教材，在联系中国国情和实际、提高教材的适用性和针对性上，还有很大的进步空间。除了借鉴使用苏联的教材外，部分思政课直接使用领导人的著作或文章作为教材，如“新民主主义论”课以毛泽东的《新民主主义论》为教材；1957年，高校“社会主义教育”以毛泽东的《关于正确处理人民内部矛盾》为基础逐章展开学习。以领导人的讲话、谈话、著作作为教材，虽然能够保证政治方向正确，但学术深度没有保证，长远来看，不利于思政课意识形态功能的发挥。这个时期，我国也开始进行自身教材体系的编写，如20世纪60年代艾思奇主编的《辩证唯物主义历史唯物主义》，是我国第一本自主编撰的高等学校的哲学教科书。但总体而言，改革开放前自主编写的高校思政课教材尚在少数；改革开放后，思政课的教材建设经历了各高校自编教材，到教育部推荐示范教材并评选优秀教材，再到由中央马工程统编教材的过程。

一、各高校自编教材

改革开放后，高校的教学秩序逐渐恢复正常，教材建设也逐渐提上日程。1978年，教育部办公厅颁布的《关于加强高等学校马列主义理论教育的意见》

明确了高等学校马列主义理论教学中教材的重要性，指出学生学习马列主义理论的要求与方法，“和党校学员、在职干部学习应有所区别”，因为大学生“缺少实际斗争经验，马列主义的基础理论和历史知识也比较少”，只学原著，困难较大，凸显了系统教材的重要性。学生在学习教材的基础上，加上教师的引导，适当选读原著，“既有利于学生学习马列主义的基本原理，也有利于学生阅读和领会经典著作，使他们更好地掌握马列主义这一理论武器”。该意见提出，要“迅速集中全国水平较高的教师，在中央有关理论部门的领导下分别组织编写三种学时不同的、各有所侧重的全国统一教材”，而且必须考虑到同中学几门政治理论课的衔接，以及高校四门理论课相互间的分工和配合问题，避免重复现象。注意统一教材的编写、不同学段思政课教材的衔接以及高校思政课之间的协同，也是我们今天教材建设必须遵循的原则之一。

由于各项工作都在恢复重建之中，编写统一教材需要较长的时间，短时间还不具备这样的条件，因此先组织水平较高的教师和有关专家制定了统一的教学大纲。教学大纲是教学的指导性文件，规定本门课程教学的基本任务和要求，明确各章、节的基本内容、重点和难点，并反映学科发展的新成果、新动向，与教材相比具有相对的稳定性。新中国成立后，教育部就非常重视对教学大纲的统一管理。改革开放后，在中宣部的指导下，以原有大纲为基础，编写了四门公共政治理论课的新教学大纲。1979 年，教育部政教司分别制定了“征求意见稿”的“辩证唯物主义历史唯物主义（历史唯物主义部分）教学大纲”“政治经济学（社会主义部分）教学大纲”“中共党史教学大纲”和“国际共产主义运动史教学大纲”，并陆续发布。为进一步贯彻中央有关会议的指示精神，加强四项基本原则的教育，教育部组织有关专家对大纲进行了修订，于 1983 年到 1984 年陆续完成“修订版”的教学大纲，分为供高等学校文科和理工农医使用两种。1988 年秋，国家教委正式发布了三门思政课的教学大纲（试用本）和教学要点（试用本），这个时期的教学大纲的制定，带有“征求意见稿”“修订版”“试用本”的字样，充分体现出恢复和探索的时代特点，而教学大纲的统一编写和管理，也是思政课建设走向正轨的标志之一。

这个时期的教材建设循序渐进，稳步推进，在统一编写和管理各门思政课的教学大纲的前提下，允许各校自编教材。1979 年上半年，教育部在全国范围内对高等学校政治理论课的基本情况进行调研，包括教材编写和使用中的问题，在 5 月 20 日发布的《高等学校政治理论课的基本情况和存在问题》中指出，近年来，“高校政治理论课教材一般由各校教师自行编写，或由部分院校教师协作编写，或采用‘文革’前出版的教材”。同时也认识到自编教材的弊端：首先会造成大量重复劳动，耗费人力、物力，使一线教师“腾不出手来搞科学研究”①。应该“积极引导教师把精力用于钻研教学内容、教学方法改革和对学生关心的重大理论与现实问题开展科研攻关上面”②。其次是如果仓促上马，编写出的教材基本上大同小异，质量不高。因此这个时期也提出，由教育部集中师资力量，在中宣部的指导下，编写统一的教材和教学参考资料，为教学提供基本遵循，或者可以“从目前高等学校准备使用的许多讲义中推荐一些较好的，以应各校急需”③。如由于光远倡议指导，教育部政教司组织教师和部分经济理论工作者协作编写了《中国社会主义经济问题》，于 1979 年由人民出版社出版。该书的主要内容是政治经济学的社会主义部分，为理工农医等非经济学科的院校或专业提供教材，为公共政治理论课教学提供了基本遵循。

总体而言，改革开放初期，对高校思政课的使用教材，没有进行硬性的统一规定，各高校在教学中“可选用教育部推荐的教材，亦可根据教育部制定的教学大纲，自编教材”④。

---

① 教育部社会科学司 . 普通高校思想政治理论课文献选编（1949—2008）[M]. 北京：中国人民大学出版社，2008：77.

② 国家教育委员会关于在高等学校进一步贯彻《中共中央关于改革学校思想品德和政治理论课程教学的通知》的意见（1986 年 3 月 20 日）[C]// 教育部社会科学司 . 普通高校思想政治理论课文献选编（1949—2008）. 北京：中国人民大学出版社，2008：111.

③ 教育部社会科学司 . 普通高校思想政治理论课文献选编（1949—2008）[M]. 北京：中国人民大学出版社，2008：72.

④ 教育部社会科学司 . 普通高校思想政治理论课文献选编（1949—2008）[M]. 北京：中国人民大学出版社，2008：87.

二、教委（教育部）推荐示范教材

“加强教材建设，是保证和提高马克思主义理论教育质量，实现培养目标的一个极其重要的环节和一项基础性工作。”① 促进教材建设的统一规范，加强对高校思政课教材编写、出版工作的指导和管理，减少不必要的重复劳动和人力物力的浪费，切实保证教材的质量，避免教材源出复杂、质量参差不齐，是改革开放后思政课建设始终如一的目标和努力方向。1980 年，中央书记处召开了四次会议讨论学生的思想政治工作，提出“由中央直接抓高校政治课教材”②。20 世纪 80 年代中期正在进行思想政治理论课的教学改革，而“编写较高水平的新教材，是改革马克思主义思想理论课教学的中心环节”③。中央成立全国马克思主义思想理论课教材编审委员会，加强对教材事权的统一管理，提出适当组织全国高等学校马克思主义理论教师的力量在开展科学研究的基础上，“编写出几套理、工、农、医和文科等不同类型院校使用的具有较高水平的新教材”④，同时动员和组织各方面的力量，加强高等学校、科学研究单位和实际工作部门的通力合作⑤。

1988 年 4 月，国家教育委员会专门出台《关于编写出版普通高等学校马克思主义理论课（公共课）教材的暂行管理办法》的通知⑥，初步形成了教材

① 国家教育委员关于加强和改进高等学校马克思主义理论教育的若干意见（1991 年 8 月 3 日）[C]// 教育部社会科学司 . 普通高校思想政治理论课文献选编（1949—2008）. 北京：中国人民大学出版社，2008：140.

② 何东昌 . 中华人民共和国教育史 （上卷）[M]. 海口：海南出版社，2007：598.

③ 中共中央关于改革学校思想品德和政治理论课程教学的通知（1985 年 8 月 1 日）[C]// 教育部社会科学司 . 普通高校思想政治理论课文献选编（1949—2008）. 北京：中国人民大学出版社，2008：108.

④ 教育部社会科学司 . 普通高校思想政治理论课文献选编（1949—2008）[M]. 北京：中国人民大学出版社，2008：111.

⑤ 中共中央关于改革学校思想品德和政治理论课程教学的通知（1985 年 8 月 1 日）[C]// 教育部社会科学司 . 普通高校思想政治理论课文献选编（1949—2008）. 北京：中国人民大学出版社，2008：108.

⑥ 教育部思想政治工作司 . 加强和改进大学生思想政治教育重要文献选编（1978—2014）[M]. 北京：知识产权出版社，2015：89.

的二级建设和管理体制：

第一，由国家教委政教司统一规划管理马克思主义理论课程所需教材的编写和出版审批工作。

第二，马克思主义理论课的全国通用教材，仅限国家教委直接组织编写、审定的教材和由国家教委向全国推荐使用的教材。任何部门和学校不得以任何理由和方式禁止选用全国通用教材、强制使用指定的某种教材。

第三，地方教材的编写和出版，由省、自治区、直辖市主管学校马克思主义理论教育的领导部门组织、指导和审批。审批的原则是：首先，确有急需或者新编教材确有特色；其次，编写力量强，能够保证质量；最后，编写教材的组织工作、审定工作、出版条件即所需经费都有保证。每门课程的教材限编一本，并选择质量较高的向国家教委推荐。

第四，高校也可以组织力量（包括校内外教师）编写的有较高质量和较好教学效果的讲义、教程，经学校领导批准，可注明“校内教材”，在本校印发使用和在校际交流中使用。

第五，原则上不以跨地区或按系统几校联合编写的方式进行教材编写工作。这些教材原则上均作为各地教材、校内教材或校际交流教材使用，各高校在选用时，必须注重教材的质量及适用性。

1988 年秋，国家教委组织编写了“中国社会主义建设”课教材、“马克思主义基本原理”课教材，以及《中国革命史课阅读材料汇编》，作为选用教材。总体而言，这一时期的思政课教材呈现多元化的特点，包括全国通用教材、地方教材以及校内教材。同时，教材编写逐渐规范统一，质量也有较大的提高，但是依然存在“过于分散及质量不高”的特点。因此这个时期强调在教材的编写、审定、出版和使用的管理上逐渐提高准入门槛，建立健全退出机制，有政治性问题或质量低下的教材不能继续使用；“对现有各种教材应组织人力进行检查清理，对质量较差的教材应明令停止使用”；对质量较好的教材，要继续总结经验逐步完善，同时优化存量，扩大增量；对现有课程的教学大纲和统编教材进行修订，“组织编写尚未统编的教材，以及逐步组织编写供教师使用的带有指导性和资料性的教学参考书和资料书”[①]。

思想品德类课程设置之初，马克思主义理论课和思想品德课的教材建设是分别进行、分别规定，如国家教育委员会分别于1988年4月印发了《关于编写出版普通高等学校马克思主义理论课（公共课）教材的暂行管理办法》和1992年7月印发的《关于加强高等学校思想政治教育课程教材建设的管理的意见》，随着“98方案”的施行，为了保证教学改革、课程建设等的顺利进行，对于“两课”教材的建设进行了整合。1998年8月，教育部办公厅《关于加强普通高等学校马克思主义理论课和思想品德课（公共课）教材建设及管理问题的通知》提出，统筹马克思主义理论课和思想品德课两类课程的教材建设，确定实施教学的中央和地方二级（教育部和省级教育主管部门）建设和管理体制：教育部负责制定和颁布教学大纲和教学基本要求，编写全国通用教材（即由教育部直接组织编写、审定示范性教材和经过教育部评审后向全国推荐教材）；各省教育主管部门可以自主组织编写适应本地区需要、供本地区选用的教材（每门课程限编一本教材），但不得限制高校选用全国推荐教材的自主权或指令高校使用本地教材。各校教师自行编写或部分院校教师协作编写教材，虽然其中也不乏上乘之作，但也容易造成大量的重复性劳动，存在编写过于分散及质量不均衡的现象。因此，这个时期强调各高校原则上不再自编教材，因教学改革需要编写的，不得公开出版、上市销售[②]。

教材建设事权的相对统一能够保证教学质量的提升，进而保证教学目标的实现。同时这个时期学科建设迈上一个新台阶：1997年，国务院学位委员会颁布的《授予博士、硕士学位与培养研究生的学科、专业目录》，建设隶属于法学门类政治学一级学科下的“马克思主义理论与思想政治教育”二级学科，并作为重点学科加以建设，不仅为课程教学提供了深层次的学术支撑，也为师资

① 国家教育委员关于加强和改进高等学校马克思主义理论教育的若干意见（1991年8月3日）[C]// 教育部社会科学司 . 普通高校思想政治理论课文献选编（1949—2008）. 北京：中国人民大学出版社，2008：140.

② 教育部思想政治工作司 . 加强和改进大学生思想政治教育重要文献选编（1978—2014）[M]. 北京：知识产权出版社，2015：186.

培养和教材建设提供了重要的学科平台，学科的支撑能够保证教材的政治性、思想性和现实针对性，科学地确定教学内容，对学生普遍关心的问题作出有说服力的解答。

三、中央“马工程”统编教材

2004年后，党中央决定实施马克思主义理论研究与建设工程重点教材建设，由教育部和中宣部组织编写教材，其范围不仅包括高校思想政治理论课，而且覆盖哲学、政治学、法学、文学、历史学等哲学社会科学专业课程。教材建设是“马工程”浓墨重彩的一笔，有效地保证了马克思主义在哲学社会科学中的指导地位。

1. 教材建设的统一规范

教育部办公厅于2006年下发的《关于进一步加强高等学校思想政治理论课教材编写管理、规范教材使用的通知》，决定将教材建设纳入“马工程”重点内容中，由中宣部、教育部组织教材编写和管理，集中全国最优秀力量，最后经中共中央政治局常委审定，全国通用一本教材，这种高度重视和高度统一性在新中国成立的历史上是空前的。“05方案”实行以来的教学实践，也充分彰显了教材建设全国一盘棋的优势。

2005年2月7日，中共中央宣传部、教育部《关于进一步加强和改进高等学校思想政治理论课的意见》和3月9日《〈中共中央宣传部、教育部关于进一步加强和改进高等学校思想政治理论课的意见〉实施方案》都提出，加强高等学校思想政治理论课教材编写的领导和管理，保证教材的科学性、权威性和严肃性。要求将高校思政课教学大纲和教材编写纳入马克思主义理论研究和建设工程，作为重大项目集中全国教学科研力量组织编写；中宣部、教育部联合成立高校思想政治理论课教材编写领导小组，负责教学大纲和教材的编写组织领导工作；同时组建由多方面专家组成的编审委员会，按课程组建教学大纲和教材编写组，编写组实行首席专家负责制。按照定向申报，择优遴选，集中编写的方式，编写教学大纲和试用教材，经教材编审委员会审议后上报审定。

2006年1月《中共中央宣传部、教育部、新闻出版总署关于加强高校思想政治理论课教材出版管理的通知》、2006年4月《教育部办公厅关于进一步加强高等学校思想政治理论课教材编写管理、规范教材使用的通知》以及2008年3月《教育部办公厅关于重申高校思想政治理论课教材编写、出版、使用要求的通知》明确要求并反复重申：高校思想政治理论课教材的编写和使用是一项政治性很强的工作，未经中宣部、教育部、新闻出版总署批准，任何部门、单位和个人不得再自行组织编写和出版发行各种名义的高校思想政治理论课教材。

2. 教材建设的与时俱进

教材的编写是课程建设的最重要的环节和抓手。思想政治理论课的特殊功能和特点，决定教材需要用发展着的马克思主义中国化理论武装大学生，吸取马克思主义理论学科研究的新成果，反映哲学社会科学研究的最新进展，贯穿新思想、着眼新要求、运用新话语。紧跟时代步伐，及时更新修订，把中国特色社会主义取得举世瞩目的成就融入思政课教材，在动态更新中保证政治性和学理性的统一。1984年9月，《关于加强和改进高等院校马列主义理论教育的若干规定》提出："马克思主义理论课教材必须阐述社会主义社会发展的客观规律，反映中国社会主义现代化建设的新经验，分析当代世界政治经济发展的新现象和科学技术发展对于社会生活和经济发展的影响，科学地阐明马克思主义是人类历史上优秀思想文化成果的继承和发展，逐步地建立起具有中国特色的教材体系。"① 要求教材的主要内容必须紧密联系实际，对当代出现的新情况和新问题进行新的理论概括。"05方案"实施后，"在2006年和2007年出版统编版的思想政治理论课教材之后，又在2008年、2009年和2010年先后进行了修订"，其中"概论"在2008年一年修订过两次。2012年党的十八大以来，"教材又先后在2013年、2015年和2018年进行过三次大的修订，认真贯彻了党的十八大、十九大精神，集中体现了习近平新时代中国特色社会主义思想"②。教材建设的动态更新，还体现在每年春、秋季学期，教育部党组专门

① 关于加强和改进高等院校马列主义理论教育的若干规定（1984年9月4日）[C]// 教育部社会科学司 . 普通高校思想政治理论课文献选编（1949—2008）. 北京：中国人民大学出版社，2008：96.

② 陈占安 . 改革开放以来高校思想政治理论课教材建设的回顾与展望 [J]. 思想理论教育，2018（10）：4-8.

研究《高校“形势与政策”课教学要点》，有针对性地指导高校“形势与政策”课教学。

“05方案”施行以来，教育部组织全国的专家学者根据形势的发展和教学的需要，定期或不定期地就高校思政课新课程教学实践中经常遇到的教学重点、社会热点、理论难点、思想疑点等问题进行集体攻关，编写出版了《高校思想政治理论课教育教学热点难点问题分析》，帮助广大任课教师把有关理论和实践问题讲深讲透、讲明白、讲清楚。进入新时代以来，2015年7月，《普通高校思想政治理论课建设体系创新计划》提出“统筹社会专家资源建立教学改革智库，开展教学重点问题研究，建立教学热点难点定期搜集解答制度”，为深化教学改革、增强教学效果提供有力支撑。同时，“建立教材使用情况即时监测制度，跟踪分析师生对教材使用的意见建议，把师生评价作为教材修订重要标准，吸收一线师生参与教材修订工作”，开展对教材重点难点研究，完善教学系列用书编写体例，创新编写模式，增强教材的针对性和可读性。

3. 教材建设的科研支撑

马克思主义理论学科建设为教材建设提供了有力的科研支撑。教材是国家主流意识形态的体现，是体现学科内容最标准、最权威的材料，马克思主义理论学科的发展，为高质量的教材编写提供了支撑，有效避免了教材只是观点的罗列、堆砌，缺乏逻辑性和科学的表述。2015年，《普通高校思想政治理论课建设体系创新计划》提出建立高校思想政治理论课教材研究中心，加强思想政治理论课学术话语体系的研究，以及教材内容和表述方式的研究。

习近平总书记提出：“学科体系同教材体系密不可分，学科体系建设上不去，教材就上不去，反过来教材体系上不去，学科体系就没有后劲。”[①] 指明了学科体系和教材体系的相辅相成、相互支撑的关系。只有把好教材的政治关、思想关和质量关，才能保证教学质量的提升。

4. 加强立体化教材建设

教材有狭义和广义两种理解，狭义的教材是指教科书，广义上的教材是指

① 中共中央文献研究室 . 十八大以来重要文献选编（下）[M]. 北京：中央文献出版社，2018：328-329.

教师指导学生学习的一切教学资料，也包括一切教学材料的教学媒体[①]。建设高校思政课的立体化教材体系要适应教学需要，组织编写和制作“精彩一课”、“教学热点难点解析”、多媒体课件等行之有效的辅助教材系列，形成包括基本教材、配套教材和电子音像类教材等在内的立体化教材体系。

各地各高校在确保思想政治理论课教学使用统编教材外，还编写了一系列完善与统编教材配套的教师参考用书、疑难问题解析、教学案例解析、学生辅学读本、教学指导资料和理论普及读物等教学系列用书，组织编发高校思政课教学活页。形成涵盖纸质和数字化等多种载体，体现思想性、科学性、可读性相统一的立体化教材体系。

如上所述，改革开放后高校思想政治理论课教材建设慢慢走向正轨，思政课的教材从无到有，从单一教学用书到教辅结合，从纸质教材到立体化教材体系，取得了显著的成就。教材建设经历了由不规范到规范，各自为政、多头管理到全国统一，集中管理的过程。事权的逐渐统一，规格的不断提高，确保了教材的编写质量，为加强思想政治理论课建设提供了基础保障。

① 郭凤志．高校思想政治理论课建设研究 [M]. 北京：北京师范大学出版社，2019：138.

第六章　不断推进思政课教学方法的改革

“教学方法是教学过程中，教师和学生为实现教学目的、完成教学任务而采取的教与学相互作用的活动方式的总称。……思想政治理论课程教学方法的本质是师生互动交往方式和科学方法的统一，也是教学方法的对象和学科特点的统一。”[①] 思想政治理论课教学目标的达成和教学效果的提升，不仅取决于教学内容本身的正确性，也取决于教学方法的科学性和有效性，教学内容的改革和教学方法的改革是保证思政课实效性的两大支点，二者是相互联系、相互制约的关系，课程结构的调整、教材体系的变化，客观上要求教学方法的改革创新，教学方法的改革是服务于教学效果提升这一根本任务的。

思政课教学方法的改革要坚持守正和创新的结合：既要继承和发扬中华民族优秀的德育思想和党的思想政治工作的优良传统，同时也要认识到创新是引领高校思政课建设不断向前进步，提升课程针对性、实效性的动力。正如改革开放是决定中国命运的关键一招，教学方法的改革也是保持思政课生命力和战斗力的关键所在。教学方法的改革创新，需要根据思想政治教育的新形势和新要求，围绕教学内容和课程方案的改革，在准确把握学生代际的特征、遵循教育教学规律的前提下，不断地拓展和深化。

一、理论联系实际是教学方法改革的基本原则

新中国成立后，高校思政课教学方法始终处在不断改革和深化中。纵观教学方法的演进，理论联系实际原则是历次教学方法改革的基本原则。理论联系实际是马克思主义理论的根本特征和根本要求，是中国共产党在长期进行思想

① 郭凤志 . 高校思想政治理论课建设研究 [M]. 北京：北京师范大学出版社，2019：173-174.

建设实践中总结出的根本方法和历史经验，也是高校思想政治理论课建设和改革必须坚持的方法论原则。理论联系实际，不是一种具体的教学方法，而是任何一种教学方法在具体运用时都自觉或不自觉坚持的指导思想。

改革开放后，伴随着拨乱反正和高校教学秩序的恢复，也开启了思政课教学方法探索的序幕。1978 年 4 月，《教育部办公厅关于加强高等学校马列主义理论教育的意见》提出理论联系实际问题的基本原则，强调马列主义理论课要在准确讲授基本原理的基础上，“密切联系我国社会主义革命和社会主义建设的实际，联系国际国内的阶级斗争和路线斗争的实际”。在经历了“文革”教条主义盛行和思想混乱后，理论联系实际具有特殊重要的意义，能够“使学生分清理论、路线、思想是非”[①]，这是进行思想政治理论课教学的前提。1980 年 7 月 7 日，《改进和加强高等学校马列主义课的试行办法》强调理论联系实际的重要性，指出：“教师必须按照课程的科学体系，讲清基本原理，并和客观实际密切联系起来。客观实际是多方面的，有历史实际、国内外形势实际、学生的思想实际和专业实际等。要根据教材内容作有机的联系。要着重联系我国社会主义现代化建设的实际和学生的思想实际，引导学生运用基本原理分析研究实际问题，加深对理论的领会，端正思想，提高觉悟。”[②]1982 年后，高校开设“共产主义思想品德”课。1984 年 9 月，教育部《关于高等学校开设共产主义思想品德课的若干规定》规定了这门课的教学内容、教学原则等，提出“坚持理论联系实际的，这是思想品德教育能否取得成功的关键”。思想品德课具有很强的现实针对性，在教学中“对于在大学生中有较大影响的某些资产阶级人生观的论点，要进行深刻的剖析，帮助学生分清是非，提高认识”。同时将课堂讲授与生动活泼的教育活动相结合，设计适合青年学生特点的教学方式。“思想品德课要有课堂讲授，同时辅之以生动活泼的教育活动，以增强感染力，提高教育效果。如推荐阅读有教育意义的文学作品，放映优秀影片和

---

① 教育部社会科学司 . 普通高校思想政治理论课文献选编（1949—2008）[M]. 北京：中国人民大学出版社，2008：72.

② 教育部社会科学司 . 普通高校思想政治理论课文献选编（1949—2008）[M]. 北京：中国人民大学出版社，2008：87.

录像片，组织参观访问等。”[①] 只有既紧密联系学生的思想实际，又具有理论深度的教学，才能收到良好的教育效果。曾任国家教委政教司司长的徐文良提出，思想品德课必须从本地区、本校以及本专业学生的思想实际出发确定教学内容，“沿海地区的学校在共产主义道德教育中，要更加注意反腐蚀教育；少数民族地区的学校在爱国主义教育中，要加强民族政策的教育；对大学生的人生观教育，不同的学校和专业，应有适当本专业需要的职业道德教育”[②]。除了不同的地区外，对于大学生的人生观教育，不同年级的课程内容也应该有所区别：刚进入大学后，因为已经实现升学的任务，一般应从学习目的教育入手；到了高年级，越来越临近毕业，怎样对待毕业分配，怎样生活得更有意义，便成为学生思想上最关心的问题。针对学生的不同类型、不同层次和个体差异，精准设计教学内容，充分体现了理论联系实际的基本原则。

“85 方案”实行后，在思想政治理论课教学中，越来越重视联系学生的思想实际的重要性。1986 年 5 月，《国家教委关于加强高等学校思想政治工作的决定》提出改革马克思主义理论课程教学的目的是增强马克思主义理论课的说服力、吸引力和战斗力，而“改革的关键是贯彻执行理论联系实际的方针，引导学生从人类和中国社会发展史中认识马克思主义的科学性。对于当代世界和我国实践中提出的重大理论问题和现实问题，要破除烦琐哲学和神秘化，组织高等学校和理论界的力量，协作攻关，向学生提供有说服力的材料和观点，作出马克思主义的回答”[③]。1987 年 5 月 29 日，《中共中央关于改进和加强高等学校思想政治工作的决定》，鉴于这个时期资产阶级自由化思潮对高校的侵袭，这个文件比较一年前加了“改进”两个字，指出改革、开放使学生的眼界比过去更开阔，能得到更多的锻炼。但在改革和开放的条件下，

① 教育部社会科学司．普通高校思想政治理论课文献选编（1949—2008）[M]. 北京：中国人民大学出版社，2008：101.

② 徐文良．难忘的历程——高等学校思想政治教育的回顾与思考 [M]. 长春：吉林人民出版社，2008：290.

③ 教育部思想政治工作司．加强和改进大学生思想政治教育重要文献选编（1978—2014）[M]. 北京：知识产权出版社，2015：49.

“不可能把青年学生封闭在‘温室’里，他们不可能不接触腐朽的、丑恶的东西。这就增加了思想政治教育的复杂性和艰巨性”，也更加凸显了理论联系实际的必要性。“思想政治教育要真正深入学生的头脑中去，收到实际效果，就要经常调查分析他们的思想情况，加强预见性和针对性”。除了联系学生思想实际外，也要联系中国的建设实际，“建设中国特色社会主义的理论和实践，是富有生命力的、实践中的科学社会主义。要善于运用这些生动有力的教材，对师生进行教育”[①]。

1993 年 8 月 13 日，《关于新形势下加强和改进高等学校党的建设和思想政治工作的若干意见》进一步强调“两课”要贯彻理论联系实际的方针，首先是联系国内实际。“要贯彻中国特色社会主义的理论，及时改革不适应形势发展要求的教学内容，注重吸收和反映建设中国特色社会主义伟大实践中产生的新的科学理论成果，增强帮助学生形成科学的世界观、人生观的内容，调整课程间不必要的重复内容。”其次是联系学生思想实际。“注意加强教学的针对性，从理论和实践的结合上，回答学生普遍关心的‘热点’问题。对当前国际共产主义运动，我国改革开放和社会主义现代化建设，建立和发展社会主义市场经济，对高等教育的改革与发展等方面的问题及时进行研究和讲解，特别要重视社会主义市场经济条件下的理想、信念、人生观、价值观的教育，帮助学生运用马克思主义的立场、观点和方法来分析问题，解决问题，沿着正确的方向健康成长。”[②] 虽然不同的历史条件下，国内外的形势特点和学生思想实际不尽相同，但是理论联系实际的基本原则是一以贯之的。

思政课贯彻理论联系实际的指导思想，能够进一步提升理论教育的思想性和说服力，增强吸引力和感染力，提升思想政治理论课的针对性和实效性。新中国成立以来，高校思政课的建设和改革实践表明，坚持理论联系实际的根本方法，建设和改革就会获得良性发展，反之就会遭受挫折。思想政治理论课教

① 教育部思想政治工作司 . 加强和改进大学生思想政治教育重要文献选编（1978—2014）[M]. 北京：知识产权出版社，2015：70-71.

② 教育部思想政治工作司 . 加强和改进大学生思想政治教育重要文献选编（1978—2014）[M]. 北京：知识产权出版社，2015：131.

学方法研究只有首先在宏观层面解决改革的基础理论问题，教育方法改革才能沿着正确的方向前行。

二、启发式教学是思政课教学的基本方法

新中国成立后，尤其是改革开放后，国家教育管理部门多次在相关文件中提到高校思想政治教育要反对“注入式”的教学法，采取启发式教学法。启发式教学方法是与“注入式”教学方法相对应的教学方法，是思政课教学的基本方法。

1. 灌输性与启发性的统一

研究思政课教学方法，需要首先明确的是，“注入式”不等于“灌输”。灌输论是一种对无产阶级革命理论与革命实践关系的理性认识，列宁对“灌输”作了全面系统的阐述：“工人本来也不可能有社会民主主义的意识。这种意识只能从外面灌输进去，各国的历史都证明：工人阶级单靠自己本身的力量，只能形成工联主义的意识。”[①] 科学社会主义不能在工人阶级思想中自发形成，只能从外部灌输进去，进而保证工人阶级及其政党掌握意识形态话语权。同样，马克思主义理论不可能在学生头脑中自发地产生，“这些科学的思想理论体系，总是要通过传播才能被人们所了解和掌握。实际上，任何理论形态的知识体系都是经过传播才能渗透到人们头脑里的。如果反对向青年进行马克思主义的宣传教育，那么青年也会从其他的理论传播中接受灌输。鼓吹‘自发论’只能导致取消主义”[②]。因此，通过规范课程的讲授，对学生进行系统的马克思主义理论教育，是非常必要的。“灌输”是一种传统的教学方法，对于学生掌握基本的知识点，了解学科领域的发展成果都是不可或缺的。“灌输”不等于照本宣科，不等于方法单一、生搬硬套，不等于填鸭式或注入式教学，而是有组织、有计划地对学生进行系统的思想政治教育。灌输法不仅在历史上发挥过重要作用，而且有着强大的现实生命力。

2019 年 3 月 18 日，习近平总书记主持召开了学校思想政治理论课教师座

① 列宁专题文集 • 论无产阶级政党 [M]. 北京：人民出版社，2009：76.

② 徐文良 . 难忘的历程——高等学校思想政治教育的回顾与思考 [M]. 长春：吉林人民出版社，2008：53.

谈会，提出推动思想政治理论课改革创新的“八个相统一”，其中之一就是灌输性和启发性相统一。灌输性和启发性相统一，能够培养学生的问题意识，激发学生的自我意识和主体意识，同时优化教师的主导作用，增强思政课的说服力和亲和力。

2. 课堂讲授与讨论式教学的统一

针对“文革”时期高校思政课否定教师的主导作用，反对课堂讲授，取消考试考查制度等教学环节的现象，改革开放后，首先肯定思政课教学中教师的主导作用和课堂讲授的重要作用。课堂讲授是对学生进行系统的马克思主义基本理论教育的主要环节和基本形式，教师围绕教学要求认真备课，深入研究和把握教学中的基本内容和疑难问题，了解社会实际情况，分析学生普遍存在的思想困惑，结合各门课程的特点，有针对性地进行教学。课堂讲授法是课堂教学中使用得最频繁、最普遍的教学方法，其优势是：“第一，传授知识容量大。讲授法可以有计划、有目的地借助各种教学手段在较短时间内传授给学生较多的知识信息，教学效率相对提高。第二，教学成本低。讲授法基本不受教学条件的限制，省时省力，教学成本较低。第三，有利于教师对课堂的把控……能充分发挥教师的主导作用。第四，系统性强。教师可以通过系统地讲授知识来解决大多数学生面临的疑难问题，还可以通过增加或删减其中的某些内容来适应教材或学生的变化。第五，适用范围广泛。不管是现代化信息技术高度发达的城市学校，还是偏远落后的山区学校，教师都可以利用现有条件进行较为有效的讲授。”[①] 课堂讲授法有着传统的优势和功能，但不利于学生学习主动性的发挥和主体地位的确立，必须与启发式教学有机结合，否则容易走向注入式教学的误区。

启发式教学法能够培养学生的独立思考能力，让教学成为师生一起运用马克思主义的立场、观点、方法研究和讨论问题的过程。启发式教学法奠定了改革开放后思想政治理论课教学方法的基础，并主要通过讨论法来实现。在教师指导下进行的“自学、课堂讨论或小组讨论是必要的教学环节”，是提高教学效果的重要途径。教师可以按照教学大纲的基本要求，对有争议的、需要讨论

① 郭凤志．高校思想政治理论课建设研究 [M]. 北京：北京师范大学出版社，2019：181.

的理论问题，在四项基本原则的指导下，介绍不同的观点，讲明自己的观点，提供有关的资料，启发学生独立思考，引导学生积极参加讨论，并针对学生提出的问题作好答疑和小结。而且强调“对教师学生讨论理论问题，允许说错话，允许改正，不抓辫子，不打棍子，不扣帽子”①，创造启发式教学的良好氛围和环境，引导学生通过学习、思考和生动活泼的讨论，掌握马克思主义的方法和理论原则。课堂讨论能培养学生独立思考的能力，提高学生运用学到的马克思主义基本理论和方法分析和解决问题的能力。需要注意的是，讨论式教学与教师的主导作用并不冲突，讨论式教学的有效实行要求教师认真准备，精心组织，指导学生阅读相关经典著作和有关材料，并及时给予正确的引导。思想政治理论课教学方法的改革，是在教师和学生的共同推动和参与下，实现发展与创新的。

2019 年 3 月，习近平主持召开学校思政课教师座谈会，明确指出：“思政课教学离不开教师的主导，同时要加大对学生的认知规律和接受特点的研究，发挥学生主体性作用。”主导性和主体性的有机统一，逐渐成为学术界的研究焦点问题，而且二者的有机统一，不能停留在“口号”式的号召，需要通过启发式、讨论式的教学方法来落地落实。

三、信息技术的发展为教学方法改革提供了新的载体

信息技术手段在思想政治理论课教学中的应用经历了一个从无到有的过程。多媒体教学的直观性和便捷性得到了学生和教师的广泛欢迎，同时信息技术的应用对教学观念和教学模式产生了深刻的影响。改革开放初期，相关文件就提出，在思政课教学中，尽可能运用各种现代化教学手段作为辅助手段，提升教学效果。随着信息技术的发展和在教学中的广泛运用，开始强调在教学实践中“把教学方法的改革和教学手段的现代化作为教改重要内容，切实加以推

① 教育部关于印发《改进和加强高等学校马列主义课的试行办法》的通知（1980 年 7 月 7 日）[C]// 教育部社会科学司 . 普通高校思想政治理论课文献选编（1949—2008）. 北京：中国人民大学出版社，2008：86-87.

动”[①]，并且总结相关经验，择优加以推荐。如 1991 年 8 月 3 日，《国家教育委员会关于加强和改进高等学校马克思主义理论教育的若干意见》提出：“要积极利用现代化的教学手段，适当开展电化教学。有条件的省市和学校可以根据教学要求，制作一些观点正确、材料丰富生动的电化教学片。国家教委有关部门也要组织制作一些适合教学需要的电教片。”[②]

随着时代的发展和技术的进步，互联网作为信息传播的新媒体，越来越成为高校师生获取知识和信息的重要渠道，并对大学师生的学习、生活乃至思想观念产生广泛和深刻的影响：“通过网络，可以快捷、准确地了解师生的思想情绪和他们关心的热点问题，进行相互沟通；可以及时获取大量有价值的信息，丰富思想政治教育的资源和视野；利用网络开放性、交互性、及时性等特点，可以开展形式多样、生动活泼的思想政治教育活动。”同时，信息来源的多样化对思政课教学也形成挑战：以往信息的获得渠道单纯、来源单向、种类单一，且信息可控制，经过思想政治教育，大学生的思想认识容易达到一致。而随着网络技术的发展和普及，“网上良莠混杂的信息，增加了人们特别是青年学生辨别真伪的难度，一些人在网上发表的不负责任的信息和议论易于产生某些思想混乱，敌对分子利用网络进行煽动，可能影响高校和社会的政治稳定”[③]。网络技术的发展和普及，凸显了教学方法改革的重要性，拓展了高校思想政治工作的新渠道和新手段，也为思政课教学方法的改革提供了新的载体。

“05 方案”实行后，高度重视在思政课教学中发挥多媒体和网络等信息技术的重要作用，倡导教师使用新技术、新手段实现教学手段的现代化。教育部组织教师积极探索适应新课程方案的教学方法，制作“精彩一门课”全程教学

---

① 全国高校“两课”管理工作座谈会会议纪要（1996 年 6 月 5 日）[C]// 教育部社会科学司 . 普通高校思想政治理论课文献选编（1949—2008）. 北京：中国人民大学出版社，2008：173.

② 教育部社会科学司 . 普通高校思想政治理论课文献选编（1949—2008）[M]. 北京：中国人民大学出版社，2008：141.

③ 教育部关于加强高等学校思想政治教育进网络工作的若干意见（2000 年 9 月 22 日）[C]// 教育部思想政治工作司 . 加强和改进大学生思想政治教育重要文献选编（1978—2014）. 北京：知识产权出版社，2015：213.

示范片，使既适应新课程体系又被广泛认可的好的教学形式能够随着新课程方案的实施推广开来，“组织制作‘精彩一课’、多媒体课件，实现立体化教学。组织研制全国高等学校思想政治理论课教育教学资料数据库，为高等学校思想政治理论课教育教学和科研搭建信息资料服务平台”①。2015年7月，《普通高校思想政治理论课建设体系创新计划》强调促进优质教学资源建设和共享，推广先进教学方法：“加强‘高校思想政治理论课程网站’建设，完善网站建设机制，优化栏目设置，使之成为全国思想政治理论课教师共建共享共管的平台；成立全国思想政治理论课网站信息共享联盟，整合各地各高校优质网络教学资源；推动思想政治理论教育网络期刊建设，探索建立思想政治理论教育类优秀网络文章在科研成果统计、职务评聘方面的激励机制；建立文献共享资源库；建设一批教学资源研究实验室，系统总结凝练优质教学资源；建立大学生思想政治理论课主题学习网站和微信公众账号学习平台，使之成为宣传展示学生理论学习成果的阵地；各地各高校要积极参与相关网站建设，采取切实措施推动本地本校教学资源共建共享。”

除了开发网络教育资源外，思想政治理论课的教育还注意网上网下教学互动：课堂教学是思想政治理论课的主渠道，实践教学、网络教学起着有效的补充作用。2018年4月，《新时代高校思想政治理论课教学工作基本要求》提出：“网络教学作为课堂教学的有益补充，要深入研究网络教学的内容设计和功能发挥，不断创新网络教学形式，推动传统教学方式与现代信息技术有机融合。”增强思想政治教育的时代感和吸引力。

信息网络技术突飞猛进、日新月异，社会变革周期缩短，知识更新速度加快，这些变化和需求对课程改革提出了新的更高要求。比如在“互联网+”时代，虚拟实践教学作为有效的补充和完善形式，逐渐引起研究者和一线教育工作者的重视。思想政治理论课如果求稳怕变，思维固化、行动僵化、方法老化，就会造成教学效果的弱化，要求思政课的教师视野要广，思维要新，不能陷入“本领恐慌”，要与时代共同发展，与学生一起进步，将技术的爆炸式发

① 《中共中央宣传部、教育部关于进一步加强和改进高等学校思想政治理论课的意见》实施方案（2005年3月9日）[C]// 教育部社会科学司. 普通高校思想政治理论课文献选编（1949—2008）. 北京：中国人民大学出版社，2008：220.

展从“最大变量”变成“最大增量”。

四、专题式教学是教学方法改革的有益尝试

专题式教学立足教材又高于教材，是指突破教材原有体系充分结合社会发展热点、难点问题，设置专门化的题目专题进行教学的教学方法。教育部党组关于印发《“新时代高校思想政治理论课创优行动”工作方案》的通知（教党函〔2019〕90 号）提出：“依据新修订马工程高校思政课教材，针对本科和高职高专不同教学需求分课程编写专题教学指南，精心开发配套课件，编写深度解读教案，供全国思政课教师参考使用。”2019 年上半年，教育主管部门组织高校思想政治理论课教学指导委员会专家编写了各门课程的专题教学指南，在教学资源平台上提供给一线教师使用。专题式教学的特点包括：

第一，专题式教学有明确的问题意识。现代心理学认为，一切思维都是从问题开始的，问题是思政课教学体系的起点和生命，解决问题的程度如何直接影响教育教学效果。专题化教学是在紧扣教学大纲、尊重学生的认识规律和专业实际的基础上设计课程体系，它可以对应具体某章、某节，也可以涵盖不同章节的内容。专题式教学必须要围绕逻辑主线，凸显问题意识，做到“形散而神不散”，专题之间独立不应当是绝对独立而应当是相对独立，每个专题都要表述一个统一的核心思想，从而使相对独立的专题成为一个整体。

第二，专题式教学能够促进教学和科研互动。在专题式教学中，任课教师从自身的科研优势出发，承担相关专题的教学任务，围绕教授专题收集和积累有关资料，进行科研攻关，解决教师因授课任务繁重而无法做科研的矛盾，在教学过程中凝结科研成果，形成对科研工作的有效助力。

第三，专题教学能够有效保证教学内容的时效性。专题式教学不是一旦成型就凝固不动的，而是在动态中不断提升和完善，吸纳最新的时事变化，确保党的最新理论观点和理论动态及时、准确地进入课堂，有效解决教材内容相对滞后的问题。

专题式教学将教材体系转化为教学体系，形成前后衔接紧密、内在逻辑严密、主题鲜明突出的系列专题，“不仅是教学方式的改革，也涉及教学内容的

丰富完善”[①]。有效的专题化设计必须要有清晰的问题导向和科研支撑，避免换汤不换药的现象。

五、教学方法改革的保障条件

1. 逐渐缩小班容量

思想政治理论课作为公共课，普遍采取大班授课的方式，即班容量达到200人左右。大班授课具有效率高等优势，适应21世纪以来高等学校大规模扩招的客观形势，但同时也具有容量大、课堂管理难等劣势。从长远来看，小班授课更符合思想政治理论课教学的趋势。小班授课一般以一个自然班为单位，规模为30人左右，由于班级规模小，人数少，能够更好地发挥教师的主导作用，充分调动学生学习的积极性和主动性，实现师生之间的良性的双向互动。对于实施教学方法的改革、提高教育教学效果，有着重要的意义与作用。总体而言，大班教学更适合传统的教学方法，如课堂讲授法、灌输法等。而在同样的教学内容下，新兴的教学方法如讨论式、启发式教学等，不能在大班中有效地实行。因此缩小班容量，逐渐实行小班教学，是改革开放以来思政课教学改革实践中始终如一的追求，也是实行教学方法改革的重要保障条件。

1980年7月，教育部印发《改进和加强高等学校马列主义课的试行办法》，提出马列主义课的课堂教学，应逐步做到小班教学。但也充分考虑必要性和可行性的有机统一，提出“目前因限于师资和教室等条件，可暂上大班课”[②]。1987年10月，国家教委印发《关于高等学校思想教育课程建设的意见》，提出思想教育课，除“形势与政策”必要时可采取大报告的方式进行外，“一般应分班进行教学，以便更好地结合学生的思想实际，提高教学效果”[③]。1991年8月，《国家教育委员会关于加强和改进高等学校马克思主义理论教育的若

---

① 孙巍．开展高校思政课专题式教学[N]. 中国社会科学报，2020-11-05（008）.

② 教育部社会科学司．普通高校思想政治理论课文献选编（1949—2008）[M]. 北京：中国人民大学出版社，2008：87.

③ 教育部社会科学司．普通高校思想政治理论课文献选编（1949—2008）[M]. 北京：中国人民大学出版社，2008：134.

干意见》指出："采取小课堂教学，有利于教师与学生的相互了解，有利于教师及时掌握教学情况和开展课堂讨论、课外辅导等教学活动。"① 因此，要努力创造条件，逐步实行按小班级组织教学。

小班授课是思政课教学的目标，但在实践中要充分考虑师资队伍数量和学校物质条件等因素，考虑必要性和可行性的统一。进入 21 世纪以来，提出"按照学分学时对应原则，确保思想政治理论课的教学时数。要以中班教学（每班100名学生左右）为主体，组织开展教学活动"②，实行更具现实可行性的"中班教学，小班研学讨论"的教学模式，中班的班级规模原则上不超过 100 人，这种"中班上课、小班研学讨论"的思想政治理论课教学模式在此后得到了继承和推广。

2. 推动考核方式的改革

课程考核是思想政治理论课建设的重要环节，考核方式与教学方法的改革是紧密联系、相互作用的。

1978 年 4 月，教育部办公厅下发了《关于加强高等学校马列主义理论教育的意见》，提出要重视考试、考查的教学环节，针对"文革"时期思政课教学的混乱现象，指出："不进行考试或考察，必然会造成学生学习的自流现象。"通过考试、考察，能够形成对教学效果的有效反馈，检验学生对基本原理的领会程度和运用能力，"督促学生学习，巩固和发展学习成果"，"同时也是检验教师教学效果的方法之一"③。除了重视考试分数外，思政课的考核还应该将学生的日常表现作为评定标准：1991 年 8 月，《国家教育委员会关于加强和改进高等学校马克思主义理论教育的若干意见》提出："要严格执行考试

① 教育部社会科学司 . 普通高校思想政治理论课文献选编（1949—2008）[M]. 北京：中国人民大学出版社，2008：141.

② 中共中央宣传部、教育部关于进一步加强高等学校思想政治理论课教师队伍建设的意见（2008 年 9 月 23 日）[C]// 教育部社会科学司 . 普通高校思想政治理论课文献选编（1949—2008）. 北京：中国人民大学出版社，2008：376.

③ 教育部社会科学司 . 普通高校思想政治理论课文献选编（1949—2008）[M]. 北京：中国人民大学出版社，2008：73.

制度，继续改进考试方法。考试主要是检查学生对所学内容的理解、接受程度和运用能力，考试成绩的评定还必须和学生的实际政治思想情况和日常表现结合起来。”① 2005 年 2 月，《中共中央宣传部、教育部关于进一步加强和改进大学生思想政治教育的意见》提出：“采取多种方式，综合考核学生对所学内容的理解和实际表现，力求全面、客观反映大学生的马克思主义理论素养和道德品质。”②

2018 年 4 月，《新时代高校思想政治理论课教学工作基本要求》对思政课的考核方式进行了具体规定：“坚持闭卷统一考试为主，与开放式个性化考核相结合，注重过程考核。闭卷统一考试须集体命题，不断更新题库，提高命题质量。开放式个性化考核应具有严格的组织流程和明确可操作的考核评价标准。要合理区分学生考核档次，避免考核走形式，引导学生更加重视思想政治理论课学习。各门课程均须先学后考，不得以考代学。应优先安排思想政治理论课成绩优良的学生入党积极分子参加党校学习。”强调思想政治理论课的教学决不能“走过场”，重视过程考核，综合学生的日常表现评定成绩；同时在坚持统一考试的前提下，根据实际情况实行开放式个性化考核，实现规范性和灵活机动性的统一。

教学方法的改革要做到教学有法、教无定法、贵在得法：教学有法即遵循教学基本规律；教无定法是指教学方法不能模式化；贵在得法即关注学情，策略得当，即“教学方式和方法要努力贴近学生实际，符合教育教学规律和学生学习特点，提倡启发式、参与式、研究式教学。要研究分析社会热点，要多用通俗易懂的语言、生动鲜活的事例、新颖活泼的形式，活跃教学气氛，启发

① 教育部社会科学司 . 普通高校思想政治理论课文献选编（1949—2008）[M]. 北京：中国人民大学出版社，2008：141.

② 教育部社会科学司 . 普通高校思想政治理论课文献选编（1949—2008）[M]. 北京：中国人民大学出版社，2008：216.

学生思考，增强教学效果”①。一门课程往往采用多种教学方法，郭凤志曾以“马克思主义基本原理”课为例，分析教学方法多样化的必要性和重要性：“理论难度高、容易产生误解的专题以教师精讲为主，以夯实课程的理论基础；资本主义部分的专题以学生的研讨为主。在这一部分，学生认识误区多，那么设置问题，发动学生收集资料，小组讨论，小组代表汇报研究成果，小组间进行观点交锋和辩论，有利于学生澄清认识，形成主流价值共识；认识论部分以学生的自学自讲为主，锻炼学生的思辨能力；社会主义部分的专题现实性和实践性强，我们则以社会调研辅助教学目标的实现和落实，学生通过对自己家乡的发展变化、对新中国成立以来社会进步情况的调研，结合自身的体验，充分考虑国情特点，活化和深化对社会主义的认识。”②

改革开放以来，“伴随着马克思主义中国化推进和党的创新理论发展，伴随着高等学校思想政治理论课程方案的与时俱进和广大学生对思想政治理论课教学的需求变化，广大思想政治理论课教师不断适应新形势和新要求，不断拓展和深化思想政治理论课教学方法，思想政治理论课教学方法取得了明显进步和发展”③。进入新时代以来，国家更加重视对思政课教学方法的理论提升、经验总结和示范推广，如从 2013 年开始，实施高校思想政治理论课教学方法改革项目“择优推广计划”遴选和培育形式新颖、效果良好、受学生欢迎的优秀思想政治理论课教学方法改革项目，完善项目遴选、培育和推广机制。建立覆盖面广、代表性强的教学方法改革信息库，同时为了加强对教学方法改革的分析和研究，组织发布《高校思想政治理论课教学方法改革年度报告》。加大对优秀教学方法的推广力度，注重用点上的经验带动面上的提升。

---

① 中共中央宣传部、教育部关于进一步加强和改进大学生思想政治教育的意见（2005 年 2 月 7 日）[C]// 教育部社会科学司 . 普通高校思想政治理论课文献选编（1949—2008）[M]. 北京：中国人民大学出版社，2008：216.

② 郭凤志 . 高校思想政治理论课建设研究 [M]. 北京：北京师范大学出版社，2019：160.

③ 佘双好 . 改革开放以来高校思想政治理论课教学方法的创新发展 [J]. 思想理论教育导刊，2018（10）：9-15.

毛泽东同志曾形象地指出："我们不但要提出任务，而且要解决完成任务的方法问题。我们的任务是过河，但是没有桥或没有船就不能过。不解决桥或船的问题，过河就是一句空话。"教学方法的改革就是过河的"桥"或"船"。2018年4月，《新时代高校思想政治理论课教学工作基本要求》提出："思想政治理论课的教学改革，努力实现思想政治理论课教学'配方'先进、'工艺'精湛、'包装'时尚。"既要明确教什么，又要明确怎么教，实现教学内容整合和方法优化的辩证统一，提升思想政治理论课的实效性。

第七章　加强思政课教师队伍建设

马克思说："思想本身根本不能实现什么东西，思想要得到实现，就要有使用实践力量的人。"[①] 教师是思想政治理论课的人格化载体，也是优化教学效果的关键，思想政治理论课要保证正确的政治方向，提升教学实效性，增强课程的吸引力、感召力，离不开一支思想政治素质过硬、道德品质高尚、理论素养精深和教学能力出众的教师队伍。

一、改革开放初期的教师队伍建设

改革开放后，思想政治理论课的建设克服重重困难，逐渐走向正轨。1977年高考的恢复和知识分子政策的落实，调动了知识分子进行社会主义现代化建设的积极性。1978 年 4 月 22 日，邓小平在全国教育工作会议上的讲话指出："一个学校能不能为社会主义建设培养合格的人才，培养德智体全面发展、有社会主义觉悟的有文化的劳动者，关键在教师。"[②] 鉴于"文革"时期对学校教育秩序的破坏，邓小平提出"要提高人民教师的政治地位和社会地位"，教师要在政治上、业务上不断提高，成为"又红又专"的人才。

1. 扩大增量，增加教师队伍的数量

加强师资队伍建设的前提，是对教师队伍的情况有准确的判断。1979 年上半年，教育部组织对全国思政课教师队伍情况的调研显示："全国现有高等学校 641 所，学生 859000 人。全国高校政治理论教师共计 13458 人，其中有教授 75 人，副教授 136 人，讲师 2562 人，助教 7244 人，教员 3441 人。"除

① 马克思恩格斯文集：第 1 卷 [M]. 北京：人民出版社，2009：320.

② 教育部社会科学司 . 普通高校思想政治理论课文献选编（1949—2008）[M]. 北京：中国人民大学出版社，2008：68.

了数量少、任务重外，教师队伍还存在着青黄不接、后继乏力的问题。据统计，“全部教师中，因水平低而不能上课的约占30%”，其中中老年教师由于“文革”时期缺乏学习进修的条件，知识老化现象严重，水平没有提高，或由于身体健康原因不能承担讲课任务；青年教师约占三分之一，“多数是近几年毕业的工农兵学员，理论水平低，文化科学知识差，有的还读不懂马列原著，有的连伦敦在哪里都不知道”①。师资队伍的现状也导致了思政课“缺门断线”的情况，“有的院校由于教师缺乏，有些理论课一直开不出来。有的院校一门理论课只有一个教师，教师一病，只好停课。有的院校虽然也开设了四门理论课，但由于缺乏教师，只好拉行政干部或技术课教师临时凑数”②，影响了教学秩序的稳定性以及课程的理论深度和教学效果。

除了上述历史原因造成的教师队伍的数量不足外，马列主义课的教材不断更新，给思政课教师提出了挑战。在教学中，教师还要了解学生思想情况和目前的形势政策，工作量较大。因此必须合理地确定思政课教师的编制和工作量，积极补充教师队伍。1980年7月，教育部印发《关于改进和加强高等学校马列主义课的试行办法》，提出补充和提升思政课教师队伍的四项措施：

第一，对调离了教学岗位而适宜于教学工作的马列主义教师，应该归队。

第二，尽可能补充一批有一定马列主义水平又有培养前途的校内外中青年干部参加教学工作。

第三，中国人民大学、其他重点综合大学和师范学院，应每年选留一些毕业生、研究生，充实高等学校马列主义课教师队伍。

第四，各地区委托若干学校举办的马列主义师资培训班，为思政课教师队伍提供新鲜血液③。

师资队伍建设扩大增量的前提是严把质量关，有进有出：一方面对过去被

---

① 教育部社会科学司．普通高校思想政治理论课文献选编（1949—2008）[M]. 北京：中国人民大学出版社，2008：77.

② 教育部社会科学司．普通高校思想政治理论课文献选编（1949—2008）[M]. 北京：中国人民大学出版社，2008：73.

③ 改进和加强高等学校马列主义课的试行办法（1980年7月）[C]// 教育部社会科学司．普通高校思想政治理论课文献选编（1949—2008）. 北京：中国人民大学出版社，2008：89.

错误批判和处理的教师，实事求是改正过来；另一方面对不适宜马列主义理论教学工作的，应安排做其他工作。

2. 优化存量，提高教师队伍的素质

高校思想政治理论课教师是一支特殊的队伍，既要承担传播马克思主义科学理论和科学知识的任务，又要培养学生树立正确的世界观、人生观、价值观，责任重大，使命光荣，因此提高师资队伍素质就尤为重要。这一时期，为提高教师队伍的政治素养和学术水平，教育部等相关部门对思政课教师阅读相关文件、教师培训、职称评定等方面作出了规定：

第一，为了满足教师教学和科研工作的需要，在阅读文件和听传达报告上，为思政课教师提供方便。

第二，采取多种形式分批地培训现有教师。以在职为主、本地为主的进修方式，提高马列课教师的教学水平。教育部计划委托中国人民大学和其他有条件的学校，开办马列主义教师进修班，分期分批集中有一定理论基础和教学经验的教师进修提高。教育部和省、市、自治区教育部门，有计划地组织暑期讲习会、理论讨论会、教学经验交流会以及巡回辅导等，使广大马列主义教师的业务水平得到不断提高；同时，各校党委组织马列主义教师有计划地外出参观和进行社会调查，开阔思政课教师的视野，提升教学能力水平。

第三，明确思政课教师的业务职称分为教授、副教授、讲师、助教。在评定职称时，按规定的条件，与其他学科教师同时进行[①]。

综上，师资队伍建设是一项具有紧迫性和根本性的任务。在改革开放初期，主要围绕解决“文革”后教师数量严重不足、年龄老化、青黄不接以及理论水平有待提高、知识结构不适应的问题。

二、“85 方案”时期的教师队伍建设

“85 方案”实行时期，主要是从思政课教学改革的角度和加强意识形态建设的高度，加强教师队伍的建设。这个时期，对课程体系进行改革是思政课建设的主题，而“建设一支坚持党的路线、有马克思主义觉悟和理论修养、有比

---

① 改进和加强高等学校马列主义课的试行办法（1980 年 7 月）[C]// 教育部社会科学司．普通高校思想政治理论课文献选编（1949—2008）．北京：中国人民大学出版社，2008：89.

较丰富的社会科学文史知识和必要的自然科学知识、热心于青少年思想政治教育工作的师资队伍”，是“实现马克思主义思想政治理论课教学任务的主要依靠和根本保证”[①]。

1. 坚定政治立场是第一要求

进入 20 世纪 80 年代，国内体制转轨加速，加上西方资本主义国家加紧对中国进行意识形态领域的渗透，推行“和平演变”战略，这个时期的马克思主义理论课教学强调坚持四项基本原则、反对资产阶级自由化的时代内容，要求教师除了具有较高的业务水平外，还要有坚定的政治方向和较强的政治素质，要从整个国家前途命运的战略高度认识教师队伍建设的重要性。从 20 世纪 80 年代中期开始酝酿，1994 年 1 月 1 日起开始施行《教师法》；1995 年 12 月 12 日开始施行《教师资格条例》。这些法律条文的颁布，有助于依法有序地加强思政课教师队伍建设，也为保障教师权益提供了法律保障。

这个时期的国际国内形势凸显了加强教师政治素质的重要性：教师“既是马克思主义理论的宣传者，又是思想政治工作者，真正做到既教书又育人。在教学中，不仅要传授知识，而且要以自己对共产主义事业、对马克思主义真理的坚强信念感染和教育学生，关心并帮助学生在思想上、政治上健康成长”[②]。因此，要认清自己的历史责任，明确教书育人的崇高职责，教师“在课堂教学中要在政治上、思想上和行动上与党中央保持高度一致，绝不容许利用课堂宣传和散布资产阶级自由化观点”[③]。教师队伍的建设应从思想道德素质和业务素质全面考虑，综合实施，二者既有密切联系，又有本质区别：“促进他们提高

① 中共中央关于改革学校思想品德和政治理论课教学的通知（1985 年 8 月 1 日）[C]// 教育部社会科学司 . 普通高校思想政治理论课文献选编（1949—2008）. 北京：中国人民大学出版社，2008：108.

② 国家教育委员会关于在高等学校进一步贯彻《中共中央关于改革学校思想品德和政治理论课程教学的通知》的意见（1986 年 3 月 20 日）[C]// 教育部社会科学司 . 普通高校思想政治理论课文献选编（1949—2008）. 北京：中国人民大学出版社，2008：111.

③ 国家教育委员会关于加强和改进高等学校马克思主义理论教育的若干意见（1991 年 8 月 3 日）[C]// 教育部社会科学司 . 普通高校思想政治理论课文献选编（1949—2008）. 北京：中国人民大学出版社，2008：141.

业务素质和学术上取得成就，促进解决他们的实际问题，并不会自然地带来思想、道德素质的提高和政治上的成熟，也不等于教师队伍建设目标的全面实现。实际上，最容易忽视的恰恰是思想政治建设，最薄弱、最难做的也恰恰是思想政治建设。”①

思想政治理论课教师的政治原则、政治立场和政治方向，都反映在日常的教学态度和教学活动中，对学生有着深刻的影响。因此，思政教师要坚持正确的政治方向，站稳政治立场，坚定宣传党的理论和路线方针政策，坚决同党中央保持高度一致。习近平总书记对党员领导干部提出“做政治上的明白人”的要求，对思政课教师来说是同样适用的，是思政课教师队伍建设的第一位要求。

2. 数量充足是前提

20 世纪 80 年代，师资队伍建设新旧问题叠加，除了需要面对教师队伍年龄结构不合理、骨干教师年龄老化等现实问题外，一大批教师陆续离退休，更加剧了教师队伍数量不足的情况，凸显了扩大师资队伍、增加马克思主义理论课教师编制的重要性和紧迫性。1985 年，国家教委下达了《普通高等学校人员编制的试行办法》的通知规定，提出要充分考虑马克思主义理论课的特殊性：“教学改革刚刚起步，难度较大，教师需要补充许多新的知识，教学内容更新又比较快，需要开展科学研究，进行社会调查；还要深入学生了解情况，组织课堂讨论、辅导、答疑，做学生思想政治工作”②，要求各校在定编时，不能把马克思主义理论课教师的编制卡得太紧。1991 年 8 月，《国家教育委员会关于加强和改进高等学校马克思主义理论教育的若干意见》，延续 1978 年 4 月《教育部办公厅关于加强高等学校马列主义理论教育的意见》和 1984 年 9 月《关于加强和改进高等院校马列主义理论教育的若干规定》的规定，根据课程教学的特点，并从教学、科研、做学生思想工作和教师进修提高的实际需要出

① 徐文良 . 难忘的历程——高等学校思想政治教育的回顾与思考 [M]. 长春：吉林人民出版社，2008：183.

② 国家教育委员会关于进一步改革高等学校马克思主义理论课（公共课）教学的意见（1987 年 3 月 17 日）[C]// 教育部社会科学司 . 普通高校思想政治理论课文献选编（1949—2008）. 北京：中国人民大学出版社，2008：120-121.

发，按照文科院校（专业）为 1 ∶ 80，理工农医院校（专业）为 1 ∶ 100 的比例配备教师，规模小的院校每门课至少配备 3 名教师，承担研究生教学任务的教师与学生的比例为 1 ∶ 50[①]。

除了规定了师生比外，这个时期还提出了专兼结合的师资队伍建设。思政课教师队伍的主要来源渠道包括：

第一，应届毕业生。通过选拔大学本科优秀毕业生和毕业研究生、开设培养政治理论教师的第二学士学位班等方式为思政课的教师队伍补充新鲜血液。如 1986 年 3 月 20 日，国家教育委员关于在高等学校进一步贯彻《中共中央关于改革学校思想品德和政治理论教学的通知》的意见中规定："各综合大学、师范院校的马克思主义理论专业和天津大学等五所理工科大学的马克思主义基础专业，要根据中央《通知》的精神，改革教学内容和教学方法，为高等学校培养合乎条件的政治理论课师资。……从一九八六年起，选拔大学本科优秀毕业生和毕业研究生充实政治理论教师队伍，其中毕业于理工农医类专业的，可选送到培养政治理论课教师的第二学士学位班学习。"[②]

第二，除了应届毕业生外，还要"着重从学校政工队伍中选拔一些政治思想坚定、业务基础较好的同志，经过进修第二学位或攻读硕士学位"[③]，拓宽补充思政课师资的渠道。

第三，"从校内党政干部中和社会上聘请一些符合条件的兼职教师"[④]，不

① 国家教育委员会关于加强和改进高等学校马克思主义理论教育的若干意见（1991 年 8 月 3 日）[C]// 教育部社会科学司 . 普通高校思想政治理论课文献选编（1949—2008）. 北京：中国人民大学出版社，2008：142.

② 教育部社会科学司 . 普通高校思想政治理论课文献选编（1949—2008）[M]. 北京：中国人民大学出版社，2008：112.

③ 国家教育委员会关于加强和改进高等学校马克思主义理论教育的若干意见（1991 年 8 月 3 日）[C]// 教育部社会科学司 . 普通高校思想政治理论课文献选编（1949—2008）. 北京：中国人民大学出版社，2008：142.

④ 中共中央组织部、中共中央宣传部、国家教育委员会关于新形势下加强和改进高等学校党的建设和思想政治工作的若干意见（1993 年 8 月 13 日）[C]// 教育部社会科学司 . 普通高校思想政治理论课文献选编（1949—2008）. 北京：中国人民大学出版社，2008：148.

仅能够加强教学力量，还能更好地促进教学理论同实际的结合。

3. 优化质量是关键

思想政治理论教师“不但是科学文化知识的传播者，而且是社会主义精神文明的建设者”，因此教育者要先受教育，要比学生“学得要更多一些、更深一些”[①]。除了拓展新渠道、补充新鲜血液外，通过多种举措提高在职教师的素质，优化师资队伍的力量：

第一，教师的培养和进修逐渐制度化和常态化。通过多种渠道和采取多种形式促进现有教师队伍的培训提高，如“采取举办助教进修班和中短期青年教师进修班、骨干教师培训班、高级研讨班以及举办假期讲习班的形式”，培训具有精准性和针对强的特点，既有针对马列主义教研室（部）主任或各级教育主管领导干部的短期培训班，也有对青年教师进行政治和业务培养的培训班。

第二，组织教师深入社会实践，到工农业生产第一线进行社会考察，着重解决立场、观点和方法问题，同时“对没有经过实践锻炼的青年教师，应安排半年至一年时间到基层挂职锻炼，从事社会实践，并担任一段时间的学生班主任或辅导员”[②]。

第三，通过集体备课对教学基本内容和疑难问题进行集体讨论，并开展教学观摩活动，发挥优秀典型的示范带动作用。

4. 抓好教师队伍建设的保障条件

第一，在教师职称评定上，充分考虑课程的特点。明确政治理论课教师的专业技术职称评定的标准是以教学为主，即“主要是考察政治理论教师的教学效果，考察教师转变学生思想的能力，同时也要考察教师的科研成果。凡是有一定理论学术水平的专著、论文、教材、电教片、学术材料、教学参考资料、

① 国家教委关于加强高等学校思想政治工作的决定（1986 年 5 月）[C]// 教育部思想政治工作司 . 加强和改进大学生思想政治教育重要文献选编（1978—2014）. 北京：知识产权出版社，2015：50.

② 国家教育委员会关于加强和改进高等学校马克思主义理论教育的若干意见（1991 年 8 月 3 日）[C]// 教育部社会科学司 . 普通高校思想政治理论课文献选编（1949—2008）. 北京：中国人民大学出版社，2008：142.

调查报告、教学经验等，都可以作为评定职称的科研成果”①。同时考虑合理性和可行性，考虑时代特点，对“文革”前毕业的教师，由于特殊的历史原因，将不作为外语评定职称的条件②，或“对外语的要求可适当放宽”③。

第二，对思政课教师的职务评聘工作“给予多方面的政策倾斜”，尤其要注意解决“急需的符合任职条件的又红又专的中青年骨干教师的职务晋升问题”，提出由“各省、自治区、直辖市及高等学校教师职务评审委员会应单独设立马克思主义理论课（公共课）学科评议组”④。

第三，重视思政课教师的工作条件和生活待遇等。思政课教师的工作条件和生活待遇从开始的“与其他各科教师保持同等待遇”⑤，到“在补充人员、阅读文件、培训提高、参观考察、出国交流、职称评定、奖酬金分配等方面实行倾斜政策”⑥；合理化调整教师教学工作量的计算办法⑦，将马列主义教研室订购

① 国家教育委员会关于在高等学校进一步贯彻《中共中央改革学校思想品德和政治理论课程教学的通知》的意见（1986 年 3 月 20 日）[C]// 教育部社会科学司 . 普通高校思想政治理论课文献选编（1949—2008）. 北京：中国人民大学出版社，2008：112.

② 关于加强和改进高等院校马列主义理论教育的若干规定（1984 年 9 月 4 日）[C]// 教育部社会科学司 . 普通高校思想政治理论课文献选编（1949—2008）. 北京：中国人民大学出版社，2008：98.

③ 国家教育委员会关于在高等学校进一步贯彻《中共中央改革学校思想品德和政治理论课程教学的通知》的意见（1986 年 3 月 20 日）[C]// 教育部社会科学司 . 普通高校思想政治理论课文献选编（1949—2008）. 北京：中国人民大学出版社，2008：112.

④ 国家教育委员会关于加强和改进高等学校马克思主义理论教育的若干意见（1991 年 8 月 3 日）[C]// 教育部社会科学司 . 普通高校思想政治理论课文献选编（1949—2008）. 北京：中国人民大学出版社，2008：143.

⑤ 中共中央关于改革学校思想品德和政治理论课程教学的通知（1985 年 8 月 1 日）[C]// 教育部社会科学司 . 普通高校思想政治理论课文献选编（1949—2008）. 北京：中国人民大学出版社，2008：108.

⑥ 中共中央组织部、中共中央宣传部、国家教育委员会关于新形势下加强和改进高等学校党的建设和思想政治工作的若干意见（1993 年 8 月 13 日）[C]// 教育部社会科学司 . 普通高校思想政治理论课文献选编（1949—2008）. 北京：中国人民大学出版社，2008：148.

⑦ 关于加强和改进高等院校马列主义理论教育的若干规定（1984 年 9 月 4 日）[C]// 教育部社会科学司 . 普通高校思想政治理论课文献选编（1949—2008）. 北京：中国人民大学出版社，2008：98.

教学需要的图书、报刊、资料的费用以及参加社会调查所需要的费用，列入学校预算”[①]，“根据马列教研室（部）实际承担的学生教学人数和工作量，参照各专业系的经费分配办法，下达马列教研室（部）的各项经费，在校内奖酬金分配上，要保证理论课教师不低于全校平均水平”[②]。

综上，提高教师队伍的政治和业务水平，不仅是提高教学质量的关键，也是“实现进一步加强和改进马克思主义教学任务的根本保证，是建设社会主义精神文明、为社会主义现代化建设培养合格人才的一项具有战略意义的任务”[③]。

三、“98 方案”时期的教师队伍建设

“98 方案”的课程设置和教学内容的改革对思政课教师提出了更高要求，特别是该方案对马克思主义中国化最新理论成果教学的强调，要求教师提升自身对理论的学习、掌握和运用能力。进入 21 世纪以来，思政课的教师队伍出现了新的变化：与改革开放初期教师队伍年龄偏高、青黄不接的状况相比，这个时期的教师队伍“基本上实现了新老交替，在教学第一线的多数或大多数为青年教师，他们的思想政治素质和业务素质与担当的任务相比，还存在着许多不相适应的地方”[④]。同时，由于高等学校进行了大规模的扩招，逐渐实现了从精英教育到大众教育的普及，高校学生数量增多，思政课教师的教学任务更加繁重，也对教师队伍的建设提出了新的要求。这一时期主要从以下三个方面加

① 国家教育委员会关于在高等学校进一步贯彻《中共中央关于改革学校思想品德和政治理论课程教学的通知》的意见（1986 年 3 月 20 日）[C]// 教育部社会科学司 . 普通高校思想政治理论课文献选编（1949—2008）. 北京：中国人民大学出版社，2008：111-112.

② 国家教育委员会关于加强和改进高等学校马克思主义理论教育的若干意见（1991 年 8 月 3 日）[C]// 教育部社会科学司 . 普通高校思想政治理论课文献选编（1949—2008）. 北京：中国人民大学出版社，2008：143.

③ 国家教育委员会关于加强和改进高等学校马克思主义理论教育的若干意见（1991 年 8 月 3 日）[C]// 教育部社会科学司 . 普通高校思想政治理论课文献选编（1949—2008）. 北京：中国人民大学出版社，2008：141.

④ 教育部、国务院学位委员会关于开展高等学校“两课”教师在职攻读硕士学位工作的通知（1999 年 12 月 3 日）[C]// 教育部社会科学司 . 普通高校思想政治理论课文献选编（1949—2008）. 北京：中国人民大学出版社，2008：186.

强教师队伍建设：

第一，提高教师队伍的学历层次，优化教师队伍结构。1996年，各省（区、市）教育党政主管部门对本地区高等学校“两课”教师队伍现状，包括教师的年龄分布、学历结构、职称比例、学科专业构成、培养和训练渠道等情况，进行全面的调查和了解。在这个基础上，制订本地区“两课”教师队伍培训长远规划和年度计划①，在调研的基础上加强师资队伍的培养。从1998年开始举办“两课”教师在职攻读硕士学位班，改变具有硕士以上学位的“两课”教师比例低于其他课程的情况。由教育部确定承担培养任务的14所高校，在1999年至2004年间，使3500名左右在职“两课”专职教师通过在职学习的方式，获得硕士学位，从事“两课”专职教学3年及以上，政治素养较好，热爱“两课”工作，具有一定教学能力和科研能力，有学士学位，年龄一般在40岁以下的“两课”教师可报名并参加统一入学考试。以全面提高高校“两课”教师思想政治素质及业务水平、教学能力为中心，以培养中青年学科带头人和骨干教师为重点，建立一支结构优化、素质良好、富有活力的高水平的“两课”教师队伍。

第二，抓好教师培训基地的建设。国家教委、省（区、市）、学校分工协作，共同担负起教师培训的任务，抓好教师培训基地的任务，尤其是抓紧中青年骨干教师和“两课”教学部门负责人的培养和培训工作。

第三，发挥典型示范的引领作用。“省（区、市）教育党政主管部门和学校要发现并推广优秀教师的典型经验，采取教学示范课、录制电视教学片等形式加以推广。”②

四、“05方案”实行前期的教师队伍建设

提高高校思政课的教学质量和水平，关键在教师。“05方案”实施以来，

① 全国高校“两课”管理工作座谈会会议纪要（1996年6月5日）[C]// 教育部社会科学司．普通高校思想政治理论课文献选编（1949—2008）．北京：中国人民大学出版社，2008：174.

② 同上。

中宣部、教育部采取一系列措施，多层次、多方面、全方位地加强思想政治理论课教师队伍建设，以选聘配备为基础、以培养培训为抓手、以学科建设为支撑、以制度建设为保障，实现师资队伍的明显改善。

1. 思政课教师的选聘配备工作

第一，按照学生人数以及教学任务、科研和社会服务的需要，合理核定专任教师编制。本科思想政治理论课专任教师要总体上按不低于师生 1 ∶ 400 ～ 1 ∶ 350 的比例配备。不仅要保证数量充足，还要保证质量优良，要实行教师任职资格准入制度：新任教师原则上应是中国共产党党员，具备相关专业硕士以上学位，严格思政教师的政治标准，“在事关政治原则、政治立场和政治方向问题上不能与党中央保持一致的，不得从事思想政治理论课教学”。

第二，按照专职为主、专兼结合的原则选聘思政课教师。建立开放、灵活的人才配置机制，拓宽教师来源渠道，不断充实和优化教师队伍。在高校内，吸引、鼓励校内相关专业学术带头人和教学骨干，专职或兼职承担思想政治理论课教学任务，促进专业课教师与思想政治理论课教师之间的交流；同时，积极争取从社会各界聘任理论研究、教学单位和实际部门的专家学者和领导干部承担一定的思想政治理论课教学，鼓励党政领导干部给大学生作形势政策报告；注意发挥离退休哲学社会科学著名专家学者在思想政治理论课教育教学中的作用；有条件的高等学校要建立校际教授互聘、优势互补的教学协作机制[①]。

第三，促进两支队伍的协同。“高等学校专任思想政治理论课教师要通过兼任班主任、辅导员等工作，承担思想政治教育工作。专任思想政治工作干部和辅导员有条件的可承担一定的思想政治理论课教学任务。”[②] 实现思想政治理

① 中共中央宣传部、教育部关于进一步加强高等学校思想政治理论课教师队伍建设的意见（2008 年 9 月 23 日）[C]// 教育部思想政治工作司 . 加强和改进大学生思想政治教育重要文献选编（1978—2014）. 北京：知识产权出版社，2015：375.

② 中共中央宣传部、教育部关于进一步加强和改进高等学校思想政治理论课的意见（2005 年 2 月 7 日）[C]// 教育部社会科学司 . 普通高校思想政治理论课文献选编（1949—2008）. 北京：中国人民大学出版社，2008：217.

论课教学与学生思想政治教育工作的相互配合、相互促进。

2. 思政课教师的培养培训工作

“05方案”的实施，增加了教师从整体上把握和驾驭教学内容难度，因此需要建立和完善思想政治理论课教师队伍培养和培训体系，努力提高教师的理论素养、教学水平和科研能力，尽快适应思想政治理论课的教学。

第一，建立和完善层次分明、形式多样的培训体系。“各地各高等学校要从实际出发，制订教师培训规划，建立和完善有重点、分层次、多形式的培训体系。努力使培训工作经常化、制度化”①，形成“中宣部、教育部负责培训学术带头人，各地宣传部门、教育部门负责培训本地骨干教师，各高等学校负责培训本校教师，形成多层次、多渠道的培训格局”②。

各地各高等学校要从实际出发，开展形式多样的教师培养培训工作，努力使培训工作经常化、制度化。重点深化岗前培训、课程轮训、骨干教师研修和在职培训。如2007年，中宣部、教育部有计划地组织高校思想政治理论课骨干教师进行马克思主义理论和党的方针政策以及马工程重点教材基本内容和基本精神的研修，确保新课程方案的高质量实施，增强教育教学的针对性、实效性和吸引力、感染力③。陆续实施了新课程全员培训、示范培训的“万人计划”，骨干教师研修的“千人计划”，以及培养中青年骨干教师的“百人计划”，即“择优资助计划”“百人计划”以教育部人文社会科学研究思想政治理论课专项任务项目形式给予经费资助，使中青年教师逐步成长为全国高校思想政治理论课教学领军人物和学术带头人。

---

① 中共中央宣传部、教育部关于进一步加强高等学校思想政治理论课教师队伍建设的意见（2008年9月23日）[C]// 教育部思想政治工作司 . 加强和改进大学生思想政治教育重要文献选编（1978—2014）. 北京：知识产权出版社，2015：375.

② 中共中央宣传部、教育部关于进一步加强和改进高等学校思想政治理论课的意见（2005年2月7日）[C]// 教育部社会科学司 . 普通高校思想政治理论课文献选编（1949—2008）. 北京：中国人民大学出版社，2008：217.

③ 中共中央宣传部、教育部关于组织高校思想政治理论课骨干教师研修的意见（2007年4月27日）[C]// 教育部思想政治工作司 . 加强和改进大学生思想政治教育重要文献选编（1978—2014）. 北京：知识产权出版社，2015：355-356.

第二，开展继续教育，提高教师队伍整体素质。以组织教师在职学习作为主要途径，使广大教师边工作边提高：首先，鼓励支持教师脱产或在职攻读博士、硕士学位，提升队伍的学位学历层次和整体素质。如教育部办公厅发布了关于做好 2008 年“高校思想政治理论课教师在职攻读马克思主义理论博士学位”专项计划招生工作的通知，提出招生录取工作实行“计划专列、单独划线、择优录取”的原则。考生所在单位要保证其在学期间至少一年的脱产学习时间。录取的考生必须与原单位签订协议书，毕业后回原单位从事思想政治理论课教学工作至少 5 年。这是培养政治上可靠、业务上拔尖的高校思想政治理论课高层次专门人才、加强教师队伍建设的一项重大举措。其次，适时安排教师通过脱产或半脱产进修、名师指导、国内外学术交流等形式到重点高等学校进修深造。

第三，加强思政教师的实践研修。2009 年 7 月，中共中央宣传部、教育部《关于做好高校思想政治理论课骨干教师参观考察活动的通知》规定：从 2009 年暑假开始，有计划、分层次地组织高校思想政治理论课骨干教师进行参观考察活动。各高校结合高校思想政治理论课教学需要，组织教师到改革开放前沿、贫困落后地区、工农业生产基地调查研究，到革命历史纪念地、爱国主义教育基地学习考察，并就相关问题听取专题报告、开展交流研讨、撰写考察报告等，有条件的也可组织教师赴国外学习考察。通过参观考察使教师进一步了解国情，开阔视野，增强感性认识，丰富教学资料和素材，促进理论与实践相结合，保持马克思主义理论研究和思想政治理论课建设与时俱进的品质，提升教学效果，增强教学亲和力、吸引力和感染力，不断提高教师的思想政治素质和业务素质。综上，完善社会实践研修并逐渐将其制度化、长期化、规范化，是加强高校思想政治理论课教师队伍建设的重要切入点和突破口。

3. 为师资队伍建设提供学科支撑

第一，加大马克思主义理论学科本硕博一体化人才培养力度。为思想政治理论课教学服务是学科建设的重要任务，做好硕士生、博士生和专业学位研究生的培养及教师培训工作，又可以为马克思主义理论研究和思想政治理论课教育教学培养高水平的人才。2018 年，教育部批准中国人民大学等 8 所高校设置“马克思主义理论”本科专业，逐渐形成了本硕博一体化衔接的人才培养结构，有利于代际完整、接续有力的师资队伍的形成。2019年，《“新时代高校思想政治理论课创优行动”工作方案》提出实施“高校思政课教师队伍后备人才培养专项支持计划”，规范专项支持计划研究生培养工作，推动落实全国重点马克思主义学院招收马克思主义理论专业本科生的工作部署，建立和完善马克思主义理论本硕博学科教学体系，加大马克思主义理论学科本硕博一体化人才培养力度，建立并完善马克思主义理论学科本硕博学科体系和课程体系。

第二，学科建设为思政课教师科研能力的培养和提升提供了平台。“思想政治理论课教师是马克思主义理论学科队伍的主体，要按照‘一岗双能’‘一身二任’的要求，努力提高教师自身的理论素养、业务能力和道德修养，不断强化学科意识，积极参与学科建设。”[①] 马克思主义理论学科点教学科研人员，应当从事思想政治理论公共课教学，学科带头人应当成为思想政治理论公共课程的教学带头人。

教师的教学水平和科研能力能否均衡发展、协同共进，直接影响思想政治理论课的意识形态传播功能、价值观教育功能的发挥。以“05方案”中的“纲要”课为例，这门课程不是历史学科的专业课，而是思想政治理论课中的一门，是有历史维度的理论课。2008年，“中国近现代史基本问题研究”二级学科的设立，为这门课提供了稳定的师资来源，保证课堂教学的有效性，使学生能够在洞察历史脉络和逻辑的同时，理解“四个选择”的历史必然性。“05方案”中的四门主干课，与“98方案”相比，体现了由分到合的特点，对任课教师的能力和素质提出了更高的要求，更需要能够在整体上理解和把握马克思主义的教师队伍。而提升师资队伍的整体水平，关键是要加强马克思主义理论学科建设，实现马克思主义理论专业生源结构的合理化，保证这支队伍“后继有人、源源不断”。加强学科建设使思想政治理论课教师工作有条件、干事有平台、发展有空间，增强了责任感和归属感。“马克思主义理论”一级学科

---

① 关于进一步加强高校马克思主义理论学科建设的意见（2012年6月6日）[C]// 教育部思想政治工作司 . 加强和改进大学生思想政治教育重要文献选编（1978—2014）. 北京：知识产权出版社，2015：551.

设立的初衷和动因之一，就是为培养思想政治教育工作队伍提供稳定的学科支撑。实践证明，“马克思主义理论”学科自创立以来，对师资队伍的素质提升起到了支撑作用。

4. 为师资队伍建设提供政策和制度保障

第一，完善了教学管理制度，建立健全教学保障机制。建立教学督导制度，加强教学质量的管理和监督。各地各高等学校建立思想政治理论课教学专项经费，列入预算，并随着学校经费的增长逐年增加。各高等学校根据本校实际，将思想政治理论课教师的岗位津贴和课时补助等纳入内部分配体系统筹考虑，确保思想政治理论课教师的实际平均收入不低于本校相关专业院系教师的平均水平。

第二，完善了教师队伍建设的考核评价体系。各高等学校制定思想政治理论课教师工作考核的具体办法，健全考核体系。考核结果与教师的职务聘任、晋级、奖惩等挂钩。考核不合格的，必须待岗学习；不能胜任的，必须转岗分流。

第三，完善了教师队伍建设的教师职务评聘体系。注重考核教师的教学能力和教学实绩。教学研究成果和社会调研报告凡被有关部门采纳、发挥了积极作用的，都作为职称评定的依据。

第四，完善教师表彰奖励机制。在教育系统各类教师表彰体系中，要对思想政治理论课教师的评比确定相应比例，进行统一表彰，增强教师的责任感和荣誉感。做到及时发现、树立先进典型，加大宣传和推广力度。

第五，将思想政治理论课教师队伍建设作为考核高等学校工作的一项重要内容，作为考核高等学校领导班子工作水平和工作绩效的重要依据。

五、新时代的教师队伍建设

党的十八大以来，以习近平同志为核心的党中央高度重视思政课教师队伍建设。如表 7-1 所示，进入新时代以来，党中央作出一系列重大决策部署，完善思政课教师队伍建设的顶层设计。2019 年 3 月 18 日，习近平总书记亲自主持召开学校思想政治理论课教师座谈会并发表重要讲话，由党中央专门召开思政课教师的座谈会，无论在新中国的教育发展史上，还是在党的思想政治教育的历史上都是第一次，具有重要的里程碑意义。习近平总书记在座谈会上提出了“六个要”的要求，即“政治要强、情怀要深、思维要新、视野要广、自律要严、人格要正”，为进一步加强思想政治理论课教师队伍建设指明了方向。

表 7-1　新时代关于思想政治理论课教师队伍建设的文件

1	普通高等学校思想政治理论课教师队伍培养规划（2013—2017）
2	普通高校思想政治理论课建设体系创新计划（2015 年 7 月）
3	教育部办公厅关于开展 2017 年高校思想政治理论课教学质量年专项工作的通知
4	中共中央、国务院关于全面深化新时代教师队伍建设改革的意见（2018 年 1 月）
5	普通高等学校思想政治理论课教师队伍培养规划（2019—2023 年）
6	新时代高等学校思想政治理论课教师队伍建设规定（2020 年 1 月）

面对新形势、新任务、新挑战，新时代思政课教师的建设主要针对教师选配和培养工作存在的短板，并不断健全评价和支撑体系。建设一支专职为主、专兼结合、数量充足、素质优良的，可信、可敬、可靠，乐为、敢为、有为的思政课教师队伍。

1. 作好教师的选聘配备

（1）配齐建强专职教师队伍

第一，在数量上配齐，为师资队伍质量的提升提供更大的空间。2015 年，《普通高校思想政治理论课建设体系创新计划》规定，高等学校应当根据全日制在校生总数，本科院校严格按照 1 ∶ 400 ～ 1 ∶ 350 的师生比配足配强专职教师。2020 年《新时代高等学校思想政治理论课教师队伍建设规定》，将师生比调整为“不低于 1 ∶ 350”。各高校要结合教师岗位实际合理确定选聘条件，在编制内配足，且不得挪作他用，并尽快配备到位。同时加强后备人才储备，充分保障思想政治理论课教学和科研用人需求。数量充足的师资队伍是推进教学改革和优化教学效果的前提。

第二，严把教师聘用的政治关。制定思想政治理论课教师任职资格标准，把政治立场作为教师聘用的首要标准，2018 年，《新时代高校思想政治理论课教学工作基本要求》提出：“思想政治理论课教师在课堂教学中始终坚持马克思主义立场观点方法，在政治立场、政治方向、政治原则、政治道路上同以习近平同志为核心的党中央保持高度一致，坚定不移地维护党中央权威和集中统一领导”，建立新进教师宣誓和专任教师定期网络注册制度。

第三，在质量上建强。严格教师管理，即强调政治上可信，又强调业务素质过关。不仅要求思政教师要在政治立场、政治方向、政治原则、政治道路上同党中央保持一致，更强调理论素质、教学水平达到相应课程要求。2015 年，《普通高校思想政治理论课建设体系创新计划》提出，达不到标准的教师，“不得继续担任思想政治理论课教师”；2020 年，《新时代高等学校思想政治理论课教师队伍建设规定》则进一步强调，达不到标准的教师，“不得继续担任思政课教师或马克思主义理论学科研究生导师”。

新时代的思想政治理论课教师，学历层次高，学科背景关联度大，学缘结构丰富，为思政课的发展注入新鲜血液。

（2）加强兼职教师队伍建设

在提高专职教师队伍整体素质的基础上，充分利用高校资源和优质社会资源充实师资队伍，广泛争取知名专家学者和党政领导干部的支持，形成专兼结合、结构合理的教学人才体系。

第一，推动高校内两支队伍的融合。在高等学校内，继续推动思政课教师和辅导员、班主任两支队伍的有机融合，充分了解学生的思想政治状况，提高备课针对性。2019 年，《“新时代高校思想政治理论课创优行动”工作方案》提出：“推动高校在其他学科优秀教师中遴选合适人员培训后加入思政课教师队伍，而且应当加大高等学校思政课校际协作力度，实现优质教学资源的共享”；2020 年，《新时代高等学校思想政治理论课教师队伍建设规定》：“加强区域内高等学校思政课教师柔性流动和协同机制建设”，支持高水平思政课教师采取多种方式开展教学工作。

第二，建立特聘教授制度。2015 年，《普通高校思想政治理论课建设体系创新计划》提出设立思想政治理论课兼职教师岗位，制定思想政治理论课特聘教授任职标准，聘请符合条件的专家学者、党政领导干部和先进人物等兼任思想政治理论课教师，2019 年《“新时代高校思想政治理论课创优行动”工作方案》推动党政机关、社科研究机构、党校、讲师团等方面的专家到高校马克思主义学院挂职兼职。

第三，充分调动社会力量，充实思政课教师队伍。《2017 年高校思想政治理论课教学质量年专项工作总体方案》提出，统筹八支队伍上思想政治理论课讲台：包括地方党政领导干部、企事业单位负责人、社科理论界专家、各行业先进模范以及高校党委书记校长、院（系）党政负责人、名师大家和专业课骨干教师、日常思想政治教育骨干等。2020 年，《新时代高等学校思想政治理论课教师队伍建设规定》则进一步扩大范围，提高要求："支持高等学校建立两院院士、国有企业领导等人士经常性进高校、上思政课讲台的长效机制。"

2. 加强教师的培养培训

加强师资队伍建设，除了补充新鲜血液外，还要加强对现有教师的培训力度，使教育者先受教育，夯实内功，避免因教师对理论理解不到位和知识储备不足造成教学效果的弱化。

（1）创新集体备课形式

以教研室（组）和思想政治理论课教学科研二级机构为单位，统一实行集体备课。通过组织新任职教师试讲、骨干教师讲示范课、经验丰富教师说课以及教师互相听课等方式，有针对性地增强集体备课效果。2019 年 9 月，《"新时代高校思想政治理论课创优行动"工作方案》提出，从 2019 年开始，每两年开展一次全国高校思政课教学展示活动，引导思政课教师潜心从教、热心从教。同时要注重运用新媒体新技术开展集体备课，全面开展高校思政课教师"手拉手"集体备课。通过遴选若干所思政课建设强校和若干名高水平思政课专家，以包课、包片、包校等方式建立相对固定的集体备课机制，整体提升思政课教师的业务能力和育人水平；加强"全国高校思政课教师网络集体备课平台"建设，汇聚理论界优质师资，面向全国高校思政课教师开设"周末理论大讲堂"。充分利用互联网技术的发展，打破时空的限制，线上线下齐头并进，增强培训灵活性、时效性，扩大培训覆盖面，通过集体备课的方式，从"散兵作战模式"转向"集团军作战模式"，提升教师解决重大理论和实践问题的能力。

（2）规范拓展培训渠道

教育部先后印发《普通高等学校思想政治理论课教师队伍培养规划

（2013—2017 年）》和《普通高等学校思想政治理论课教师队伍培养规划（2019—2023 年）》，逐步健全完善国家示范培训、省级分批轮训、学校全员培训紧密衔接，相互补充的，既分工负责又相互衔接的三级培训体系。培养培训的目标体现了阶梯式递进，如 2013—2017 年的培养规划中提出努力造就数百名领军人物和中青年学术带头人，培养数千名教学一线骨干教师，建设数万名专业化教师队伍；2019—2024 年的培养规划在之前的基础上，将目标提升为：努力培养造就数十名国内有广泛影响的思政课名师大家、数百名思政课教学领军人才、数万名思政课教学骨干。如表 7-2 和表 7-3 所示，两个培养规划相比，培养和规划不断丰富完善，形式更加多元，形成满足不同层面需要的菜单式培训方案，推动全国高校思政课教师队伍更平衡更充分发展。

表 7-2 《普通高等学校思想政治理论课教师队伍培养规划（2013—2017 年）》

<table>
<tr><td rowspan="6">培训计划</td><td rowspan="2">骨干教师研修项目</td><td>国内研修项目</td></tr>
<tr><td>国外研修项目</td></tr>
<tr><td colspan="2">示范培训项目</td></tr>
<tr><td colspan="2">专项研修项目</td></tr>
<tr><td colspan="2">社会考察项目</td></tr>
<tr><td colspan="2">攻读博士项目</td></tr>
<tr><td rowspan="4">项目资助计划</td><td colspan="2">思想政治理论课教学研究项目</td></tr>
<tr><td colspan="2">优秀中青年教师择优资助项目</td></tr>
<tr><td colspan="2">拔尖教师国内高级访学资助项目</td></tr>
<tr><td colspan="2">“马克思主义理论教学与研究文库”出版资助项目</td></tr>
<tr><td rowspan="3">宣传推广计划</td><td colspan="2">先进单位宣传推广</td></tr>
<tr><td colspan="2">教学团队宣传推广</td></tr>
<tr><td colspan="2">教学展示活动</td></tr>
</table>

表 7-3 《普通高等学校思想政治理论课教师队伍培养规划（2019—2023 年）》

<table>
<tr><td rowspan="4">专题理论轮训计划</td><td colspan="2">开设“周末理论大讲堂”组织马克思主义经典著作专题培训</td></tr>
<tr><td colspan="2">学习贯彻习近平新时代中国特色社会主义思想专题培训</td></tr>
<tr><td rowspan="2">“习近平新时代中国特色社会主义思想的生动实践”专题实践研修实践教学</td><td>专题研修</td></tr>
<tr><td>实践研修</td></tr>
<tr><td rowspan="7">示范培训计划</td><td colspan="2">思政课教师队伍后备人才培养专项支持计划</td></tr>
<tr><td rowspan="3">骨干教师研修项目</td><td>国内研修项目</td></tr>
<tr><td>国外研究项目</td></tr>
<tr><td>网络培训项目</td></tr>
<tr><td colspan="2">思政课教师在职攻读博士项目</td></tr>
<tr><td colspan="2">思政课教师省校协作培训项目</td></tr>
<tr><td colspan="2">思政课教师校际协作项目</td></tr>
</table>

（续表）

项目资助计划	全国高校思政课教学科研团队“择优支持”项目
	全国高校“思政课教师名师工作室”项目
	全国高校优秀中青年思政课教师“择优资助”项目
	全国高校思政课教学方法改革“择优推广”项目
宣传推广计划	全国高校思政课示范教学展示活动
	全国高校思政课教师队伍建设先进经验宣传

（3）设立教师研学基地

《“新时代高校思想政治理论课创优行动”工作方案》提出，开展以习近平新时代中国特色社会主义思想指导下党和国家事业取得的历史性成就、发生的历史性变革为主的案例式社会实践研学，在国家重大基础设施建设单位、重大科研项目研究单位、大型国企等设立一批“新时代高校思政课教师研学基地”；开展以中国革命精神谱系为主的体验式社会实践研修，建设一批“全国高校思想政治理论课教师研修基地”。实施思政课教师国外研修项目，组织思政课骨干教师赴国外调研，帮助教师丰富比较教学素材，增强中国特色社会主义道路自信、理论自信、制度自信、文化自信。同时为了强化思政课教师的感性认识，创造条件支持思政课教师到地方党政机关、企事业单位、基层等开展实践锻炼。

3. 健全考核与评价制度

（1）健全有利于教学的教师考核评价制度

改革教学和科研评价方式，将课堂教学质量等作为重要评价标准。2019年9月，《“新时代高校思想政治理论课创优行动”工作方案》提出：“坚持以思政课教学为核心的科研导向，强化对思政课教学实绩和思想政治工作实践的基本要求，进一步提高教学和教学研究占比，坚决克服唯文凭、唯论文、唯帽子等问题。”鼓励教师把主要精力放在研究教学内容、创新教学方法、提高教学实效上。

（2）探索建立符合思政课教师职业特点的职务职称评聘标准

2019年9月，《“新时代高校思想政治理论课创优行动”工作方案》提出，推动高校在专业技术职务（职称）评审工作中单独设立马克思主义理论类别。2020年2月，《新时代高等学校思想政治理论课教师队伍建设规定》提出，按教师比例核定思政课教师专业技术职务（职称）各类岗位占比，“高级岗位比例不低于学校平均水平，不得挪作他用”。强调提高教学和教学研究在评聘条件中的占比，引导和鼓励思想政治理论课教师将更多时间和精力投入到教学中。高等学校可以结合实际分类设置教学研究型、教学型思政课教师专业技术职务（职称），但是要求两种类型“都要在教学方面设置基本任务要求，要将教学效果作为思政课教师专业技术职务（职称）评聘的根本标准，同时要重视考查科研成果”。

2020 年 2 月，《新时代高等学校思想政治理论课教师队伍建设规定》提出完善思政课教师教学和科研成果认定制度：第一，高等学校可以设置具体条件，将承担思政课教学的基本情况以及教学实效作为思政课教师参加高一级专业技术职务（职称）评聘的首要考查条件和必要条件；第二，将为本专科生上思政课作为思政课教师参加高级专业技术职务（职称）评聘的必要条件；第三，将至少一年兼任辅导员、班主任等日常思想政治教育工作经历并考核合格作为青年教师晋升高一级专业技术职务（职称）的必要条件；第四，思政课教师指导 1 个马克思主义理论类学生社团 1 年以上，且较好履行政治把关、理论学习、业务指导等职责的，在专业技术职务（职称）评聘中同等条件下可以优先考虑；思政课教师在思想素质、政治素质、师德师风等方面存在突出问题的，在专业技术职务（职称）评聘中实行“一票否决”。这种认定制度充分体现了对思政课教学工作的重视，以及思政课与思想政治教育工作的协同合力。

4. 重视师资队伍建设的保障与管理

教育主管部门、高等学校应当加强思政课教师队伍建设，在师资建设上优先考虑，在资金投入上优先保障，在资源配置上优先满足。

（1）教育主管部门和高等学校要大力培养、推荐、表彰思政课教师中的先进典型

2015 年，《普通高校思想政治理论课建设体系创新计划》提出，积极选树思想政治理论课教师、教学科研二级机构先进典型，推选年度影响力人物、教学名师、教学能手和优秀团队。2020 年，《新时代高等学校思想政治理论课教师队伍建设规定》进一步提出：“采取设立奖励基金等方式支持高等学校思政

课教师队伍建设，以各种方式定期对优秀思政课教师和马克思主义理论学科学生给予奖励”。

（2）把思政课教师纳入各类高层次人才项目

2019年，《“新时代高校思想政治理论课创优行动”工作方案》中提出，在“长江学者奖励计划”等人才项目中对思政课教师加大倾斜支持力度，给予更多关心和支持；推动将思政课教师作为学校干部队伍的重要来源；因地制宜推动实施思政课教师岗位津贴；实施高校示范马克思主义学院和优秀教学科研团队建设项目，建设一批示范马克思主义学院（教学科研部门）、教研室，设立“高校思政课教师银龄工作室”，建设一批全国高校“思政课名师工作室”，择优资助一批思政课优秀青年教师；实行不合格思政课教师退出机制。

（3）保障专项经费和其他物质条件

2018年，《新时代高校思想政治理论课教学工作基本要求》规定，高等学校应当根据全日制在校生总数，本科院校每生每年不低于20元，专科院校每生每年不低于15元的标准提取专项经费。2020年，《新时代高等学校思想政治理论课教师队伍建设规定》提高为“本科院校每生每年不低于40元、专科院校每生每年不低于30元的标准安排专项经费”，用于保障思政课教师的学术交流、实践研修等，并根据实际情况逐步加大支持力度。同时，要求高等学校为思政课教师的教学科研工作创造便利条件，配备满足教学科研需要的办公空间、硬件设备和图书资料等。

加强师资队伍建设是高校思想政治理论课系统工程的主体保障，关系到党的思想理论和意识形态的工作全局，关系到马克思主义事业的薪火相传。改革开放以来，党领导思政课建设的实践证明，越是在社会剧烈变迁的历史时刻，越是在面对大是大非的问题的时候，教师的主导作用就越凸显出其特殊的重要性。在今天思政课教学改革越来越强调学生主体作用的背景下，也绝不能削弱教师的主导地位。正如习近平总书记所说：“办好思想政治理论课关键在教师，关键在发挥教师的积极性、主动性、创造性”，思想政治理论课教师“要给学生心灵埋下真善美的种子，引导学生扣好人生第一粒扣子”。

第八章　加强马克思主义理论学科建设

梳理改革开放以来马克思主义理论学科建设的轨迹和历程，需要首先理清课程、专业、学科和学位四个要素的关系：学科构成了人们提出问题、思考问题和展开研究的基本范式，是课程的上位概念，并为专业建设提供最新研究成果。同时，学科建设也是学位点授权的基础，学位授权点是对学科建设水平、学生培养能力和培养层次的行政化认可，学科建设到一定层次才能申请更高层次的学位点，其强弱是学位点核心竞争力的关键。专业是社会学的概念，“围绕一个培养目标由若干门课程组成的课程群就是一个专业”，专业为学科承担人才培养的任务。课程是教育学的概念，“从学科知识中选择一部分‘最有价值的知识’组成教学内容”①，支撑专业培养目标，并在此基础上促进学科的建设与发展。

马克思主义理论学科是培育马克思主义理论相关专业的沃土，专业是推动学科发展的实体支撑，而思想政治理论课的设置又以专业培养目标为依据，以学科发展的内在逻辑来组织，学科、专业和课程相互支撑，形成一个系统的整体，从根本上了保证高校思想政治理论课的行稳致远。

一、改革开放以来马克思主义理论学科建设的历程

新中国成立后，高等学校重视马克思主义理论教育，并设立了相应课程。但在改革开放以前，支撑教学的学科建设并没有被提上日程。改革开放以后，学科建设的任务和目标是“伴随着思想政治教育科学化、规范化和专业化进程

① 周光礼.“双一流”建设中的学术突破——论大学学科、专业、课程一体化建设[J].教育研究，2016，37（5）：72-76.

而逐渐明晰的”[1]。

1. 改革开放初期马克思主义科学研究工作

改革开放初期，对马克思主义理论的科学研究是紧密围绕着提升和优化马克思主义理论课的教学效果服务的。经历“文革”的动乱后，马列主义理论课教学中存在的大量重大理论疑难问题，以及“因‘四人帮’全面篡改了马克思主义哲学、政治经济学和科学社会主义，以致造成理论是非、路线是非、思想是非的严重混乱”，因此必须加强科学研究，丰富课程的理论含量，才能正本清源，有理有据地解决学生的认知混乱，保证马列主义理论教育的正确方向，进一步办好社会主义的新型大学[2]。

1980 年 7 月，《改进和加强高等学校马列主义课的试行办法》提出科研工作的具体要求：第一，科研目标。应在教学为主的原则下积极开展，即科研项目、人员确定、时间安排以及参加的有关活动，都应首先考虑是否有利于教学，教学要反映理论研究的成果。第二，确定科研的内容。围绕“努力解决教学中的疑难问题和教学方法的改进问题”进行。第三，科研成果的方式。“科研成果可以体现在有一定水平的论文、著述和教材上，也可以体现在发掘、搜集、整理有一定价值的学术资料和教学参考资料，以及改进教学方法，提高教学质量的成效上”。第四，加强科研的统筹规划。各高等学校要从各校的实际出发制订出长期的或年度的科研规划，积极开展马列主义理论的科学研究工作[3]。

1984 年 9 月，《关于加强和改进高等院校马列主义理论教育的若干规定》提出加强马列主义理论和教学法的研究，内容包括：第一，进一步充实、细化了科研的主要内容，具体包括“马克思主义各个学科的基本理论、教学中的疑

① 佘双好，董梅昊 . 马克思主义理论学科的发展历程及趋势 [J]. 马克思主义理论学科研究，2020（1）：154-164.

② 教育部办公厅关于加强高等学校马列主义理论教育的意见（1978 年 4 月）[C]// 教育部社会科学司 . 普通高校思想政治理论课文献选编（1949—2008）. 北京：中国人民大学出版社，2008：74.

③ 教育部社会科学司 . 普通高校思想政治理论课文献选编（1949—2008）[M]. 北京：中国人民大学出版社，2008：88.

难问题、社会主义现代化建设中提出的重大理论问题和实际问题、世界政治经济和西方哲学社会科学著作评价、现代科学技术发展的社会意义、马列主义理论课的教学规律和教学方法、学生思想特点和发展规律，等等”。第二，明确科学研究的原则。坚持四项基本原则，贯彻理论联系实际和“百家争鸣”的方针；提倡调查研究，实事求是，解放思想，勇于探索，勇于创新的精神，积极开展学术思想上的批评和自我批评。第三，强调科学研究的保障条件。马列主义课教师是一支重要的科学研究力量。各省、自治区、直辖市党委宣传部、教育部门和学校要鼓励和组织教师开展科学研究：要把他们的科学研究项目分别纳入学校、地方和国家的科研规划，并定期检查；各院校马列主义教研室应有一定数量的专职科研编制，有条件的可以成立马列主义理论教育研究室；根据教学和科学研究的需要，有计划地组织马列主义课教师进行社会调查，出国考察或进修，举办学术讨论会，并为科研成果提供发表园地；各高校都要把马列主义教研室的科研经费列入预算，拨给专款①。

综上，改革开放初期已认识到马克思主义理论课的科学研究对于教学的重要性，并强调科研工作要以教学为重点，明确了科研的目标原则、主要内容、成果形式和保障条件等。

2.“85 方案”时期的马克思主义科学研究和学科建设

（1）对马克思主义科学研究的重视和规划

随着教学实践的推进和教学改革的深入，对马克思主义理论科研的基础性地位和重要性的认识逐渐提升，并逐渐加强了对科学研究的顶层设计。首先，鉴于此时高校自身的科研力量不强，这个时期重视各种理论研究力量的协调配合，形成整体合力。思政课教学效果的提升需要“积极争取各理论研究单位的支持和帮助”②，组织高等学校和理论界的力量，协作攻关，才能针对当代世界

---

① 教育部社会科学司 . 普通高校思想政治理论课文献选编（1949—2008）[M]. 北京：中国人民大学出版社，2008：97.

② 教育部办公厅关于加强高等学校马列主义理论教育的意见（1978 年 4 月）[C]// 教育部社会科学司 . 普通高校思想政治理论课文献选编（1949—2008）. 北京：中国人民大学出版社，2008：74.

和我国实践中提出的重大理论和现实问题，作出马克思主义的回答，在课堂教学中，为“学生提供有说服力的材料和观点”，发挥课堂教学的作用，提升课堂的教学效果①。其次，认识到科研不仅有利于教学内容的扩展深化，而且与教材编写和教师素质的提高密切相关，即“学术研究对教育教学的‘反哺’作用，取决于科研能力的提高对师资队伍总体质量提高的那种‘潜在的’‘隐性的’重要作用”②。

（2）思想政治教育的科学化、专业化和学科化

中国共产党从成立之日起就高度重视思想教育工作，用马克思主义的思想教育来武装党员和官兵。新中国成立以来的实践证明，如果忽视思想政治教育的科学性，仅把思想政治工作当作纯粹的事务性工作，只重视具体经验的积累和实践层面的指导，无法形成长效机制，就会使一线的工作忙于应付，缺乏规律性、一贯性，事倍而功半。因此，需要高度重视对高校思想政治教育科学性和理论性的总结，深入研究诸内容之间的内在联系和层次关系。改革开放后，更加重视思想政治工作的科学性、系统性。1980 年 8 月，《光明日报》刊登了一篇题为“思想政治工作是一门科学”的文章，并以此为题开展大讨论，逐渐成为理论界的共识。高等学校也开始将思想政治工作作为一门科学来认识和研究：1981 年 8 月，教育部召开全国学校思想政治教育工作会议，时任教育部部长蒋南翔在会上明确提出“学生思想政治教育工作是一门科学”。1987 年 5 月，中共中央作出《关于改进和加强高等学校思想政治工作的决定》，明确指出：“思想政治教育是一门以马克思主义理论为基础、综合性和实践性都比较强的科学。”在中央文件中第一次明确提出了学生思想政治教育是一门科学。此外，十一届三中全会以来，党中央的一系列重要文件为马克思主义理论宝库增加了新的内容，而这个时期社会科学研究的恢复和繁荣，也为德育科学化提供了良好的条件。思想政治教育的科学化，是思想政治教育专业和学科设立的前提。

---

① 国家教委关于加强高等学校思想政治工作的决定（1986 年 5 月）[C]// 教育部思想政治工作司 . 加强和改进大学生思想政治教育重要文献选编（1978—2014）. 北京：知识产权出版社，2015：49.

② 郭凤志 . 高校思想政治理论课建设研究 [M]. 北京：北京师范大学出版社，2019：281.

随着思想政治教育的科学化逐渐形成共识，以及 1982 年后“共产主义思想品德”课的开设，思想政治教育的专业化也开始起步：1984 年 4 月，教育部颁发《关于在十二所院校设置思想政治教育专业的意见》，提出为了适应新的历史时期思想政治工作的需要，批准南开大学、武汉大学等 12 所院校首批增设思想政治教育专业试点招收本科生，摸索办专业的经验。随后相关部门先后印发了关于培养思想政治教育专业第二学士学位班、思想政治教育硕士研究生的政策文件。1984 年 6 月，教育部下发《关于在六所高等院校开办思想政治教育专业第二学士学位班的意见》，批准清华大学等 6 所高校首批开办思想政治教育专业第二学士学位班，专门培养高等学校思想政治工作骨干。1987 年 9 月，《关于思想政治教育专业培养硕士研究生的实施意见》第一次提出思想政治教育学科的概念，并提出“把这一学科建设成为马克思主义的坚强阵地”①，“标志着思想政治教育专业建设进入到学科建设发展阶段”②。思想政治教育学科的建设，“这一进程是从思想品德课的建设开始启动，以后思想教育课程建设也是与整个思想政治教育学科建设同步发展的”，而且课程建设也为学科建设提供了人才储备，“许多最早从事思想品德课教学和研究的教师已成为思想政治教育学科建设的尖兵和骨干力量”③。1990 年，国务院学位委员会《授予博士硕士学位和培养研究生的学科专业目录》中，在法学门类政治学一级学科目录中增设“马克思主义理论教育”和“思想政治教育”两个授权硕士学位点，开启马克思主义理论类学科硕士点建设和学科建设的历程，为思想政治教育的发展提供了理论指导和人才培养的保障。

如上所述，“85 方案”已经初步形成了“马克思主义理论课”和“思想教育课（或称思想品德课）”并举的架构，支撑两类课程的科学研究和学科建设

① 教育部思想政治工作司 . 加强和改进大学生思想政治教育重要文献选编（1978—2014）[M]. 北京：知识产权出版社，2015：85.

② 佘双好，董梅昊 . 马克思主义理论学科的发展历程及趋势 [J]. 马克思主义理论学科研究，2020（1）：154-164.

③ 徐文良 . 难忘的历程——高等学校思想政治教育的回顾与思考 [M]. 长春：吉林人民出版社，2008：308.

行稳步坚，稳步前进。

3.“98 方案”时期的马克思主义学科建设

1995 年 10 月，《关于高校马克思主义理论课和思想品德课教学改革的若干意见》强调：要把马克思主义理论教育和思想政治教育作为人文社会科学的重点学科加以建设，把“两课”作为学校的重点课程加以建设。同时要把课程建设和教学中的重要的理论和实际问题作为重要课题，列入国家教育科学研究规划和国家人文社会科学研究计划，促进教学与科研的双向互动和相辅相成；加强对科学研究的组织保障和经费保障，“各级教育部门和高校对‘两课’有关教学、科研活动以及参加社会调研所需要的经费要单设项目，列入预算，足额拨付，逐步增加”①。

1995 年，国务院学位委员会和国家教委正式下文设立“马克思主义理论与思想政治教育”专业的硕士点和博士点。1996 年，经国务院学位委员会正式批准，武汉大学、中国人民大学和清华大学设立“马克思主义理论与思想政治教育”的博士学位授权点，完整地构建起了覆盖本科、硕士、博士三个层级的马克思主义理论学科的人才培养梯级体系。同时，“马克思主义理论、思想政治教育硕士点也从分别建设进入到整体建设阶段”②。马克思主义理论学科层次已经完备，学科建设迈上一个新台阶。1997 年，国务院学位委员会颁布的《授予博士、硕士学位与培养研究生的学科、专业目录》，建设隶属于法学门类政治学一级学科下的“马克思主义理论与思想政治教育”二级学科，并作为重点学科加以建设，为“两课”之间的整合和课程建设提供了深层次的学术支撑，也为科研和师资培养提供了重要的学科平台，形成了从学科建设层面加强“两课”建设的新高度，也成为成立马克思主义理论一级学科的先声。

4.“05 方案”实行前期的马克思主义理论学科建设

2004 年 1 月，中共中央发出《关于进一步繁荣发展哲学社会科学的意见》，

① 教育部社会科学司 . 普通高校思想政治理论课文献选编（1949—2008）[M]. 北京：中国人民大学出版社，2008：140.

② 佘双好，董梅昊 . 马克思主义理论学科的发展历程及趋势 [J]. 马克思主义理论学科研究，2020（1）：154-164.

提出实施“马克思主义理论研究和建设工程”（下文简称“马工程”），4 月 27 日至 28 日，中央召开工作会议，标志“马工程”正式启动。这是中国共产党历史上第一次以“工程”的方式进行大规模的马克思主义理论研究和教学工作，巩固了马克思主义在意识形态领域的指导地位，是一项重大的理论创新工程。“马工程”的实施为“05 方案”的施行提供了全面系统的支持：包括马克思主义理论学科建设的学理支撑、高素质的师资队伍的主体保障和高水平教材建设的基础保障等。

2005 年 2 月，中共中央宣传部、教育部《关于进一步加强和改进高等学校思想政治理论课的意见》和 2005 年 3 月《〈中共中央宣传部、教育部关于进一步加强和改进高等学校思想政治理论课的意见〉实施方案》，强调“学科建设是加强和改进思想政治理论课的基础”，思想政治理论课教育教学所依托的学科是我国特有的一门政治性、科学性和实践性很强的学科，只能加强，不能削弱。2005 年 12 月，国务院学位委员会、教育部《关于调整增设马克思主义理论一级学科及所属二级学科的通知》（学位〔2005〕64 号），决定在《授予博士、硕士学位和培养研究生的学科、专业目录》“法学”门类下，增设“马克思主义理论”一级学科，把马克思主义作为研究对象并从整体上进行综合研究。“马克思主义理论学科”下设五个二级学科：“马克思主义基本原理”“马克思主义发展史”“马克思主义中国化研究”“国外马克思主义研究”和“思想政治教育”。将原政治学一级学科下的“马克思主义理论与思想政治教育”二级学科的内容，分别归入“马克思主义基本原理”和“思想政治教育”学科。这种大刀阔斧的系统改革，改变了以往马克思主义理论“借船出海、就汤下面”的情况。这五个二级学科的主要研究内容包括：

（1）“马克思主义基本原理”

该学科是马克思主义科学体系的基本理论、基本范畴，是其立场、观点和方法的理论表达。在“马克思主义理论”成为独立的一级学科之前，作为马克思主义三个组成部分的“马克思主义哲学”“政治经济学”和“科学社会主义与国际共产主义运动”，是分属于“哲学”“理论经济学”“政治学”一级学科下的二级学科，其他与马克思主义研究和教学相关的内容，也从属于其他学科和专业的研究方向。“马克思主义理论”一级学科设立后，并没有将原来的相关二级学科“收编”，而是开设“马克思主义基本原理”的二级学科，重视从整体上理解和把握马克思主义基本原理，为“05 方案”中的“原理”课提供了学术支撑。而且有效解决了师资队伍的来源问题，避免“85 方案”中“大原理”课因后继乏力，导致教学效果有限，最终“夭折”，未能在随后的“98 方案”中继续开设的现象。

（2）“马克思主义发展史”

这是马克思主义理论学科中具有“史学”性质的学科，是一门研究马克思主义的产生、发展的历史过程和规律的科学。坚持马克思主义的指导地位，不仅要准确理解和运用马克思主义的最新成果，更要弄清楚马克思主义产生的来龙去脉。

（3）“马克思主义中国化研究”

这是专门研究马克思主义中国化的基本历程和基本经验、基本规律以及马克思主义中国化理论成果的学科。研究不同时期马克思主义中国化理论成果的内涵、特点、地位作用以及各个理论成果的相互关系。

（4）“国外马克思主义研究”

这是对当代国外马克思主义相关的理论、思潮、流派的发生和演进及基本思想进行研究的学科，能够增强当代中国马克思主义的对话能力、传播力和影响力。

（5）“思想政治教育”

这是运用马克思主义理论与方法，研究人们思想品德形成、发展和思想政治教育规律，培养人们正确世界观、人生观、价值观的学科。思想政治教育要以最具现实性、实践性的课题为重点，“但并不意味着只局限于微观思考，更不能只是就事论事。科学研究的本质就是探索、揭示客观规律性，追求发展、创新”[①]。20 世纪 80 年代，曾设立过独立的“思想政治教育”学科，1997 年后合并为“马克思主义理论与思想政治教育”二级学科，对于加强“两课”之间的整合和公共课的师资建设起到了重要支撑作用。学位〔2005〕64 号文件颁

① 徐文良. 难忘的历程——高等学校思想政治教育的回顾与思考 [M]. 长春：吉林人民出版社，2008：251.

布后，“思想政治教育”成为从属于“马克思主义理论”一级学科下的二级学科，从独立到合并再到从属的变迁，体现了对思想政治教育认识的深入。

2008 年，为进一步强化对高校思想政治理论课的学科支持，国务院学位委员会在马克思主义理论一级学科下又增设了“中国近现代史基本问题研究”二级学科：在广泛了解中国近现代经济、政治、文化和社会发展历史的基础上，在全方位的分析和比较中阐明历史和人民是怎样在指导思想上选择了马克思主义、在政治组织上选择了中国共产党、在制度上选择了社会主义，体现理论逻辑和历史逻辑的统一。

随着实践的发展，2017 年又在“马克思主义理论”一级学科下增设了“党的建设”的二级学科。该学科的设立，是经过长期酝酿，最终成型的：2010 年 6 月，《中共中央关于加强和改进新形势下党史工作的意见》提出要“把党史作为各级各类学校思想政治课的重要内容，开展形式多样的党的历史知识、光荣传统和优良作风、英雄模范事迹教育”；2017 年 2 月 27 日，中共中央、国务院印发的《关于加强和改进新形势下高校思想政治工作的意见》明确指出，“支持有条件的高校在马克思主义理论一级学科下设置党的建设二级学科”，该学科具有鲜明的现实关照和实践性，并且为“概论”“纲要”等课程提供学术养分和理论支撑。

马克思主义理论学科建设为加强高校思想政治理论课建设夯实了学理基础，为思想政治教育工作队伍的培养和统一规范的教材的出版，以及高校宣传思想工作的开展，提供了有力的学理支撑。对于巩固马克思主义在高等学校教育教学中的指导地位，推进党的理论建设也有重要的意义。马克思主义理论一级学科的建立，提升了我国高校学科体系的合理性和完整性，是我国学科发展和布局的一件大事，也是马克思主义发展史上的一次重大突破。

5. 新时代的马克思主义理论学科建设

进入新时代以来，马克思主义理论学科建设提质升级，主要体现为以下两个方面：

第一，规范马克思主义理论学科本科生、硕士生、博士生培养工作，探索建立本硕博相衔接的人才培养体系。马克思主义理论学科成立后，很长时间以来，没有设立本科专业，研究生的生源只有“思想政治教育”的本科专业，或者吸收“中共党史”（2014 年后更名为“党的建设与党的历史”）、“科学社会主义”等其他相关专业的本科生，人才培养结构不合理，影响了本硕博的一体化衔接。2018 年，教育部批准中国人民大学等 8 所高校首批设置“马克思主义理论”本科专业，培养“厚基础、宽口径”的后备人才，有利于代际完整人才队伍的形成。

第二，强调除马克思主义理论学科外，其他相关学科对思想政治理论课的支撑作用。2012 年《全国高校马克思主义理论学科建设情况调研提纲》中，将如何正确处理“马克思主义理论学科建设和其他依托学科建设之间的关系，提升高校马克思主义理论学科建设的质量”列为调研的问题之一，说明该问题已经进入理论视野，成为关注和思考的重要问题。2015 年，《普通高校思想政治理论课建设体系创新计划》提出，注重哲学社会科学研究成果在思想政治理论课教学中的运用，定期向思想政治理论课教师摘发参考资料。推动马克思主义中国化最新成果的普及教育研究，组织哲学社会科学专家编写一批通俗理论读物，创作一批音像作品，为思想政治理论课提供鲜活、生动、接地气的教学素材。

进入新时代以来，马克思主义理论学科的发展从规模扩张到内涵发展，凝练学科研究方向，不仅为思想政治理论课的教学提供了更多的上升空间，也提升了马克思主义在哲学社会科学中的话语权，学科的发展从“起航”到“领航”。2015 年，中共中央办公厅、国务院办公厅联合下发《关于进一步加强和改进新形势下高校宣传思想工作的意见》，明确指出：“要提升马克思主义理论学科的引领作用，实施马克思主义理论学科领航计划。”2019 年，中共中央办公厅、国务院办公厅下发的《关于深化新时代学校思想政治理论课改革创新的若干意见》要求：“实施马克思主义理论学科领航工程，在马克思主义理论学习研究宣传上发挥引领带动作用。”

二、马克思主义理论学科建设的主要特点

1. 强调为思政课教学服务的功能

围绕思想政治理论课的教学研究进行科学研究，是马克思主义理论学科始终如一的要求；而强调为思想政治理论课的教学服务功能，也是马克思主义理

论学科不同于其他学科的重要特征。

马克思说："理论只要说服人，就能掌握群众；而理论只要彻底，就能说服人。"[①] 学科建设能够提升课程的科研含量，引导学生在政治认知、理论思考等方面有所深化，有所升华，避免对中学课程内容的重复和停留在经验层面。如果教师习惯于没有科研的教学，将自己的职责仅定位于上课，会被认为是没有专业、没有学科归属的教书匠。重复空洞说教和简单政治宣传的"照本宣科"的老路，久而久之，也会影响教学效果。

思政课要遵循思想政治工作规律，遵循教书育人规律，遵循学生成长的规律，将马克思主义理论优质科研资源转化为教学资源，即"从前沿性的学科知识中选择'最有价值'的知识纳入课程，再把这些课程知识有效地传授给学生"[②]。实现"政治诉求的科学表达和学理支撑"，以清晰的学理分析回应学生，以彻底的理论说服学生，深入浅出，促进学科建设与课程建设紧密结合，提高思想政治理论课教育教学质量。

在 2015 年 8 月的《普通高校思想政治理论课建设体系创新计划》中，明确把"不断深化教学研究与理论研究"作为"重点建设内容"，教学研究先于理论研究，"凸显了在推进思想政治理论课程建设的过程中，思想政治理论课教师在加强科学研究中，必须高度重视教学研究"，科研不是坐而论道、闭门造车，"而是应紧密结合思想政治理论课课程教育教学实际，摒弃教学研究'档次低'、没有'学术含量'等片面观点，花大力气，深入开展教学研究"[③]。

2018 年 4 月，教育部的《新时代高校思想政治理论课教学工作基本要求》提出，强化科研支撑教学，"引导思想政治理论课教师围绕马克思主义理论一级学科所属相应二级学科开展科学研究，凝练形成与所教课程紧密相关的科研方向，深入研究课程教学重点难点问题和教学方法改革创新"。将科研成果作为重要教学资源，融入课堂教学，并将科研成果在教学中的转化情况作为教师的重要考核指标，促进教学和科研的双轮驱动。

---

① 马克思恩格斯文集：第 1 卷 [M]. 北京：人民出版社，2009：11.

② 周光礼，武建鑫 . 什么是世界一流学科 [J]. 中国高教研究，2016（1）：65-73.

③ 郭凤志 . 高校思想政治理论课建设研究 [M]. 北京：北京师范大学出版社，2019：282.

2. 强调在哲学社会科学中的“引领”和“导航”作用

1991 年 8 月，国家教育委员会《关于加强和改进高等学校马克思主义理论教育的若干意见》[①]强调，围绕以下四个方面开展科研工作：第一，研究教学中的疑难问题，调查和分析学生的思想状况，研究教学规律和教学方法；第二，研究马克思主义各个学科的基本理论、社会主义现代化建设中提出的重大理论问题和实际问题；第三，研究和批判西方各种资产阶级思潮和有代表性的哲学社会科学著作；第四，分析和批判各种资产阶级自由化观点及其思想理论基础，等等。在马克思主义理论一级学科建立前，相关学科为思想政治理论课提供了重要的支撑作用：早在 1986 年 5 月 29 日，中共中央、国务院批准的《国家教委关于加强高等学校思想政治工作的决定》提出：“设有哲学社会科学院系的高等学校应该成为马克思主义的学术研究阵地。”[②]“哲学”的二级学科“马克思主义哲学”、“理论经济学”的二级学科“政治经济学”、“政治学”的二级学科“中共党史”等学科都为思想政治理论课提供了学术支撑。

马克思主义理论学设立后也不能单打独斗、自我封闭，而是应该加强与哲学社会科学相关学科之间的交流和交叉研究，在内容上互通有无，在研究方法上相互借鉴，形成一批具有学科特色和广泛影响的理论创新成果。如张雷声所说，马克思主义理论学科增设之初是一个全新的学科，在建设中较为注重学科的自我发展速度和质量，一定程度地与相关学科交流少、合作少，容易形成封闭的学术圈，必须开放发展，敞开胸怀，汲取外在的养分[③]。

2015 年 7 月，《普通高校思想政治理论课建设体系创新计划》提出，把马克思主义理论学科建成优势学科，以马克思主义理论学科优先发展、优势发展、优质发展带动高校哲学社会科学繁荣发展，更充分发挥高校哲学社会科学

---

① 教育部社会科学司 . 普通高校思想政治理论课文献选编（1949—2008）[M]. 北京：中国人民大学出版社，2008：143.

② 教育部思想政治工作司 . 加强和改进大学生思想政治教育重要文献选编（1978—2014）[M]. 北京：知识产权出版社，2015：49.

③ 张雷声，顾钰民，韩喜平，等 . 新时代马克思主义理论学科建设（笔谈）[J]. 理论与改革，2019（3）：1-17.

育人功能，形成以马克思主义理论学科为引领、相关学科为补充的思想政治理论课学科支撑体系。顾海良提出发挥马克思主义理论学科建设与马克思主义哲学、政治经济学等相关学科之间的发展合力，形成“马克思主义学科群”的学科建设新理念①。陈锡喜提出“小马”“中马”和“大马”的学科体系②，即马克思主义学科体系是以马克思主义理论学科为骨干（俗称“小马”），以马克思主义分领域研究为支持（广义的马克思主义学科，即原马克思主义哲学、政治经济学、科学社会主义和国际共产主义运动以及中共党史四个分领域的研究，俗称“中马”），以直接运用马克思主义为指导对相关重大理论和实践问题的研究为拓展（泛义的马克思主义学科，俗称“大马”）的学科体系。

加强马克思主义学科群的建设，使马克思主义理论学科与其他学科竞争性和批判性的对话中做大做强，并在学科的交叉研究中，凝结高质量的协同创新成果，为思想政治理论课的整体性发展提供新鲜血液和深层动力。在意识形态这个没有硝烟的战场上，一些错误思潮往往借助学术话语增强其蛊惑力和传播力，这就更需要在学术层面正本清源，拨云驱雾，凸显了共建马克思主义学科群的现实意义。

改革开放以来，马克思主义理论学科由弱小到壮大，取得了丰硕的成果，获得了宝贵的建设经验。站在新的历史起点上，需要推进马克思主义理论学科由外延式发展向内涵式发展。2015 年，国务院《统筹推进世界一流大学和一流学科建设总体方案》将“双一流”建设提高到国家战略层面，建设“双一流”核心是处理教学与科研的关系，关键是推进学科、专业和课程的一体化建设，马克思主义理论学科要积极对标“双一流”建设标准，主动服务国家战略和社会需求，把握做大做强的重要契机。

---

① 顾海良 . 马克思主义理论学科，从“起航”到领航 [N]. 光明日报，2015-07-23（16）.

② 陈锡喜 . 高校哲学社会科学类课程与思想政治理论课“同向同行”的必要性和可行路径 [J]. 马克思主义理论学科研究，2017（1）：154-163.

第九章　推动不同学段思政课的一体化建设

思想政治理论课是落实立德树人根本任务的关键课程，需要贯穿于不同学段，循序渐进、螺旋式地向更高层次发展，体现全员、全方位、全过程育人的“三全育人”理念。不同学段课程的一体化包括高校思想政治课与中小学和研究生学段思想政治理论课的有机衔接和协同推进。

一、高校思政课与中小学阶段的衔接

改革开放后，党和国家重视对不同学段思想政治理论课的通盘考虑，相关文件中提出根据不同学段学生的知识水平、理解能力和接受能力的不同，整体规划教学目标，确定教育内容的深浅和侧重点。但就总体而言，大中小学一体化还处于文件规定，或局部的探索、初步尝试的阶段，尚未形成统筹的规划来打破各学段的各自为政和条块分割，在具体地落地落实上还有可提升的空间。2019 年是大中小学思政课一体化推进的关键年份：习近平总书记在 3 月 18 日学校思想政治理论课教师座谈会强调：“要把统筹推进大中小学思政课一体化建设作为一项重要工程”；8 月 14 日，《关于深化新时代学校思想政治理论课改革创新的若干意见》则为落实座谈会精神规划了路线图和施工图，该意见提出从整体规划课程目标、调整创新课程体系、统筹推进教材建设、加强师资队伍建设等方面，加强大中小学思政课一体化建设：大学阶段重在增强使命担当、高中阶段重在提升政治素养、初中阶段重在打牢思想基础、小学阶段重在启蒙道德情感，保证内容的有效衔接，形成一个“循序渐进、环环相扣”的教学系统。同时在实践中搭建不同学段的交流平台，构建既有阶段性又有连续性，既有差异性又有统一性，统筹考虑大中小学思政课程的整体和系统。

1. 整体规划不同学段的课程目标

很长时间以来，不同学段的思想政治理论课在教育管理体制上分属教育部的不同部门，相关指导性文件和课程标准是分别设计的，教材也由不同部门牵头编写修订。而大学的生源来自中学，如果高校教师缺乏主动了解中学的教学内容和现状的意识，不考虑学生的已有基础，就会造成两种倾向：第一，内容的脱节。高校教师认为中学阶段已经涉及，但学生来自不同学校，文理分科不同，已有基础也有差异，如果对学情缺乏足够把握，容易造成内容脱节，或者重要内容点到为止，无法深入。第二，内容的重复。如果高校阶段仅仅追求本学段课程内容的自成体系，不了解此前的教学状况，就会造成新旧知识面面俱到、均衡用力。教育部哲学社会科学发展报告建设项目“中国大学生思想政治教育发展报告”显示，在 2018 年全国 40 所高校的思想政治理论课的现状调查中：人文科学类、社会科学类和理工类的大学生中分别有 19.8%、21.9% 和 17.3%，强调“避免与高中教材内容重复”①。之所以出现不同专业统计数据的差别，是由于高考是文理分科的，在高考的指挥棒下，理科的学生一般从高中二年级开始就不再学习思想政治理论课，因此对于中学与高校思政课教材内容的重复，感受不那么强烈。为了保证教学内容的新鲜感和学生的获得感，高校思政课教师需要把中小学思政课的教学内容作为备课的重要组成部分，在教学中形成反馈、呼应和提升，精准定位本学段的育人坐标，做好与相邻学段的上下承接。大学生同中学生相比，知识面较广，思考能力较强，他们的思想认识和对社会现象的判断，往往与一定的理论观点相联系，或者是受到某种理论观点的影响。高校的思想政治理论课，需要有一定的思想高度和理论深度。只有整体规划大中小学德育体系，准确规范各教育阶段的目标和内容，才能“充分发挥学校教育的主渠道、主阵地、主课堂的作用”。整体规划不同学校的课程目标是“加强和改进大学生思想政治教育和中小学生思想道德教育的重要举

① 刘晓亮，沈壮海．关键课程发挥关键作用——基于 2014—2018 年高校思想政治理论课建设调查数据的分析 [J]. 中国高等教育，2019（9）：27-30.

措，是贯彻党的教育方针的必然要求”[①]。

2020 年，教育部成立大中小学思政课一体化建设指导委员会，对大中小学思政课一体化建设进行领导、指导、咨询、示范、培训、研判等，是加强大中小学思政课一体化建设的重要顶层设计。

2. 构建不同学段一体化的教学体系

重视不同学段学生特点的差异，统筹规划不同学段思政课的系统思维，是由来已久的。20 世纪 80 年代，为了适应我国社会主义现代化和各方面改革的需要，提出要对以马克思主义为指导的思想品德和政治理论课进行改革，包括小学的思想品德课、中学的思想政治课，到高校的马克思主义理论课。课程改革需要紧密联系青少年不同时期的思想、知识、心理发展的特点，课程目标和教学内容上体现循序渐进、由浅入深、从具体到抽象、从现象到本质的特点：小学阶段以生动的形象，由近及远地进行社会常识（包括法律常识）和社会公德教育，指导学生从小就培养良好的思想品德和正确的行为习惯；初中阶段要进行道德、民主和法制、纪律教育，进行社会生活和社会发展规律以及社会主义建设常识的教育，对我国社会的实际情况和发展方向有一个初步的认识，树立自己对社会的责任感；高中阶段进行初步的经济学和其他社会科学的教育，初步学习运用马克思主义的观点、方法分析和观察社会现象；大学阶段进行以中国革命史为中心的历史教育，进行马克思主义基本理论的教育，进行中国社会主义建设和改革的理论、政策和实际知识的教育，同时适时穿插时事教育等；研究生阶段的教育要在大学本科的基础上继续提高，并注意与专业学习适当地结合起来[②]。2020 年 12 月，《新时代学校思想政治理论课改革创新实施方案》提出，根据学生成长规律，按照循序渐进、螺旋上升的原则，结合不同年

① 教育部关于整体规划大中小学德育体系的意见（2005 年 4 月 21 日）[C]// 教育部思想政治工作司 . 加强和改进大学生思想政治教育重要文献选编（1978—2014）. 北京：知识产权出版社，2015：316.

② 中共中央关于改革学校思想品德和政治理论课程教学的通知（1985 年 8 月）[C]// 教育部思想政治工作司 . 加强和改进大学生思想政治教育重要文献选编（1978—2014）北京：知识产权出版社，2015：38-39.

龄段学生的认知特点，对大中小学思政课课程目标进行一体化设计：小学及初中阶段开设“道德与法治”，小学阶段重在培养学生的道德情感，初中阶段重在打牢学生的思想基础；高中阶段开设“思想政治”课，重在提升学生的政治素养；大学阶段开设“思想政治理论课”，重在增强学生的使命担当。

上海市比较早进行构建大中小幼一体化德育体系尤其是思政课程一体化的探索，积累了丰富的实践经验：2010 年，上海市承担了国家教育体制改革试点项目“整体规划大中小学德育课程”的实践探索；2014 年，将大中小幼德育一体化作为上海教改综合试验的重要内容，在全国率先提出学科德育和课程思政理念，取得了经验成效并在全国推广。比如：2019 年 4 月 30 日，上海市以庆祝五一国际劳动节为契机，进行了一场“劳动创造美好生活”为主题的教学观摩活动，遵循学生身心的成长规律“次第着力”：以“垃圾分类从我做起”的话题切入，用感性、直观的方式对小学生进行劳动教育启蒙，讲清楚“人人都要劳动”的道理；借助社会热点，深化中学生对“崇尚劳动”的理解；启发高中生在思辨中得出“劳动实现人生价值”的道理，阐明了个人劳动创造与国家、社会进步的紧密关系；从马克思主义劳动观出发，帮助大学生理解个人的劳动创造与国家、社会的关联，培养新时代大学生的家国情怀。2020 年，上海大中小学同上“战疫思政课”。其他地区的学校也开始了大中小学一体化的探索：如厦门一中与厦门大学马克思主义学院确定共建“大中小学思政课一体化建设实训基地”；秦皇岛市第一中学和燕山大学马克思主义学院开始探索思政教育共建的模式。2021 年 4 月，“全国大中小学思政课一体化建设实践研究共同体”在北京正式成立，标志着以大中小学共同构成的思政联盟正式成立。大中小学之间思政课的起承转合机制和教学体系日趋完善。

3. 统筹推进各学段教材的一体化建设

2017 年 7 月 3 日，为贯彻落实《关于加强和改进新形势下大中小学教材建设的意见》，进一步做好教材管理有关工作，国务院决定成立国家教材委员会。2019 年 1 月，教育部公示了首批国家教材建设重点研究基地，其中北京师范大学入选国家教材建设重点研究基地（大中小学德育一体化教材研究）。2020 年 1 月，国家教材委员会、教育部印发了全国教材建设规划和四个教材管理办法：《全国大中小学教材建设规划（2019—2022年）》《中小学教材管理办法》《职业院校教材管理办法》《普通高等学校教材管理办法》和《学校选用境外教材管理办法》，明确教材"凡编必审""凡选必审""管建结合"，对各学段教材建设进行系统设计和整体部署，有效避免不同学段课程内容的重复或脱节，提升德育的层次性、有序性和贯通性，切实发挥整体育人的功能。

2020年12月，《新时代学校思想政治理论课改革创新实施方案》提出，在党中央集中统一领导下，国家教材委员会指导和统筹大中小学思政课课程标准、教学大纲和教材的统编统审统用；建立大中小学思政课教材主编和主要编写人员联席沟通制度，定期研究各学段教材编写内容；健全一体化教材建设的编审专家库，加强编写人员与审核专家的沟通交流，发挥审核专家的指导作用；建立一体化教材建设监测反馈机制，跟踪研判评估教材使用情况，为加强教材研究和修订完善提供支撑。加强教材的一体化建设，对于避免不同学段"各自为政""各管一段"，进而"打破围墙""跑好接力赛""共建责任田"具有基础性意义。

4. 促进不同学段教师培养和培训的一体化

2019年，清华大学首次开设思政课骨干教师提升计划教育博士项目，面向中小学思政课一线优秀教师招收攻读博士专业学位研究生，充分发挥了高校的辐射作用，并为师资队伍的一体化建设提供资源平台[①]。2020年12月，《新时代学校思想政治理论课改革创新实施方案》鼓励有条件的高校和中小学组建思政课一体化教学改革创新联合体，并结合教学实践，组织大中小学思政课教师开展交流研讨，共同探讨思政课一体化教学规律。不同学段的学校间要建立长期有效的协作关系，建立教师沟通交流与协同合作的机制，使教师对自身的定位有清晰的坐标，详略得当地进行教学安排，推进教学的递进式发展：如天津市在全市范围内建立跨学段协同机制，要求"每所学校至少与一所跨学段学

① 肖贵清．新时代学校思想政治理论课建设的基本思路[J]. 吉首大学学报（社会科学版），2020，41（2）：33-41.

校签约共建”[①]，定期召开大中小学备课会，建设覆盖不同学段的网络集体备课平台，组织教师跨学段的互听互看，增进交流，加强衔接；建设覆盖不同学段的教学资源库，实现资源共享。

综上所述，思想政治理论课建设必须充分考虑不同学段的学生思想实际，厘清进阶，精准发力，给处在人生“拔节孕穗期”的学生心灵埋下真善美的种子，只有播种适时，才能收获丰厚。

二、研究生阶段与本科阶段思政课的衔接

研究生思想政治理论课是对研究生进行系统马克思主义理论教育的公共必修课。加强和改进研究生思想政治理论课，对于贯彻党的教育方针，培养德才兼备、全面发展的高层次创新人才，巩固马克思主义在意识形态领域指导地位具有重要意义，也是我们探索不同学段思政课建设一体化的重要组成部分。

1. 研究生“87 方案”的实施

研究生教育是高等教育的重要组成部分，是高级人才培养的重要步骤。改革开放前，新中国有研究生教育，没有学位制度。1978 年恢复高考后就开始招收少量的研究生，后来逐年增加。到 1980 年，仅 3 年时间，在学研究生已达 2.2 万人[②]。1986 年，增加了 11 所高校试办研究生院。随着党和国家工作重点转移到以经济建设为中心，对人才提出了更高层次的需要，国家开始考虑恢复和发展研究生教育，并着手建立学位制度。研究生思想政治理论课的教育教学，对提高硕士和博士研究生的思想修养和政治修养，培养他们成为社会主义事业的合格建设者和可靠接班人有重要意义。

改革开放之初，尚未对研究生思想政治理论课的设置进行统一的设置和规定，如 1981 年 3 月，教育部《关于开设自然辩证法方面课程的意见》（教高一字〔014〕号）指出，理工科研究生应该开设自然辩证法方面的课程，有条件的应将其列为必修课；文科研究生是否开设，由各高校自行决定。随着本科生

① 陈欣然 . 天津构建思政课全课程支持体系和教师一体化备课机制，加强实践教学——大中小学融通 循序渐进育人 [N]. 中国教育报，2020-04-17（03）.

② 郝维谦，龙正中 . 高等教育史 [M]. 海口：海南出版社，2000：616.

“85 方案”的实施，研究生思想政治理论课课程体系也日趋规范，明确马克思主义理论教育是“帮助研究生树立辩证唯物主义和历史唯物主义的世界观、确立正确的政治方向和人生观的重要途径”，应该成为研究生的一门必修课①。

1987 年 6 月 15 日，国家教育委员会《关于高等学校研究生马克思主义理论课（公共课）教学的若干规定》要求所有硕士研究生统一设“科学社会主义的理论与实践”课，采用学生自学规定的科学社会主义理论文献、教师进行专题辅导的方式讲授；文科各专业的硕士研究生还要开设“马克思主义经典著作选读”课，采用学生自学规定的马克思主义专著、教师进行专题辅导的方式讲授；理、工、农医科各专业的硕士研究生开设“自然辩证法概论”课。博士研究生阶段文科各专业的开设“马克思主义与当代社会思潮”课程，理、工、农、医科各专业开设“现代科学技术革命与马克思主义”课程，通过撰写结合本专业特点的课程论文的方式结课②（详见表 9-1）。

表 9-1　研究生思想政治理论课的历史沿革

<table>
<tr><th>学段
年份</th><th colspan="3">硕士</th><th colspan="2">博士</th></tr>
<tr><td rowspan="3">1987 年</td><td colspan="2">必修</td><td>“科学社会主义的理论与实践”（36 学时）</td><td rowspan="2">文科</td><td rowspan="2">“马克思主义与当代社会思潮”（200 学时）</td></tr>
<tr><td rowspan="2">选修</td><td>文科</td><td>“马克思主义经典著作选读”（70 学时）</td></tr>
<tr><td>理工农医</td><td>“自然辩证法概论”（54 学时）</td><td>理工农医</td><td>“现代科学技术革命与马克思主义”（200 学时）</td></tr>
<tr><td rowspan="3">1998 年</td><td colspan="2">必修</td><td>“科学社会主义的理论与实践”（36 学时）</td><td>文科</td><td>“马克思主义与当代社会思潮”（54 学时）</td></tr>
<tr><td rowspan="2">选修</td><td>文科</td><td>“马克思主义经典著作选读”（72 学时）</td><td rowspan="2">理工农医</td><td rowspan="2">“现代科学技术革命与马克思主义”（54 学时）</td></tr>
<tr><td>理工农医</td><td>“自然辩证法概论”（54 学时）</td></tr>
</table>

① 中共国家教育委员会党组、中共中央宣传部关于加强研究生思想政治工作的几点意见（1987 年 8 月 12 日）[C]// 教育部思想政治工作司 . 加强和改进大学生思想政治教育重要文献选编（1978—2014）. 北京：知识产权出版社，2015：81.

② 教育部社会科学司 . 普通高校思想政治教育课程文献选编（1949—2008）[M]. 北京：中国人民大学出版社，2008：129-130.

（续表）

2010 年	必修	“中国特色社会主义理论与实践研究”（2 学分，36 学时）	“中国马克思主义与当代”（2 学分，36 学时）
	选修 “自然辩证法概论”（1 学分，18 学时）	“马克思主义与社会科学方法论”（1 学分，18 学时）	“马克思主义经典著作选读”
2012 年	必修	“中国特色社会主义理论与实践研究”（2 学分，36 学时）	“中国马克思主义与当代”（2 学分，36 学时）
	选修	“马克思主义与社会科学方法论”（1 学分，18 学时）	“马克思主义经典著作选读”

2. 研究生“10 方案”的实施

研究生思想政治理论课，能够帮助研究生深入学习和掌握马克思主义基本理论，理解科学社会主义的理论与实践，特别是掌握中国特色社会主义理论体系和建设实践；树立正确的世界观、人生观和价值观，提高运用马克思主义立场、观点、方法分析和解决问题的能力。

自 1987 年在全国高校开设研究生思想政治理论课以来，研究生思想政治理论课课程设置相对稳定，没有随着本科“98 方案”和“05 方案”进行调整。进入 21 世纪以来，随着中国特色社会主义事业深入推进，高等教育的大众化、普及化，研究生教育规模的不断扩大，同时一些学校和专业的研究生学制缩短，从 3 年为主，转变成为 2 年为主。无论是研究生培养制度还是马克思主义创新的社会实践都发生了巨大的变化，对原有课程作出调整已经成为研究生思想政治教育培养的现实要求。研究生的思想政治理论课建设，以及与本科学段的衔接，也越来越引起一线教师和研究者的关注。随着“05 方案”的实施，本科生思想政治理论课课程体系和教学内容进行了较大调整，其中有些教学内容与现行研究生阶段教学内容交叉重复。为更好地与本科生思想政治理论课相衔接，推进构建完整的高校思想政治理论课课程体系和教学体系，要求相应调整研究生课程设置和教学内容，进一步加强和改进研究生思想政治理论教育。2010 年 8 月，中共中央宣传部、教育部发布了《关于高等学校研究生思想政治理论课课程设置调整的意见》（简称“10 方案”）（详见表 9-1）。硕士研究生均开设必修课“中国特色社会主义理论与实践研究”，主要是在当代世界和当代中国背景下，分专题研究和介绍当前中国特色社会主义实践中的重大问题，深化和拓展本科阶段思政课学习，进一步掌握中国特色社会主义理论体系，坚定中国特色社会主义理念。除了必修课程外，硕士研究生还需从“自然辩证法概论”和“马克思主义与社会科学方法论”两门课程中选择一门作为选修课程：“自然辩证法概论”主要进行马克思主义自然辩证法理论的教育，帮助硕士生掌握辩证唯物主义的自然观、科学观、技术观，了解自然界发展和科学技术发展的一般规律，认识科学技术在社会发展中的作用，培养硕士生的创新精神和创新能力；“马克思主义与社会科学方法论”要进行马克思主义社会科学方法论教育，通过深入学习马克思主义观察和分析社会历史的立场、观点和方法，培养硕士生的理论思维能力，帮助硕士生掌握学习和研究哲学社会科学的科学方法。博士研究生开设1门必修课程“中国马克思主义与当代”（占2学分，36个学时），主要运用当代中国马克思主义的基本观点，深入分析当代世界重大社会问题和国际经济政治热点问题、当代科学技术前沿问题和科技社会问题、当代重大社会思潮和理论热点等，帮助博士生进一步提高运用马克思主义立场观点方法分析和解决问题的能力；一门选修课程“马克思主义经典著作选读”，主要是选用马克思主义经典作家代表性原著，帮助博士生学习马克思主义基本原理，深化对当代马克思主义的理解和掌握，这就是研究生思政课的“10方案”。

新课程方案从2010年秋季开始在部分高校先行试点，2011年秋季开始在全国有关高校普遍实施：2012年春季学期开设硕士必修课“中国特色社会主义理论与实践研究”，2012年秋季学期开设博士必修课“中国马克思主义与当代”和选修课“马克思主义经典著作选读”、硕士生的选修课“自然辩证法概论”和“马克思主义与社会科学方法论”。至此，形成了从专科、本科、硕士、博士研究生等不同层次相互衔接，梯次推进，内容更加科学，结构更加合理的思想政治理论课课程体系。

中国特色社会主义进入新时代以来，新形势的变化对研究生思政课的建设提出了新的要求：2020年12月，《新时代学校思想政治理论课改革创新实施方案》提出，硕士研究生阶段设置“新时代中国特色社会主义理论与实践”课，体现了与时俱进的特点，要求专题讲授新时代中国特色社会主义理论和实践的重大问题，帮助学生进一步掌握中国特色社会主义理论体系，深化对习近平新时代中国特色社会主义思想的认识，坚定对马克思主义的信仰、对中国特色社会主义的信念、对实现中华民族伟大复兴中国梦的信心。

3. 研究生思政课程设置的原则

（1）课程的导向性

研究生思想政治理论课是对研究生进行系统马克思主义理论教育的公共必修课。加强和改进研究思政课，对于贯彻党的教育方针，培养德才兼备、全面发展的高层次创新人才，巩固马克思主义在意识形态领域指导地位具有重要意义。

20 世纪 80 年代资产阶级自由化思潮的泛滥，尤其是 1989 年的政治风波，凸显了研究生思想政治教育的重要性。研究生“处于学校教育的高层，是资产阶级意识形态渗透的重点”，因此要特别注意把德育放在研究生工作的首位，“反对和防止研究生教育中的单纯业务观点和单纯学术化倾向，克服研究生思想已趋定型、思想政治教育无所作为的观点和畏难情绪”。尤其是对于文科的研究生，“教学和科研尤其要坚持以马列主义、毛泽东思想为指导，把思想政治教育渗透其中，要增强政治理论课与文科课程的党性、原则性、战斗性”①。这种历史经验对于今天依然有效。研究生思想政治理论课，必须坚持以当代中国马克思主义为指导，坚持马克思主义的立场、观点和方法，贴近研究生思想和学习实际，帮助他们树立正确的世界观、人生观、价值观，坚定中国特色社会主义理想和信念。研究生思政课建设是一项政治性、政策性很强的工作，具有深远的战略意义，必须坚持正确的政治方向。

（2）课程的层次性

如前所述，“85 方案”中开设过“马克思主义原理”课，进行“由分到

① 研究生思想政治教育工作座谈会纪要（1991 年 3 月）[C]// 教育部思想政治工作司 . 加强和改进大学生思想政治教育重要文献选编（1978—2014）. 北京：知识产权出版社，2015：106.

合”的“大原理”的实践，其中的“第九章：社会主义制度的基本特征和多种模式”和“第十章：社会主义制度的自我完善和未来发展”[①]，集中体现了科学社会主义的内容。与硕士研究生的“科学社会主义的理论与实践”的公共必修课，形成了认识的螺旋式上升：本科生课程基本思路是论述科学社会主义的基本原理，探究科学社会主义的真谛。而研究生的课程按照纵向历史发展，分为五个主题：第一，社会主义从空想到科学的发展；第二，社会主义从理论到实践；第三，社会主义国家改革的理论和实践；第四，当代资本主义的新变化与社会主义思潮；第五，科学社会主义在当代世界的命运。以历史逻辑为经、以理论逻辑为纬，阐述社会主义理论在实践中的不断飞跃，更强调其实践性[②]。由于师资队伍和学理支撑等现实条件的限制，“大原理”课未能在此后的“98方案”中继续贯彻执行，“98 方案”“由合到分”，在本科分别设立“马克思主义哲学原理”和“马克思主义政治经济学原理”，与研究生阶段“科学社会主义理论与实践”形成统一的整体。“10 方案”硕士研究生均开设必修课“中国特色社会主义理论与实践研究”，主要是在当代世界和当代中国背景下，分专题研究和介绍当前中国特色社会主义实践中的重大问题，深化和拓展本科阶段思想政治理论课，尤其是“毛泽东思想和中国特色社会主义理论体系概论”的学习，有利于研究生进一步掌握中国特色社会主义理论体系，坚定中国特色社会主义信念。

随着高等教育的大众化，研究生教育的招生和扩招规模也在不断扩大。研究生阶段和本科阶段同在高校之中，课程又都被纳入“马工程”中，教材编写和修订由同一批专家完成，课堂教学也大多由同一批教师完成，虽然与大中小学阶段相比，更具备实行一体化设计的基础和条件，但课程内容重复或“似曾相识”的可能性也更大，需要更清晰的顶层设计和整体谋划。不同学段的课程，核心内容的相对重复是不可避免的，解决问题的关键并不在于消极避

① 国家教委政教司．“马克思主义原理”教学要点（试用稿）说明 [J]. 教学与研究，1988（2）：1-31.

②“科学社会主义的理论与实践”教学要点编写组.《“科学社会主义的理论与实践”教学要点》编写说明 [J]. 教学与研究，1988（4）：24-27.

开，将应讲的内容向更高学段推进，而是应该在加强学术研究、增加理论含量上下功夫。研究生和本科生相比较，对经济社会有更深入的思考和更开阔的视野，对“知其然知其所以然”的要求更为迫切，对授课教师的科研能力要求也更高。而马克思主义理论学科的发展进步是实现不同学段课程螺旋式上升的关键，要充分发挥马克思主义理论学科对思想政治理论课的支撑作用，使研究生的思政课在内容以及深度、广度上区别于本科课程，体现出上台阶的要求。

（3）课程的实效性

研究生思政课的设置调整必须遵循实效性的原则，即紧密联系研究生思想实际和学校教学实际，具体表现为：

第一，思政课与研究生专业学习的适当结合。1987 年 6 月 15 日，国家教委下达《关于高等学校研究生马克思主义理论课（公共课）教学的若干规定》，提出把马克思主义的教育与专业学习适当地结合起来。哲学、社会科学各学科，要坚持以马克思主义为指导，联系我国建设和改革的实践，吸收国内外学术思想中有用的东西，研究并探讨社会主义现代化建设中的新情况、新问题和新经验，提高研究生分析问题、鉴别是非和解决问题的能力；自然科学和工程技术学科，要引导研究生运用马克思主义的认识论、方法论，分析和处理教学和研究中的理论和实践问题。博士研究生阶段文科各专业的开设“马克思主义与当代社会思潮”课和理、工、农、医科各专业的“现代科学技术革命与马克思主义”课，结课方式是结合本专业的特点撰写一篇课程论文。

如前所述，现代科学的发展趋势是综合性越来越高，各学科之间的互相联系互相渗透也越来越强，不仅打破自然科学内部或社会科学内部各门学科的界限，而且也打破自然科学和社会科学之间的界限，学校专业文理科的分野也不那么泾渭分明。因此到“05 方案”实行时，本科阶段的思想政治理论课也不再进行文理科的区分；研究生的思政课的“10 方案”，在硕士阶段设立了全体学生都必修的课程，选修课也不再划分文理科；博士阶段的思政课虽然也设有必修和选修，但也不再进行文理科区分。尽管如此，在教学实践中，仍然需要根据不同地域、不同专业学生的特点，进行精准化设计，紧密联系研究生思想实际和学校教学实际，合理设置和安排教学内容。

第二，增强研究生马克思主义理论教育的现实针对性和说服力。与本科生的思政课相比，研究生课程更具有现实性和关注当代的特点，要坚决贯彻执行理论联系实际的方针，针对研究生的思想实际，及时开展国内外政治经济形势和对外政策的宣传教育，帮助研究生及时了解、理解和掌握党和政府的重大方针、政策，把握根本的政治方向，坚定正确的政治原则。

综上，本科阶段对马克思主义基本原理和马克思主义中国化的理论成果有一个较为全面的认识，初步具备运用马克思主义的立场、观点、方法分析和解决问题的能力。研究生阶段主要帮助学生对中国特色社会主义理论体系有一个更系统、更深入的认识，形成本科、硕士、博士思想政治理论课基本内容相衔接，层次要求有区别的教学体系。

（4）教材建设的规范统筹

“87 方案”实行之初，尚未形成固定的教材，由国家教委政教司组织编写《科学社会主义的理论与实践课教学要点》《科学社会主义的理论与实践课阅读文献选编》和《自然辩证法概论教学要点》，供各校开设必修课“科学社会主义理论与实践”和理、工、农、医专业硕士研究生选修课“自然辩证法概论”时使用，其余文科专业硕士研究生选修课和博士研究生的课程的阅读书目和专题辅导内容，都由各校自行确定[①]。

随着“马克思主义理论研究和建设工程”的实施和“马克思主义理论学科”的发展，到研究生“10 方案”实施时，建设统一规范的教材的条件相对成熟。经中央批准，中宣部、教育部启动了研究生思想政治理论课教学大纲编写工作，并将其纳入马克思主义理论研究和建设工程，2012 年研究生五门课程的大纲经过中央审定，由高等教育出版社正式出版，2013 年、2015 年对教学大纲进行了修订，并于 2018 年正式出版教材。

除了教材建设外，研究生思想政治教育组织和管理也日益规范化：高校把研究生思想政治理论课教学质量作为高校党建和思想政治工作、教学工作评估

① 关于贯彻国家教委《关于高等学校研究生马克思主义理论课（公共课）教学的若干规定》的几点意见（1988 年 2 月 24 日）[C]// 教育部社会科学司 . 普通高校思想政治教育课程文献选编（1949—2008）. 北京：中国人民大学出版社，2008：135.

的重要组成部分；学校领导有专人主管研究生思想政治理论课课程设置的调整和课程建设，学校宣传、教务、研究生教育管理、思想政治理论课教学单位等部门要各负其责，相互配合，共同做好研究生思想政治理论课教育教学工作。《普通高等学校马克思主义学院建设标准（2019 年本）》中规定，除了本、专科思想政治理论课教学应按课程分别设置教研室（组）之外，“研究生思想政治理论课教学可结合实际设置教研室（组）”。独立的建制，有利于教师将课堂教学和自己擅长的研究领域有机结合，实现科研和教学的协调推进。

人的思想发展是连续性和阶段性的统一，因此研究生和大中小学不同学段的思政课要重视连贯性、层次性和有序性，使前一学段的教育成为后一阶段的基础，后一学段教育成为前一学段的提升。实现整体设计、循序渐进、逐步深化，形成不同学段思想政治教育的良性循环，切实提高课程设置的针对性、实效性。

第十章　推进课程思政建设

课程思政是新时代高等教育改革的焦点问题，是指将马克思主义的立场、观点和方法有效地贯穿到各学科的教育教学中，挖掘高校各类课程的思想政治教育资源，所有教师都参与到思想政治教育中来，所有课程都上出“思政味”，构建“大思政”格局。思政课程与课程思政的协同发展，是新时代加强高校思想政治理论课建设的着力点。

一、课程思政的价值内涵

“课程思政”这个名词提出得较晚，但“又红又专”的人才培养标准、德智体美劳全面发展的人才培养目标和“三全育人”的人才教育模式，都充分体现了课程思政的价值内涵。

1.“又红又专”的人才培养标准

1958年9月19日，中共中央、国务院发布了《关于教育工作的指示》，提出并规范了“教育大革命”的主要内容：一是强调教育为无产阶级政治服务，开展红专大辩论；二是强调教育与生产劳动相结合；三是用群众运动的方式办教育。其中“红与专”问题的大讨论，即政治教育与业务学习关系的讨论，对高校思想政治理论课建设产生了深远的影响。1957年9—10月，毛泽东在中共八届三中全会的扩大会议上正式提出了“红与专”人才培养标准，指出“政治是主要的，是第一位的，一定要反对不问政治的倾向。但是，专搞政治，不懂技术，不懂业务，也不行”，因此“我们各行各业的干部都要努力精通技术和业务，使自己成为内行，又红又专”[①]。随后，毛泽东在《工作方法

① 毛泽东文集：第7卷[M]. 北京：人民出版社，1999：309.

六十条（草案）》中再次对“红与专”、政治与业务的对立统一关系进行论证，他指出：“一定要批判不问政治的倾向。一方面要反对空头政治家，另一方面要反对迷失方向的实际家”，强调“不懂得实际的是假红”①，这是对“红与专”关系的正确理性的认识。但是随着“左”倾思想的升级，我们对“红与专”的认识开始出现偏颇：把“红与专”、政治与业务的关系对立起来，强调“红”而忽视“专”，认为“专”就是“白”的代名词。实际上，“又红又专”导向正确，内涵丰富，时至今日也是我们人才培养的标准，是实行课程思政改革的理论依据之一。

20 世纪五六十年代，我们过于强调“红”，“以红代专”给高校思想政治理论课和专业课都造成了消极影响。有鉴于此，1978 年 10 月，《教育部关于讨论和实行全国重点高等学校暂行工作条例（试行草案）的通知》理清“红”与“专”的关系，明确指出：“只有政治上反动，反党反社会主义的，才叫‘白’，把在业务中比较努力，但是在政治上进步较慢，或者政治上处于中间状态的人，指为走‘白专道路’，是不对的。”②随着党和国家工作重心的战略转移，提出实现四个现代化就是最大的政治，这种认识是鉴于历史经验教训的正本清源。但遗憾的是，在纠正“左”的错误的过程中，偏重强调“专”，忽视价值引导和坚持四项基本原则的重要性；“对‘左’的干扰注意得多，对右的干扰注意不够”③。在重视经济建设的同时，放松精神文明建设。邓小平在总结这段历史的经验教训时指出：“我们最近十年的发展是很好。我们最大的失误是在教育方面，思想政治工作薄弱了，教育发展不够。”④如习近平总书记所说，历史是最好的清醒剂，历史是最好的教科书。历史的经验和教训使我们对

① 毛泽东文集：第 7 卷 [M]. 北京：人民出版社，1999：351-352.

② 教育部思想政治工作司 . 加强和改进大学生思想政治教育重要文献汇编（1978—2014）[M]. 北京：知识产权出版社，2015（11）： 2.

③ 中共中央文献研究室 . 十二大以来重要文献选编（下）[M]. 北京：中央文献出版社，2011：161.

④ 中共中央文献研究室 . 十三大以来重要文献选编（上）[M]. 北京：中央文献出版社，2011：421.

“红与专”辩证统一关系的认识更加清晰：“红”能够为“专”提供正确方向和发展动力，“学生把坚定正确的政治方向放在第一位，这不仅不排斥学习科学文化，相反，政治觉悟越是高，为革命学习科学文化就应该越加自觉，越加刻苦”[1]。而“专”有利于“红”，“不管你搞哪一行，你不专，你不懂，你去瞎指挥，损害了人民的利益，耽误了生产建设的发展，就谈不上是红”[2]，没有智育作基础，很难进行有效的德育。

2. 德智体美劳的人才培养目标

自古以来，中国就重视德才兼备的人才标准，习近平总书记也强调“德才兼备，方堪重任”。新中国成立后，人才的培养目标始终坚持育人为本，德育为先，并逐步发展完善：1953 年中共中央提出“三好”的方针，从 1954 年开始，学校开始进行“三好学生”的评选，“三好”是指思想品德好，学习好，身体好，蕴含德智体全面发展的培养目标。1957 年，毛泽东在《关于正确处理人民内部矛盾的问题》中指出：“我们的教育方针，应该使受教育者在德育、智育、体育几方面都得到发展，成为有社会主义觉悟的有文化的劳动者。”1985 年，全国共青团思想政治工作会议上提出：要加强和改进新时期的青年思想政治工作，在四化建设的伟大实践中培养和造就一代有理想、有道德、有文化、有纪律的共产主义新人。1986 年，党的十二届六中全会通过了《中共中央关于社会主义精神文明建设指导方针的决议》，规定了培养“四有新人”是社会主义精神文明建设的根本任务，也体现了德育为先的价值理念。1995 年，《中华人民共和国教育法》第五条明确规定：“培养德、智、体等方面全面发展的社会主义事业的建设者和接班人”，成为我国教育方针明确规定的培养目标。2015 年 12 月，《关于修改〈中华人民共和国教育法〉的决定》对中华人民共和国《教育法》第五条“全面发展”的界定增加了一个“美”字，表述为“德、智、体、美等方面全面发展”。2018 年 9 月 10 日，习近平总书记在全国教育大会上的讲话中提出“培养德智体美劳全面发展的社会主义建设者和接班

① 邓小平文选：第 2 卷 [M]. 北京：人民出版社，1994：104.

② 邓小平文选：第 2 卷 [M]. 北京：人民出版社，1994：262.

人”，将“劳育”纳入全面发展的要求，成为教育培养体系的重要构成部分。“劳育”首先是劳动观念的教育、劳动精神的培育，其次是劳动知识、劳动技能的教育和劳动能力的培养。

新中国成立后，对人的全面发展的要求是逐渐拓展深化的。而在人的全面发展中，德育始终是首位，所谓“业务学习像磨刀，政治学习是要知道刀为谁用和为什么用”①。正确的政治站位能够引导学生在纷繁复杂的社会思潮和社会事件中，作出正确的价值判断。

3.“三全育人”的人才培养模式

“三全育人”是加强改进新形势下高校思想政治工作、全面落实立德树人根本任务的战略举措。具体说来，“全员育人”是指发动全体教师、全体教职工，动员全社会的力量，在主体参与上构建一体化育人体系。“全程育人”是指在时间维度上，根据学生从入校到毕业不同时段要求，分层次进行思想政治教育。“全方位育人”是指在空间维度上，实现家庭、学校和社会教育的一体化，在广阔的时空领域中，营造立德树人的整体育人氛围。

意识形态工作对于任何国家都是十分重要的，需要通过意识形态工作维系社会制度，巩固阶级统治，培养自己的接班人，只是培养目标、教育内容、实施途径和手段不同。曾任国家教委政教司司长的徐文良认为：“西方发达国家的意识形态工作具有很大的隐蔽性，资产阶级世界观、人生观、价值观、道德观对学生的熏陶是渗透在社会生活与学校教育各个方面的。”② 在20世纪90年代去德国考察后，徐文良总结：“在德国接触到的最重要的是，他们对学生的思想意识形态工作与我们的不同，这些工作主要不是靠学校来进行的，而是社会化的”③，德国形成一套行之有效的对学生进行思想政治教育的体制，概括起

① 段忠桥 . 建国以来普通高校马克思主义理论课和思想品德课课程设置及教学内容历史沿革资料汇编（上编）[M]. 北京：高等教育出版社，2004：63.

② 徐文良 . 难忘的历程——高等学校思想政治教育的回顾与思考 [M]. 长春：吉林人民出版社，2008：4.

③ 中国高等教育学会 . 改革开放 30 年中国高等教育改革亲历者口述纪实（1978—2008）[M]. 北京：教育科学出版社，2008：283.

来就是“一是重环境控制，二是靠社会性运作，三是导向鲜明”①。课程思政为全员、全过程、全方位育人和“大思政”格局的构建提供了平台和载体。比如燕山大学艺术与设计学院开设的“设计导论”课，鼓励产教融合，一方面邀请行业专家、设计师来校举办讲座或开设工作坊，向学生传授实践经验；另一方面，组织学生参加有行业影响力的设计单位，由专业教师或行业带头人进行现场教学，让学生对设计行业现状、企业文化和公司制度有深入了解。使学生能够将专业性职业伦理操守与职业道德教育融为一体，提升思想道德修养，将设计运用与当前国家的发展和民族复兴结合起来。

正确认识“红与专”关系，坚持人的全面发展和“三全育人”理念，是实现思想政治理论课和各门课程协同育人的前提，也是课程思政的价值内涵。

二、课程思政的历史发展

课程思政的本质是将思想政治教育元素融入各类课程中，虽然近年来才成为耳熟能详的教学改革实践，但其出现和生成有着深厚的历史渊源和清晰的逻辑线索。课程思政进一步的优化升级，需要充分吸纳历史智慧，获得规律性的认识，因此需要对课程思政的发展轨迹进行历史梳理。

1. 各门课程同向同行的历史经验

新中国成立初期，虽然没有课程思政的提法，但在教学实践中是“有其实无其名”的，充分体现了课程思政的精神内核：如 1950 年时任共青团中央副书记的蒋南翔提出“学校中的思想政治教育，应该不仅仅是政治课程所单独担当的任务，学校中的每一门功课都不仅要传授某一种知识，同时还要贯彻正确的思想内容”②。1955 年 4 月，高教部副部长刘子载在高等工业学校、综合大学校院长座谈会上的发言指出：“培养学生马克思列宁主义世界观和共产主义道德品质，每位教师都负有重大的责任。一切新中国的教师，不管他们教哪门课程，都应在教学中对学生进行政治思想教育，不应该只注重传授业务技术知

① 徐文良．难忘的历程——高等学校思想政治教育的回顾与思考 [M]. 长春：吉林人民出版社，2008：130.

② 吴小妮．新中国成立初期的思想政治理论课建设 [N]. 光明日报，2019-09-06（11）.

识，还应该结合业务技术知识的教育随时进行政治思想教育和道德品质教育。应在可能的条件下，关心学生的课外活动，关怀学生的日常生活，注意学生的思想情况，对他们进行教育工作。经验证明：只有这样通过全体教师渗透到各个教学环节（这是最主要的方面）和适当的课外活动中进行，才能使思想政治教育工作变得更加丰富，更加深入，更加多样化，更适合青年特点，使工作更为有效。”[①] 这个时期重视高校各门课程的思想政治教育功能的发挥，有新生政权提升意识形态话语权的考虑。

改革开放后，尤其是 20 世纪 80 年代中后期，由于受国际“大气候”和国内“小气候”的影响，资产阶级自由化思潮暗流涌动，蔓延泛滥，给党和国家带来严重的危害。此后，高校更加重视思想政治工作，重视其他课程思想政治教育功能的发挥：如 1987 年 5 月 29 日《中共中央关于改进和加强高等学校思想政治工作的决定》提出：“哲学社会科学和文学艺术课程，应坚持以马克思主义为指导，努力联系我国改革和建设的实践，把思想政治教育贯穿到教学环节中去”，同时自然科学类课程也不能置身事外，“要注意讲述本专业在我国社会主义建设中的成就和当前要解决的重大课题，要把进行辩证唯物主义、历史唯物主义的教育同阐明本专业的理论、方法科学地结合起来”[②]。1994 年 8 月 31 日，《中共中央关于进一步加强和改进学校德育工作的若干意见》提出：“按照不同学科的特点，促进各类学科与课程同德育的有机结合，在教育改革中积极探索，总结经验，并及时加以规范，形成稳定机制。”[③]2000 年，高校“两课”教学指导委员会第二次工作会议中指出，“两课”绝不仅仅是“两课”职能部门和“两课”教师的事，它事关国家未来的前途、命运。“要加强‘两课’教育教学与智育、人文教育的综合与渗透。‘两课’教育教学在学校不是

① 教育部社会科学司 . 普通高校思想政治理论课文献选编（1949—2008）[M]. 北京：中国人民大学出版社，2008：22.

② 教育部思想政治工作司 . 加强和改进大学生思想政治教育重要文献汇编（1978—2014）[M]. 北京：知识产权出版社，2015：71.

③ 教育部社会科学司 . 普通高校思想政治理论课文献选编（1949—2008）[M]. 北京：中国人民大学出版社，2008：154.

孤立进行的，学生的各门业务课以至学校的课外讲坛，都对学生的世界观形成产生影响。因此，要强调教师育人的责任。校内举办的讲座，应在内容和人员的选择方面采取慎重态度。”[①]2004年，中共中央、国务院在《关于进一步加强和改进大学生思想政治教育的意见》中强调：“要深入发掘各类课程的思想政治教育资源，在传授专业知识过程中加强思想政治教育”，使学生在学习科学文化知识的同时，加强思想道德修养，提高政治觉悟。

综上，推动思想政治理论课与其他专业课的同向同行，我们较早就有了明确的指导思想，并开始进行零散实践，但是尚未形成系统的理论和统一的行动。但是这些思维火花和探索经验可以视作全员、全过程、全方位育人和“大思政”的先导，为今天课程思政改革提供了借鉴和启示。

2. 课程思政改革的“上海经验”

2014年，上海市先行一步，率先进行课程思政的改革和示范，出台了《上海高校课程思政教育教学体系建设专项计划》，各高校成立“课程思政”改革领导小组，党委书记亲自担任组长，加强顶层设计和统筹协调，推进体制机制创新，构建思想政治理论课、综合素养课程和专业教育课程三位一体的，360度“熔炉式”的课程模式，形成了广泛的示范效应和深远的影响力。“上海经验”为课程思政改革的全面铺开起到了重要的示范作用。概括而言，“上海经验”主要体现在：

第一，课程思政改革充分体现学校的办学定位和专业特色。“课程思政”改革中，上海各高校根据自身的办学特色和专业特点，开设了“中国系列”选修课：华东政法大学的“法治中国”、上海海事大学的“走向深蓝”、上海应用技术大学的“智造中国”、上海对外经贸大学的“人文中国”、上海第二工业大学的“大国工匠”、上海外国语大学开设的“中外时文选读”课程等，充分发挥了自身的特色。上海中医药大学的“人体解剖学”课程，不仅传授解剖技能，更注重学生对生命意义的思考，使学生对敬畏生命、无私奉献等价值观产

---

① 穆梓.高校“两课”教学指导委员会第二次工作会议纪要[J].思想理论教育导刊，2000（2）：7-9.

生共鸣。这些课程以润物无声的形式将正确的价值追求和理想信念有效传导给学生。课程思政需要根据学生的专业特点，因势利导、因材施教，精准把脉思想需求，精准确定教育内容，精准设计教育方式，满足人的差异化需求，提高立德树人的灵活性。

第二，课程思政改革充分体现了“三全育人”理念。在课程思政改革中，上海各高校的党政领导上讲台授课，构建了高校党委统一领导、党政各部门共同负责、各院系普遍参与的“大思政”格局，直面因合力不足而导致思想政治工作实效性不强的症结，从根本上突破条块分割、各自为战、缺乏协同的育人困境，形成整体合力。除了高校外，课程思政还体现了社会力量的广泛参与：上海大学首创的多学科教师协同上思想政治理论课的“项链模式”：即一门课程不是由专职思政教师从头到尾单独完成，而是充分利于社会力量，积极引入名师大家、党政领导、企业高管等各条战线精英人物，登上讲台，以自身的学科背景和工作经历，像珍珠般串起思想政治理论课的脉络和主线。

上海市的探索，形成了一套有价值、可推广的经验，逐渐得到教育部的认可和重视，并在各高校全面铺开。

3. 课程思政的全面铺开

新时代的思想政治理论课建设重视各学段的纵向有效衔接和相关学科、课程的横向协调配合，充分体现了“纵向到底，横向到边”的整体性和系统性特点。2016 年 12 月，习近平总书记在全国高校思想政治工作会议上强调：“其他各门课都要守好一段渠、种好责任田，使各类课程与思想政治理论课同向同行，形成协同效应。”2017 年 6 月 23 日，教育部召开高校思想政治理论课教学质量年上海调研片会暨高校课程思政现场推进会，肯定上海课程思政的实践和经验，并向全国推广。12 月，发布的《高校思想政治工作质量提升工程实施纲要》中，明确提出了课程思政的概念，并勾勒教学改革的路线图：优化课程设置，修订专业教材，完善教学设计，加强教学管理，梳理各门专业课程所蕴含的思想政治教育元素，发挥各门课程所承载的思想政治教育功能，实现思想政治教育与知识体系教育的有机统一。2019 年 8 月 14 日，《关于深化新时代学校思想政治理论课改革创新的若干意见》提出了推进课程思政的具体要求："建成一批课程思政示范高校，推出一批课程思政示范课程，选树一批课程思政教学名师和团队，建设一批高校课程思政教学研究示范中心"，使课程思政建设更上一层楼。2020 年 5 月，教育部印发了《高等学校课程思政建设指导纲要》，进一步明确课程思政的内容重点，提出设计公共基础课程、专业教育课程和实践类课程的课程思政教学体系，并对如何结合专业特点分类推进课程思政建设作出了详细规定。课程思政由基层探索到中央认可，从经验积累到理论总结，在全国各个高校全面铺开。

"课程思政"理念的提出，有其历史路径和内在逻辑。新中国成立后，高校重视其他课程思想政治教育功能的发挥，形成了三次高潮：第一次是新中国成立后，有提升新生政权意识形态领导权的考虑；第二次是苏东剧变前后，在社会主义低潮的背景下，有抵御资产阶级自由化思潮侵蚀的需要；第三次即新时代的课程思政的实践，既有出于新时代意识形态工作的复杂性和艰巨性的考量，也是在长期探索中形成的重要经验和共识。课程思政从点到面，从理论号召到实践落实，从"自在"到"自觉"的演进逻辑，体现了历史和逻辑的有机统一。

上编梳理了改革开放以来高校思政课建设的历史沿革，但是这种历史梳理不是严格意义上的分期式总结，而是一种宏观划分和基本勾勒，目的是把握脉络，总结规律，为今天提供智慧和启示。虽然本书是从课程体系、学科建设、教材建设、师资队伍建设、教学方法和机构设置等方面进行分类的梳理，但是高校思想政治理论课建设不是枝节性的、局部性的改革和调整，而是整体性的、综合性的建设和提升。今后高校思政课实效性的提升，也需要遵循马克思主义理论的整体性原则，重视各种要素的系统性和协同性。

下编 经验篇

守正与创新是辩证唯物主义运用于思想政治理论课建设的生动体现。“守正是指牢牢守住价值引领的初心，创新是指在遵循规律的基础上大胆变革、推陈出新。如果没有守正，就会迷失方向；如果没有创新，就会弱化引导功能。”[①] 新中国成立后，高校思想政治教育取得的正反两方面经验，为新时代高校思想政治理论课建设的进一步发展创造了有利条件。马克思说：“人们自己创造自己的历史，但是他们并不能随心所欲地创造，并不是在他们选定的条件下创造，而是在直接碰到的、既定的、从过去承继下来的条件下创造。”[②] 思想政治理论课建设的提质升级，离不开对历史经验的勾陈和借鉴。回顾过去，是为了更好地把握现在，展望未来。

2019 年 3 月 18 日，习近平总书记主持召开了学校思想政治理论课教师座谈会，着眼世界百年未有之大变局与党和国家事业发展全局，结合教书育人规律和学生成长需求，直面当前思政课建设面临的突出矛盾，对一些长期困扰一线教师的理论和现实问题作出鞭辟入里的分析。习近平总书记在座谈会上提出推动思想政治理论课改革创新的“八个相统一”：政治性和学理性相统一、价值性和知识性相统一、建设性和批判性相统一、理论性和实践性相统一、统一性和多样性相统一、主导性和主体性相统一、灌输性和启发性相统一、显性教育和隐性教育相统一。这“八个相统一”具有丰富的理论内涵和严谨的逻辑结构，是思想政治理论课教育教学规律的集中体现，也指明了思想政治理论课改革创新的方向。

① 高校思政课教学的守正与创新（人民观察）——访华中科技大学马克思主义学院院长黄岭峻 [EB/OL].（2019-01-25）.http：//opinion.people.com.cn/n1/2019/0125/c1003-30589927.html.

② 马克思恩格斯文集：第 2 卷 [M]. 北京：人民出版社，2009：470-471.

第十一章 坚持党对思政课建设和改革的全面领导

党的领导是中国特色社会主义制度的本质特征和显著优势，思想政治理论课是高校贯彻党的教育方针、体现社会主义办学方向的显著标志。改革开放以来，加强党对思政课建设的全面领导，对课程建设的各个领域和环节进行顶层设计，不断提升思政课的建设水平，不忘初心、始终如一地推进思政课朝着让学生“真心喜爱、终身受益”的方向迈进，积累了宝贵的经验。

一、确保思政课建设与党的意识形态和理论创新同向同步

马克思主义是中国共产党的指导思想，是思政课的基本内容，思政课是高校完成铸魂育人任务的关键课程，“在马信马”，是办好思政课的前提。党的领导是促进思政课建设沿着正确方向发展的根本保证，思政课建设与党的意识形态同向，与党的理论创新同步，能够巩固思政课意识形态主阵地的作用，使马克思主义真正发挥当代价值，指导大学生学马、信马、用马，始终坚定实现共产主义远大理想的信念。

1. 思政课建设与党的意识形态同向

中国共产党的指导思想和思想政治理论课的主要内容都是马克思主义。思政课传播马克思主义意识形态，用马克思主义“三观”占领大学生思想阵地，与中国共产党意识形态一致，是党领导思政课建设的直接体现。

改革开放初期，为了更好地适应党和国家巩固意识形态的需要，党中央出台了一系列文件加强和改进高校思政课程体系。如 1978 年 4 月，《教育部办公厅关于加强高等学校马列主义理论教育的意见》中指出：“马克思主义理论

是社会主义各类高等学校要学的必修课”[①]，强调大学生马列主义课，学习马列主义、毛泽东思想的必要性。1980年，教育部《改进和加强高等学校马列主义课的试行办法》强调加强党对思政课建设的领导，是改进马列主义课、使高校适应改革开放新形势的必然途径。“85方案”进行大刀阔斧的课程体系改革，用“马克思主义原理”课代替了之前的“马列主义基础”课，对马克思主义的三个组成部分进行了系统的整合，保证大学生学好、用好马克思主义基本原理，引导学生认清并履行好作为社会主义接班人的历史重任，成为坚定马克思主义指导地位的中坚力量；“98方案”充分考虑必要性和可能性统一，开设了“马克思主义哲学”和“马克思主义政治经济学”，增强了马克思主义的现实解释力和说服力；“05方案”对课程体系进行进一步的调整，开设了“马克思主义基本原理概论”课，并形成了四门主干课程功能互补的课程方案，牢牢占领大学生的思想阵地。总之，改革开放以后中国共产党领导下的高校思想政治理论课建设，始终坚持把马克思主义作为指导思想，引导高校师生不忘初心跟党走，为党的事业奠定坚实的后盾。

2. 思政课建设与党的理论创新同步

中国共产党是重视理论指导、富于理论创新的政党。随着改革开放的不断深入，党的指导思想不断与时俱进，高校思想政治理论课也不断地完善课程体系，更新教学内容，推进马克思主义中国化的最新理论成果进教材、进课堂、进头脑，体现与党的理论创新同步。毛泽东思想是马克思主义中国化的第一次历史性飞跃，也是新中国成立后高校思政课讲授的重点内容之一，体现在不同历史时期开设的“新民主主义论”“中国革命史”“毛泽东思想概论”及“毛泽东思想、邓小平理论和‘三个代表’重要思想概论”（2017年后改为“毛泽东思想和中国特色社会主义理论体系概论”）等课程中。“85方案”体现出以邓小平中国特色社会主义理论为中心内容的特点：1994年8月《中共中央关于进一步加强和改进学校德育工作的若干意见》和1995年10月《关于高校马克

① 教育部社会科学司．普通高校思想政治理论课文献选编（1949—2008）[M]. 北京：中国人民大学出版社，2008：70.

思主义理论课和思想品德课教学改革的若干意见》都提出“两课”教学要以邓小平同志建设中国特色社会主义理论为中心内容。1997年，党的十五大把邓小平建设中国特色社会主义理论正式命名为“邓小平理论”，并确立为党的指导思想，写进了党章。党的理论创新和指导思想的与时俱进，对高校思政课提出了新任务和新要求：1998年4月28日，中宣部、教育部下发了《关于普通高等学校开设“邓小平理论概论”课的通知》，要求从1998年秋季开始，开设“邓小平理论概论”课，把“马克思主义原理”中“科学社会主义论”的内容和“中国革命史”中关于1956年以后的内容，融合到这一课程中进行讲授；1998年6月，中宣部、教育部在《关于普通高等学校“两课”课程设置的规定及其实施工作的意见》提出解决好邓小平理论“进教材，进课堂，进头脑”的主要任务，“三进”的提法也沿用至今。马克思主义中国化最新理论成果“三进”，要体现“一门为主，多门渗透”的原则：“一门为主”即开设专门课程全面、系统地介绍马克思主义中国化最新理论成果；“多门渗透”即其他课程需要根据自身的特点作必要的统筹分工，从不同侧面或不同角度强化教学效果，保证了高校思想政治理论课的现实解释力。“98方案”突出了邓小平理论在“两课”教学中的中心地位，“一门为主，多门渗透”不仅有效避免了不必要的重复和交叉，而且每门课程各有侧重，统筹分工，强化了课程体系内在逻辑的衔接。

进入新世纪新阶段，以江泽民同志为核心的党中央，在总结历史经验的基础上，全面阐述了“三个代表”重要思想的科学内涵。2002年11月，党的十六大把“三个代表”重要思想写入新修改的党章中。2003年后，各高等学校将“邓小平理论概论”课调整为“邓小平理论和‘三个代表’重要思想概论”课，在内容上吸纳马克思主义中国化最新成果，充分体现了马克思主义与时俱进的理论品质，形成有鲜明时代性的课程体系。“05方案”实行之初，将两门课程整合，开设了“毛泽东思想、邓小平理论和‘三个代表’重要思想概论”。2007年党的十七大，提出了“中国特色社会主义理论体系”的科学命题，明确指出中国特色社会主义理论体系是“包括邓小平理论、‘三个代表’重要思想以及科学发展观等重大战略思想在内的科学理论体系”。2009年将这门课程名称调整为“毛泽东思想和中国特色社会主义理论体系概论”。2012 年党的十八大，把科学发展观列入党的指导思想，并体现在思想政治理论课的教学中。2017 年党的十九大提出了“习近平新时代中国特色社会主义思想”，为新时代中国特色社会主义建设，以及中华民族伟大复兴提供了思想指南和理论指导。2019 年 8 月，在《关于深化新时代学校思想政治理论课改革创新的若干意见》中，要求全国重点马克思主义学院在原有“4+1”课程体系的基础上，率先全面开设“习近平新时代中国特色社会主义思想概论”课，系统地学习马克思主义最新理论成果，进行思想政治理论课的创新和探索。

改革开放后，思想政治理论课始终“以马克思主义中国化最新理论成果为中心内容，完善思想政治理论课的课程体系”①，与党的创新理论同步，保证课程的吸引力和说服力。

二、强化思政课“四个服务”的意识

“四个服务”是课程建设的基本出发点和归宿，坚定大学生“四个自信”是课程建设的目标和意义。思政课能否做到“四个服务”，能否坚定大学生“四个自信”，直接关系着思政课能否坚守思想政治教育的主阵地。

1. 思政课建设要做到“四个服务”

“为了谁”的问题是教育的根本性问题，也是改革开放以来中国共产党通过思想政治理论课对学生进行政治教育的核心问题。2016 年 12 月，习近平总书记在全国高校思想政治工作会议上的讲话中强调：“我国高等教育发展方向要同我国发展的现实目标和未来方向紧密联系在一起，为人民服务，为中国共产党治国理政服务，为巩固和发展中国特色社会主义制度服务，为改革开放和社会主义现代化建设服务。”② 这既是对改革开放四十年高等教育办学经验的总结，也对新时代高等教育如何发展提出了明确要求。改革开放以来，思政课建设始终牢牢坚持“四个服务”的教学方向和理念，为国家和社会培养可靠、有

① 中共中央文献研究室．十六大以来重要文献选编（中）[M]. 北京：中央文献出版社，2011：651.

② 习近平．习近平谈治国理政：第 2 卷 [M]. 北京：外文出版社，2017：376-377.

用的各类人才。

（1）“为人民服务”

历史唯物主义认为，人民是历史的创造者，群众是真正的英雄。习近平总书记提出：“历史是人民书写的，一切成就归功于人民。只要我们深深扎根人民、紧紧依靠人民，就可以获得无穷的力量，风雨无阻，奋勇向前。”中国共产党坚持和践行全心全意为人民服务的根本宗旨，依靠广大人民群众取得伟大事业的成功。而教育为谁服务是一个根本性的问题，新时代的青年学生就是明天的建设者，思政课作为引领大学生价值观形成的关键课程，要履行关心青年学生成长的重要责任，贯彻以人为本的理念，打牢思政课的精神根基。

（2）“为共产党治国理政服务”

“中国共产党是代表中国最广大人民根本利益的先进政党，是中国特色社会主义事业的领导核心。党的利益和人民利益从根本上来说是一致的、统一的，实现人民利益的过程同党治国理政的过程也是内在统一的。……正是从这个意义上说，教育要想坚持为人民服务就必须同时坚持为中国共产党治国理政服务，教育必须为党治国理政提供坚实的文化基础和人才支撑。”① 思政课是落实立德树人根本任务的关键课程，是我国培养一代又一代社会主义接班人的重要阵地。新中国成立以来，党对高校的领导逐渐强化，思政课要明确办学方向，加强学科建设，把党的方针政策落实到位，为党治国理政提供强有力的保证。

（3）“为巩固和发展中国特色社会主义制度服务”

新中国成立后，从站起来到富起来再到强起来，我国的社会主义制度优势日益彰显，尤其在新冠疫情的防控中，全国人民在党中央的领导下，众志成城，英勇奋战，有效的疫情防控是中国制度优势的最好印证，而党的领导是打赢疫情防控战的根本保证。在全球化的背景下，通过思想政治理论课，加强对大学生的意识形态教育，坚定大学生的爱国主义情感，为坚持和完善中国特色

---

① 韩振峰．高校思想政治工作必须强化“四个服务”意识 [EB/OL].（2017-02-10）.https：//theory.gmw.cn/2017-02/10/content_23694551.htm.

社会主义提供了精神动力。为了保证中国特色社会主义事业更好地发展，教育也要毫不动摇地为巩固和发展中国特色社会主义制度服务。

（4）“为改革开放和社会主义现代化建设服务”

改革开放是我们党的一次伟大觉醒。新时代的大学生要努力适应社会的历史潮流，紧跟时代步伐，为实现中国梦奋斗，这就需要对大学生进行思想政治教育，而思政课是立德树人的关键课程，承担着重要使命，要为实现“两个一百年”奋斗目标和中华民族伟大复兴的中国梦提供人才保障和智力支持。高校党委要落实办学治校的主体责任，确保高等教育事业始终沿着正确方向健康发展。

“四个服务”是一个有机的统一体，内在地统一于高校思想政治理论课建设的全过程中。改革开放以来，党领导思政课建设的实践告诉我们，加强思政课“四个服务”的意识，对于为党、为国家、为社会培养优秀人才具有重要的意义。

2. 思政课建设要坚定大学生“四个自信”

党的十八大报告中明确提出“三个自信”，即中国特色社会主义的道路自信、理论自信、制度自信，在2016年庆祝中国共产党成立95周年大会上，习近平总书记强调，“全党要坚定道路自信、理论自信、制度自信、文化自信”，比较之前加入了“文化自信”的内容，将“三个自信”上升为“四个自信”。道路自信是对发展方向和未来命运的自信，坚持道路自信，就是要全党和全国人民坚定“中国特色社会主义道路是实现社会主义现代化的必由之路，是创造人民美好生活的必由之路”的信念；理论自信是对党的中国特色社会主义理论体系的科学性、真理性与正确性的自信；制度自信是对中国特色社会主义制度具有制度优势的自信，是建立在保证中国各项事业顺利开展的现实基础上的，学生能够从现实多个维度感知；文化自信是对中华优秀文化传统的自豪感和社会主义文化先进性的自觉性，以及努力实现中华民族伟大复兴的坚定信念。虽然“四个自信”的提出具有晚近性，但能够坚定中国特色社会主义道路、理论、制度、文化的自信，是改革开放以来高校思政课建设的重要内容和核心目标，也是新时代合格人才的显著标志。进入新时代以来，尽管马克思主义的主导地位不断凸显，但是普世价值、宪政民主、民粹主义、新权威主义、新自由主义、虚无主义等社会思潮，还是在一定范围内影响了大学生的思想认识。因此，思想政治理论课要充分彰显“四个自信”的要求，在新时代充分发挥思想政治教育主渠道的作用。

改革开放以来党领导思政课建设的实践告诉我们，培养大学生“四个服务”的意识，坚定大学生的“四个自信”，是党领导下的思政课建设的重点，也是思政课要实现的目标。

三、多措并举提升思政课教学实效性

创新是引领高校思政课建设不断向前进步，提升课程针对性、实效性的动力。改革开放以来，从课程体系、教学内容、教材编写到教学方法、实践教学等，党中央对思想政治理论课建设的领导，突出体现在各方面统筹规划、整体设计、不断创新上。

从课程体系上看，从“85 方案”到“98 方案”再到“05 方案”的历史演进中，每一次新方案出台都是党中央亲自部署、组织调研、制订方案、组织实施，顶层设计之严密，战略部署之得力，是课程方案在不同历史时期能够得到切实推广的重要前提。如“85 方案”和“98 方案”形成的“两课”架构，突破了新中国成立后高校思政课只讲马列主义理论的单一模式，将思想品德课列入其中。二者同时并举，体现我们继承了中国优秀传统文化中“重德”的特点，同时也显示彰显了中国特色社会主义思想政治教育的独特优势。

从教学内容上看，改革开放以来，高校思政课在不削弱对马克思主义基本理论以及马克思主义中国化的早期成果——毛泽东思想教学的同时，结合改革开放后建设中国特色社会主义建设的实际，通过邓小平理论、“三个代表”重要思想、科学发展观、习近平新时代中国特色社会主义的“三进”，实现教学内容与中国改革开放的伟大历史进程同步，与中国共产党的理论创新同步，使学生更深刻地认识到中国共产党在社会主义建设中的地位和作用。

从教学方法的改革上看，改革开放以来，从强调学马列“要精要管用”“要理论联系实际”“抓好教学环节”，到提倡启发式教学，组织学生参加社会实践；从一门课程、一个地区的教学改革“先行试点”，到面向全国、整体铺开的全面启动；从提出“高校马克思主义理论教育要正确认识和处理坚持理论性、系统性和科学性同坚持思想性、针对性和现实性的关系”[①]，到提出“八个相统一”，党中央及各级教育主管部门多次颁布教学改革的意见、措施，提倡思政课教学要“四个结合”：即结合中国改革开放 40 年来的实践经验，结合中国特色社会主义建设的具体实际，结合世界多极化、经济全球化的实际，结合网络时代青年的思想实际。不断探索思政课教学的新形式和新途径，提高思政课教学的时代性、针对性、精准性、实效性。

改革开放以来，党领导思政课建设积累了很多宝贵的经验，善于总结，才能更好地开辟未来。思政课不仅是门课程，更是党的方针政策的传递，思政课只有在党的领导下牢牢把握社会主义的办学方向，勇于面对新情况新挑战，始终把培养德智体美劳全面发展的社会主义事业接班人作为办学目标，守正创新，才能为党的伟大事业培养出更多人才。

① 国家教育委员会关于加强和改进高等学校马克思主义理论教育的若干意见（1991 年 8 月 3 日）[C]// 教育部社会科学司 . 普通高校思想政治理论课文献选编（1949—2008）. 北京：中国人民大学出版社，2008：139.

第十二章　坚持思政课政治性与学理性的内在统一

2019 年，习近平总书记在学校思想政治理论课教师座谈会上提出的推动思想政治理论课改革创新的“八个相统一”中，坚持政治性和学理性相统一居于首位，其他各项要求无不反映着、渗透着政治性和学理性相统一的要求。政治性是指课程鲜明的政治立场，学理性是指课程丰富的理论含量，政治性是灵魂，学理性是基础，二者内在统一于思想政治理论课的教学实践中。明确政治性和学理性在课程建设中的基本定位，厘清二者统一的历史逻辑和内在机理，掌握实现二者统一的实践路径，对于办好思政课，让大学生真心喜爱、终身受益，取得立德树人的实效性意义重大。

一、政治性是思政课的本质属性

高校思想政治理论课是对大学生进行思想政治教育的主渠道，是落实立德树人根本任务的关键课程，承担着培养中国特色社会主义建设者和接班人的重大政治任务，具有鲜明的政治属性。

1. 鲜明的政治性是思政课的显著特征

思想政治理论课以马克思主义理论和马克思主义中国化的最新理论成果来塑造学生的思想意识、思维方式和价值观念。与其他专业课程不同的是，思政课在向学生全面系统地讲授知识体系的同时，更重要的是引导青年学生树立正确的世界观、人生观和价值观，培育和践行社会主义核心价值观。新中国成立以来，尤其是改革开放以来，高校在复杂的国际国内环境中能够始终坚持社会主义办学方向不动摇，始终用马克思主义中国化的理论成果武装青年头脑，思想政治理论课发挥了不可替代的主渠道作用。

实现中华民族伟大复兴的中国梦是新时代中华民族最根本的政治追求。习近平总书记指出："当前形势下，办好思政课，要放在世界百年未有之大变局、党和国家事业发展全局中来看待，要从坚持和发展中国特色社会主义、建设社会主义现代化强国、实现中华民族伟大复兴的高度来对待。我们正在为实现'两个一百年'奋斗目标而努力。未来30年，我们培养的人要能够完成'两个一百年'的伟业。这就是教育的历史责任。我们党立志于中华民族千秋伟业，必须培养一代又一代拥护中国共产党领导和我国社会主义制度、立志为中国特色社会主义事业奋斗终身的有用人才。"①在中华民族走向复兴的伟大征程中，高校学生作为社会主义事业的建设者和接班人，他们的政治站位、未来选择尤为关键，必须用习近平新时代中国特色社会主义思想武装青年头脑，通过思想政治理论课这个高校思想政治教育的主渠道，对青年学生进行世情、国情、党情的教育，教育他们继承伟大的民族精神，传承中国共产党人的红色基因，把马克思主义理论的精髓、中国共产党人的奋斗精神内化于心、外化于行，让实现中华民族伟大复兴的中国梦成为每位青年学生的自觉行动。思想政治理论课服从、服务于国家战略目标，必须守土有责、守土负责、守土尽责，教育大学生站稳政治立场，把牢政治方向，守好政治原则，坚持政治道路，提高政治判断力。

2. 坚持政治性是思政课的首要任务

坚持政治性是我国思想政治教育的目标要求。从思想政治教育的内涵上看，它是指"社会或社会群体用一定的思想观念、政治观点、道德规范对其成员施加有目的、有计划、有组织的影响，使他们形成符合一定社会、一定阶级所需要的思想品德的社会实践活动"②。高校的思想政治理论课必须坚持社会主义办学方向，落实立德树人的根本任务，坚持正确的政治方向。

思政课不是普通的知识传授和答疑解惑。就教学目的而言，思政课立足于

① 习近平．思政课是落实立德树人根本任务的关键课程 [J]. 求是，2020（17）：4-16.

② 陈万柏，张耀灿．思想政治教育学原理 [M].2 版．北京：高等教育出版社，2007：4.

培养能够担当民族复兴大任的时代青年；就教学内容而言，思政课主要讲授马克思主义基本理论，揭示马克思主义中国化的历程和规律；就教学形式而言，思政课要坚持理论与实践相结合、历史与现实结合、线上与线下相结合，实现知行合一、虚拟与现实的统一；就教学效果而言，思政课要引导学生树立唯物的辩证的世界观和方法论，正确认识和了解世情、国情、党情，客观看待发展过程中的前进性和曲折性，理性对待身边的人和事。

思政课将世界文明的优秀成果、凝聚着智慧结晶的中华民族优秀传统文化、充满革命激情和奋斗精神的中国共产党革命和建设文化，以及代表时代潮流和最广大人民根本利益的社会主义先进文化有机融合在一起，为青年学生提供实践范本和行为准则，激发他们的内生动力，促进他们主动升华思想觉悟和道德境界，争做社会主义核心价值观的践行者和推动者，实现立德树人的根本目的。

3. 坚持政治性是加强党的领导的必然要求

党的领导是中国特色社会主义制度的本质特征和显著优势，党政军民学，东西南北中，党是领导一切的。办好中国的事情关键在党，“党对高校的全面领导是中国特色社会主义教育事业的本质特征，也是中国特色社会主义高等教育的最大政治优势”[①]。坚持和加强党对思政课建设的领导，是思政课坚持正确政治方向的根本保证。习近平总书记在 2016 年 12 月 8 日全国高校思想政治工作会议上的重要讲话中指出：“办好我国高等教育，必须坚持党的领导，牢牢掌握党对高校工作的领导权，使高校成为坚持党的领导的坚强阵地。”同时，要将思政课建设情况纳入各级党委班子考核和政治巡视，“党委要保证高校正确办学方向，掌握高校思想政治工作主导权，保证高校始终成为培养社会主义事业建设者和接班人的坚强阵地。各级党委要把高校思想政治工作摆在重要位置，加强领导和指导，形成党委统一领导、各部门各方面齐抓共管的工作格局。各地党委书记和有关部门党组书记要多到高校走走，多同师生接触，多次

① 靳诺. 坚持中国特色社会主义大学发展道路——培养德智体美劳全面发展的社会主义建设者和接班人 [J]. 人民论坛，2018（29）：6-9.

去高校作报告，回答师生关注的理论和现实问题”。教育部门和各学校的党组织要坚定不移维护党中央权威和集中统一领导，自觉在政治立场、政治方向、政治原则、政治道路上同党中央保持高度一致。

高校思政课必须要坚持政治性，牢牢掌握高校思想政治工作主导权和话语权，不让任何反动思潮有机可乘。保证思政课“不忘初心，牢记使命”，沿着正确的方向前进，培养能担当得起中华民族伟大复兴历史重任的时代新人。

二、学理性是思政课的基本属性

高校思想政治理论课立足于中国特色社会主义的伟大实践，遵循思想政治工作的规律，具有学术性、真理性、科学性等特点。学理性是思政课的基本属性，必须以理服人，在教学中，“讲政治也要讲道理，要以理服人，而不能以‘力’服人，更不能以势压人。要以透彻的学理分析回应学生，以彻底的思想理论说服学生，用真理的强大力量引导学生”[①]。

学理性是对事物本质的规律性认识，揭示了客观事物的本质和发展趋势。首先对“学术”与“学理”的共性和区别进行辨析：当代人学家张荣寰将“学术”的概念界定为对存在物及其规律的学科化论证，英文为academia，是指进行高等教育和研究的科学与文化群体，延伸意义指“知识的积累”，而学理可以理解为学术在当代高等教育中的一个细化名词。它们都是对存在物内在规律的研究。“学理”更具有针对性，内容更加细化，提法更新；“学术”内容更加广泛，视角更加宏观，古今中外探讨较多。高校思想政治理论课蕴含着深厚的学理性，是指“思政课建立在对社会发展规律的深刻认识和把握基础之上，揭示客观事物的本质和发展趋势，符合社会发展与人的发展规律，内在地蕴含着客观实践属性，坚持学理性是合乎规律的，是思想政治教育发展的基石”[②]。学理性的内涵可以从以下三个方面进行分析：

① 刘建军.论高校思想政治理论课教育教学的“八个统一”[J].教学与研究，2019（7）：13-19.

② 崔延强，叶俊.“八个相统一”：增强思想政治理论课的亲和力的基本遵循[J].思想理论教育导刊，2019（6）：80-84.

1. 学理性根植于马克思主义理论的科学性

16 世纪初产生的空想社会主义思想，尖锐地揭露和批判资本主义的弊端，但提出的社会主义观点具有空想的性质，不具有实践性，也不能真正推动人类社会的发展。马克思、恩格斯创立的马克思主义，指明了人类社会的发展规律和人类实现自身自由和解放的道路。正如习近平总书记所说："马克思创建了唯物史观和剩余价值学说，解释了人类社会发展的一般规律，解释了资本主义运行的特殊规律，为人类指明了从必然王国向自由王国飞跃的途径，为人民指明了实现自由和解放的道路。"① 马克思主义抓住了事物的根本，是彻底的理论，能够指导人们去预见和解决现实问题，并对社会形成巨大的推动力，这也是马克思主义理论能够说服人的根本原因所在。

判断一种理论是否具有科学性的根本标准在于它是否与客观真理相符合，是否与社会的发展相符合，马克思主义揭示了自然界、人类社会和思维科学领域的发展规律，是科学的理论，不能因为马克思主义的阶级性和意识形态性而去否定其科学性。在马克思主义的指导下，列宁领导俄国的十月革命取得胜利，在资本主义世界的薄弱环节打开一个缺口，完成了马克思主义从理论到现实的飞跃，同时也为中国送来了马克思主义。在马克思主义的指导下，中国共产党应运而生，彻底改变了中国半殖民地半封建社会的悲惨命运，并带领中华民族走向复兴。

历史的实践证明，马克思主义是彻底的、科学的理论，高校思政课根植于这个理论体系，具有深厚的学理性。

2. 学理性立足于中国特色社会主义的实践

思想政治理论课的旺盛生命力在于它深刻的实践性、科学性和先进性。马克思主义传入中国以来，一代又一代中国共产党人将马克思主义基本原理同中国的具体实际相结合，使马克思主义在中国焕发出旺盛的生命力。马克思主义与中国革命和建设的具体实际相结合，形成了毛泽东思想，使中国人民完成了新民主主义革命，成立了中华人民共和国，完成了社会主义革命，确立了社会

① 习近平 . 在纪念马克思诞辰 200 周年大会上的讲话 [N]. 人民日报，2018-05-05（02）.

主义基本制度。改革开放以来，中国共产党人将马克思主义基本原理同中国改革开放的具体实际结合起来，形成了邓小平理论、“三个代表”重要思想以及科学发展观等重大战略思想。进入新时代以来，中国共产党人将马克思主义基本原理同新时代中国具体实际结合起来，带领人民进行伟大斗争、建设伟大工程、推进伟大事业、实现伟大梦想，促使中华民族实现从站起来、富起来到强起来的伟大飞跃，形成了习近平新时代中国特色社会主义思想，在实践中证实了马克思主义的科学性和真理性，贯彻了马克思主义的人民性和实践性，彰显了马克思主义的开放性和时代性。

历史的车轮不断向前，马克思主义必须要与时俱进，才能保持它的生命力，中国特色社会主义是对马克思主义的科学继承与丰富发展。面对社会上存在的质疑中国特色社会主义理论与马克思主义内在关系的思想乱象，思想政治理论课必须要直面和回答这些理论和现实问题：中国特色社会主义是科学社会主义理论逻辑和中国社会发展历史逻辑的辩证统一，如果离开了时代性、实践性，马克思主义会失去生命力和活力。思政课立足于中国特色社会主义在中国的伟大实践，有坚实的实践基础和有力支撑。

3. 学理性体现为对“三大规律”的遵循

习近平总书记指出，做好高校思想政治工作，必须遵循“三大规律”，即遵循思想政治工作规律、遵循教书育人规律、遵循学生成长规律。思想政治理论课作为高校思想政治教育的主渠道，对“三大规律”的遵循彰显了学理性。

首先，遵循思想政治工作规律。“思想政治工作是研究人的思想变化规律的一门综合性应用科学。所谓思想政治工作规律，就是按照人们思想、行为变化的特点和规律进行思想政治工作的必然遵循。”① 人的思想的形成和发展受到多种条件和因素的影响，在主观与客观、内部与外部条件的作用下会呈现出一定的发展规律。思想政治理论课如果无视其规律，抽象地、孤立地进行思想政治教育，只能是事倍功半，不利于更好地把思想政治教育贯穿教育教学全过程。

① 郑永廷 . 把高校思想政治工作贯穿教育教学全过程的若干思考——学习习近平总书记在全国高校思想政治工作会议上的讲话 [J]. 思想理论教育，2017（1）： 4-9.

其次，遵循教书育人规律。教书育人规律是指“教育者在培养教育对象成长、发展的过程中，教书和育人固有的、本质的、必然的联系”①。所谓“师者，传道授业解惑也”，教书和育人自古以来就是在同一个过程中不可分割的两个方面。思想政治理论课的特殊性，要求“教师在教学过程中向学生传递科学文化知识和技能的同时，也注重对学生进行思想政治教育，培养学生的道德品质”②。思想政治理论课以深厚的学理性内涵，体现了教书和育人的统一。

最后，遵循学生成长规律。学生成长规律是指学生在成长过程中带有普遍性的客观必然要求，具有阶段性、顺序性、时代性、矛盾性等特征，遵循学生的成长规律，教学才能有的放矢，收获实效。2019 年，《关于深化新时代学校思想政治理论课改革创新的若干意见》中强调：“遵循学生认知规律设计课程内容，体现不同的学段特点，研究生阶段重在开展探究性学习，本专科阶段重在开展理论性学习。”习近平总书记用“小麦的灌浆期”和“拔节孕穗期”来形容青年学生的人生阶段，强调引导和栽培的重要性。大学阶段是人生的关键期，知识体系尚未完备，价值观尚未稳定，心理尚未成熟，同样需要加强教育引导。高校思政课要突出学生的主体地位，遵循其成长成才的规律，是其学理性的又一具体体现。

三、政治性和学理性相统一的历史逻辑与内在机理

政治性和学理性的关系，可以追溯到中国历史上对于“政治”和“学术”关系的探讨，尤其是新中国成立后“又红又专”的理论和实践，为今天提供了有益的借鉴。

1. 政治和学术关系认识的历史沿革

中国传统社会中推崇官学一体，倡导经世致用，认为学术和政治之间相互影响，相辅相成。读书与政治紧密相连，所谓“士不可以不弘毅”，“士以天下为己任”，都体现了政治与学术的统一。

---

① 郑永廷，林伯海 . 教书育人规律及其遵循对策研究 [J]. 思想教育研究，2017（6）：3-8.

② 杨利平 . 高校运用思想政治工作三大规律合力育人研究 [D]. 石家庄：河北师范大学，2019：8.

近代以来，尤其是“中华民国”时期，部分知识分子提出了学术自由与独立思想，强调“学术本位”，可以视作对传统的“官本位”思想的一种反拨。如严复最先引入“自由”一词，主张学问要自由，应该从政治中分离出来。王国维呼吁：“今日之时代，已入研究自由之时代。”蔡元培认为学生“当以研究学术为天职，不当以大学为升官发财之阶梯”①，认为知识分子应该专心于学术。冯友兰在《大学与学术独立》中极力推崇学术独立，认为国家不应该干涉学术研究，应该给予大学研究的自由和选择人才的自由②。贺麟在《学术与政治》中提出，“学术在本质上必然是独立自由的，不能独立自由的学术，根本上不能算是学术，学术是一个自主的王国”，并强调“假如一种学术，只是政治的工具，文明的粉饰，或者为经济所左右，完全为被动的产物，那么这一种学术就不是真正的学术”③。

虽然这个时期，知识界强调学术独立和学术自由，但传统文化的精神流淌在现代知识分子的血液中。“‘士’的传统虽然在现代结构中消失了，‘士’的幽灵却仍然以种种方式，或深或浅地缠绕在现代中国知识人的身上。”④知识分子难以真正脱离“士以天下为己任”的传统，如钱穆所说：“依然在争取政治领导权，依然在高唱治国平天下的精神。”⑤同时，国家的动荡不安更是激发了知识分子的社会责任感，如汤用彤在日本侵华之后说：“时当丧乱，犹孜孜于自学，结庐仙境，缅怀往哲，真自愧无地也。”⑥顾颉刚在1931年目睹中国农村的现状后写道：“本来我的精神是集中在学问上的，从此之后，总觉得在研究学问之外，应当做些救国救民的事，我要学范仲淹‘以天下为己任’了。”⑦

综上，近代时期的知识分子有学术独立的思想，希望与政治保持一定的距

① 沈善洪．蔡元培选集 [M]. 杭州：浙江教育出版社，1993：490.

② 冯友兰．南渡集 [M]. 北京：生活・读书・新知三联书店，2007：273-274.

③ 贺麟．学术与政治 [J]. 当代评论，1941（16）：3-5.

④ 余英时．士与中国文化・新版序 [M]. 上海：上海人民出版社，2003.

⑤ 钱穆．国史新论 [M]. 北京：生活・读书・新知三联书店，2005：153.

⑥ 汤用彤．汤用彤学术论文集 [M]. 北京：中华书局，2016：36.

⑦ 高增德，丁东．世纪学人自述 [M]. 北京：北京十月文艺出版社，2000：11.

离，因此“议政”而不“参政”成为这个时期知识分子理想的政治和学术的平衡状态。但是在具体实践中，在近代内忧外患的形势下，这种状态很难真正保持，如何处理学术与政治的关系，依然是知识分子需要面对的主要问题。

2. 政治教育与业务学习的关系内涵

新中国成立后，政治教育与业务学习关系，集中体现为对“红”与“专”关系的认识。“红”是政治上的要求，即坚持马克思主义，坚持党的领导。“专”是指业务上的要求。改革开放后，中国共产党高度重视学校教育中正确的政治方向的重要性。1978 年，邓小平同志在全国教育工作会议的讲话中提出：“毫无疑问，学校应该永远把坚定正确的政治方向放在第一位。”① 此后，又在此基础上对该思想进行了丰富和完善：“红”与“专”是统一的，相辅相成的。在社会主义建设时期，只“红”不“专”或者只“专”不“红”都是不可以的。1980 年，邓小平同志提出了德才兼备的“四有”新人，即有理想、有道德、有文化、有纪律的新人，将“红”和“专”具体化。进入 21 世纪后，政治性与学理性的内在统一和相辅相成，也是高校思想政治教育必须面对的主题。江泽民同志指出：“不仅要加强对学生的文化知识教育，而且要切实加强对学生的思想政治教育、品德教育、纪律教育、法制教育。”② 他还强调：“在事关政治方向和根本原则的问题上，一定要旗帜鲜明，理直气壮，毫不含糊”③，突出强调了政治导向的重要性。

总之，思政课在培养什么人、如何培养人这个根本问题上，内在地包含着政治性和学理性相统一的问题：培养社会主义的接班人就是思政课的“政治性”，用马克思主义科学真理来培养人就是思政课的“学理性”，二者内在统一才能完成思政课的根本任务。

3. 政治性和学理性相统一的内在机理

高校思想政治理论课要坚持政治性和学理性的有机统一，是由马克思主义的意识形态性和科学性决定的。马克思主义作为思政课的主要教学内容，具有

① 邓小平文选：第 2 卷 [M]. 北京： 人民出版社，1994：104.

② 江泽民文选：第 2 卷 [M]. 北京： 人民出版社，2006： 588.

③ 江泽民同志在中央思想政治工作会议上发表重要讲话 [J]. 党建，2000（8）：4-7.

鲜明的意识形态性，如果思政课政治性淡薄，就无法坚守和捍卫马克思主义在意识形态领域的指导地位，甚至为“和平演变”提供可乘之机。同时，马克思主义揭示了人类社会发展规律，是一个蕴含深厚学理的理论体系，具有鲜明的科学性，如果离开了科学性，思想政治教育仅仅是政治的“传声筒”，缺乏说服力和生命力。总之，政治性为学术性提供正确的方向引领，学术性又增加了主流意识形态的吸引力和凝聚力。因此，高校思政课的改革与创新必须始终坚持政治性和学理性相统一。

（1）用正确的政治导向引导学术表达

首先，思政课必须弘扬主旋律，其教学内容必须具有鲜明的政治导向，始终与党中央保持高度一致。进入新时代以来，集中表现为要与以习近平同志为核心的党中央保持高度一致，时刻关注党和国家的方针政策，与时代同步伐，与国家共命运。

其次，思政课教师要理直气壮、旗帜鲜明地讲政治。准确地理解政治性，是将政治性融入专业知识中的一个重要前提，教师对于思政课的基本内涵是否真正理解，比如，能否准确全面地讲清楚资本主义和社会主义的区别，能否理解并讲清“坚持党的全面领导”的原理和必要性，关系着思政课的实效性。因此，思政课教师要具有扎实的理论基础，要能深刻领会党和国家的方针政策。坚定不移地宣传中国共产党的伟大成就和治国理政的成功经验，将对共产主义的信仰融入骨子里，将扎实的学理知识融入血液中。

（2）以科学的学理支撑正确的政治导向

马克思主义的科学性是经过实践和历史检验的，是我们办好思政课的不竭动力。思政课必须增强逻辑性和说服力，以学理性支撑政治导向。

“理论只要说服人，就能掌握群众；而理论只要彻底，就能说服人。所谓彻底，就是抓住事物的根本。”[①] 抓住事物的根本，需要辩证的思维、逻辑的力量、透彻的分析。思政课意识形态性质和功能的发挥，不能靠强制性灌输，不能靠娱乐化的感官刺激，靠的是建立在严密逻辑和学理基础上的让人“真读、

① 马克思恩格斯选集：第 1 卷 [M]. 北京：人民出版社，2012：9-10.

真懂、真信”。因此，思政课不仅要有知识的广度、历史的厚度、社会的热度，更要有思想的深度、理论的力度、分析的维度、辩证的角度。只有以严谨的逻辑、透彻的学理为学生答疑解惑，才能真正征服学生，才能让思政课所表达的政治观点和诉求真正为学生接受并成为他们自觉的追求。如果政治话语缺少逻辑根基，观点阐释缺少科学理论支撑，照本宣科、深度不够、缺少令人信服的真理力量，就会把思政课变成彻头彻尾的说教。这样讲政治难以让教育对象形成真正的政治自觉，即自觉认同中国共产党领导，自觉坚定中国特色社会主义制度自信的目标。

大学生学习和研究马克思主义，“对我们推进马克思主义中国化，发展21世纪马克思主义、当代中国马克思主义具有积极作用”①。同时要注意到，马克思主义作为人类思想史上的高峰，具有社会科学领域其他理论不可比拟的科学性、真理性和实践性，这就要求思政课教师在授课过程中，要以深厚的学理支撑，通过相关知识的讲解，引导学生准确的理解和把握历史、现实与未来，坚定对共产主义的信仰，坚定中国共产党的领导，为实现中华民族的伟大复兴而奋斗。

（3）反对政治虚无主义和泛娱乐化

坚持思政课政治性和学理性的统一，必须坚持正确的政治导向和坚定的学理支撑，反对政治虚无主义和泛娱乐化。

首先，实现政治性和学理性的统一需要坚决抵御政治虚无主义。最早使用虚无主义一词的是雅可比（Carl Gustav Jacob Jacobi），他在1799年写给费希特（Johann Goteborg Fichte）的信中，用虚无主义来描述理性精神对一切崇高、神圣的质疑、消解。尼采的《权力意志》里指出，虚无主义意味着“最高价值的自行贬黜”②。政治虚无主义在高校具体表现为大学生在对中国共产党和中国特色社会主义政党制度的否定，因此对政治实践缺乏热情，不愿参与或者敷衍了事；认为思想政治教育和思政课都是“假、大、空”的“口号”，不认

① 新华社．习近平在中共中央政治局第四十三次集体学习时强调 深刻认识马克思主义时代意义和现实意义 继续推进马克思主义中国化时代化大众化 [J]. 党建，2017（10）：1-7.

② 尼采．权力意志（上）[M]. 孙周兴，译．北京：商务印书馆，2007：200.

真学习或者有逆反心理。政治虚无主义会使大学生政治意识愈加淡漠，政治实践消极敷衍，政治立场逐渐动摇。由于缺乏坚定的政治立场和政治原则，在大是大非面前，在面对一些政治敏感问题，不能够准确地作出判断，如研究者所说："政治虚无主义看不到国家、政府和政党存在的必要性，对其采取简单的贬损与否定态度，说到底是西方自由主义和自由宪政主义在中国的翻版，是阉割国家的政治思潮。由此带来的政治虚无，会对中国政治稳定与社会发展造成严重冲击。"① 曾经甚嚣尘上的历史虚无主义，通过歪曲、伪造党史、国史和军史，通过丑化、妖魔化甚至恶搞领袖和英模人物，来达到彻底否定中国共产党的领导和中国特色社会主义制度的政治目的，其本质也是政治虚无。政治虚无主义在高校的蔓延与渗透，会对大学生造成不利影响，甚至影响党和国家的建设大局。因此，思政课教学必须严格区分政治原则问题、思想认识问题和学术观点问题，教育青年学生时刻保持政治定力，提高政治鉴别力，对历史虚无主义和政治虚无主义坚决说不。

其次，实现政治性和学理性的统一需要坚决反对泛娱乐化。20 世纪后半叶，美国著名学者尼尔·波兹曼在研究以电视为代表的大众媒体对人类社会的影响时指出："一切公众话语都日渐以娱乐的方式出现，并成为一种文化精神。一切文化内容都心甘情愿地成为娱乐的附庸"，这样的时代，"其结果是我们成立一个娱乐至死的物种。"② 今天，传播媒体更加多样，互联网和移动媒体的功能愈加强大，使得这种娱乐化的文化精神有了更丰富的载体和更广阔的活动空间。

泛娱乐化是一种以单一快乐为目的的文化生产方式，具体表现为"躲避崇高""告别革命"，剥离文化的政治功能。在高校思政课中集中表现为：过分强调娱乐因素，忽略思政课的内在学理，把具有科学性、严肃性的学术问题娱乐化、庸俗化，甚至边缘化、空泛化；为了吸引学生而吸引学生，为了活跃课堂而活跃课堂，过分的娱乐化甚至庸俗化。只重视形式上的新鲜有趣，不注重教

① 李东明，王自立 . 政治虚无主义的中国形态及其理论批判 [J]. 领导科学，2019（14）：21-24.

② 尼尔·波兹曼 . 娱乐至死 [M]. 章艳，译 . 桂林：广西师范大学出版社，2011：4.

学内容的有理有据，“在这样的文化精神中，超越性的思想政治教育在一定程度上无法契合人们的心理欲求，因而也就面临着被边缘化的时代挑战”①。而泛娱乐化现象产生的原因之一就在于学理性的缺失。学术研究不透彻，不能对事物深入地思考和辨析，导致教育者不能活学活用、深入浅出，受教育者缺乏明辨是非的能力，在泛娱乐化思潮的冲击下，容易造成“政治冷感”，动摇对社会主义和共产主义的理想信念。因此，思政课必须坚持学理性，在教学改革中要以真理的强大力量去抵御泛娱乐化的倾向和行为。

综上，如果忽视政治性这个思政课的本质属性，就会影响课程政治方向的正确；如果忽视课程的学术支撑，课程的说服力也会大打折扣。

四、实现思政课政治性和学理性相统一的实践路径

梳理和阐述思想政治理论课政治性和学理性相统一的历史逻辑和内在机理，为探索政治性和学理性相统一的具体路径奠定了理论基础和现实基础。实现二者统一的具体路径包括：首先，重视马克思主义理论学科的建设，实现课程建设和学科建设的协调统一，相辅相成，这是实现政治性和学理性相统一的基础；其次，与时俱进，创新发展，将习近平新时代中国特色社会主义思想融入思政课教学中，更好地铸魂育人，这是现阶段实现政治性和学理性有机统一的重要任务。

1. 加强马克思主义理论学科建设是基础

课程是对教学内容的系统安排，学科是课程的上位概念，构成了人们提出问题、思考问题和展开研究的基本范式。如前文所述，2005 年 12 月，国务院学位委员会、教育部决定在“法学”门类下，增设“马克思主义理论”一级学科，下设五个二级学科。随着时代的发展和社会的进步，各二级学科目标和学科特征越来越明确，经过 2008 年、2018 年的学科增设，马克思主义理论学科对哲学社会科学其他学科的导向、带动和引领作用日益显现，在国家整个学科体系中优先发展、优势发展、优质发展的地位已经体现。在学科体系完善的同时，马

① 陈宝，荆德亭 . 娱乐化时代思想政治教育面临的挑战及对策 [J]. 思想教育研究，2018（2）：113-116.

克思主义理论学科持有的特定的立场、观点和方法已经得到学术界广泛认可。

首先，马克思主义理论学科为思政课提供理论资源和学理支撑。思想政治理论课必须重视学术支撑，用学术讲政治，提高科学性，增强说服力。不能因为思想政治理论课是公共课，认为其主要任务就是宣传党的方针政策，不具备学术研究和提出独立见解的空间，进而忽视用学术讲政治能力，使思政课教学成为观点的照本宣科或政策的简单传达教。应该重视学科建设，以坚实的学理支撑强化政治引领，“思政课教学既需要形式创新，更需要内容深化和学理支撑。只有讲透思政课中的热点难点问题，才能彰显马克思主义理论的魅力，增强思政课的说服力。马克思主义理论学科的蓬勃发展、相关学术研究的深入推进，为改进思政课教学特别是攻克教学难点提供了有力学理支持”①。

其次，重视理论研究和学科建设的重要性，不等于单纯“为学术而学术”。淡化理论和课程最根本的政治功能，会陷入政治虚无主义和历史虚无主义的泥淖。由于马克思主义理论学科是一个综合类很强的学科，它的内容包含着政治学、经济学、哲学、社会学、历史学等多个学科的内容，所以就存在着对于马克思主义学科的属性认知泛化的问题。需要明确的是，马克思主义理论学科与其他人文社会科学之间，虽然有所交叉与借鉴，但是马克思主义理论学科有其鲜明的政治特色，教学目标不仅仅是传授知识，还有其意识形态领域的主导作用，这是与其他学科的本质不同。正如毛泽东所说：“没有正确的政治观点，就等于没有灵魂。”② 思政课的建设，必须在大是大非面前保持政治清醒，“在马言马、在马信马”，坚定政治立场和价值导向。

综上，加强马克思主义理论学科建设，保证思政课具有清晰的政治导向和深厚的学术底蕴，是实现思政课政治性和学理性统一的基础。

2. 用习近平新时代中国特色社会主义思想铸魂育人是重要任务

高校思政课教学要承担起科学阐释马克思主义理论的任务，在把马克思主义基本原理与中国具体实践有效对接、有机结合中，向学生展现科学理论的魅

① 刘建军．有信心有能力把思政课办得越来越好（深入学习贯彻习近平新时代中国特色社会主义思想）[N]. 人民日报，2019-05-14（09）.

② 毛泽东文集：第 7 卷 [M]. 北京：人民出版社，1999：226.

力。2017 年党的十九大提出了“习近平新时代中国特色社会主义思想”，为新时代中国特色社会主义建设以及中华民族伟大复兴提供了思想指南和理论指导。习近平新时代中国特色社会主义思想是马克思主义中国化的最新理论成果，也是新时代思政课教学必须坚持的最新指导思想。推进思政课政治性和学理性的有机统一的重要任务，就是要推进习近平新时代中国特色社会主义思想“进教材、进课堂、进头脑”，用习近平新时代中国特色社会主义思想铸魂育人。在“三进”中，“进教材”处于基础性地位，“进课堂”是中间桥梁，“进头脑”是落脚点和归宿。

（1）推进习近平新时代中国特色社会主义思想进教材

“进教材”是指要将习近平新时代中国特色社会主义思想融入思政课的教材中，让学生更好地把握习近平新时代中国特色社会主义思想的历史背景、科学内涵、基本特征和时代价值，明确这一思想是与马克思主义一脉相承的科学的体系。2015 年，《普通高校思想政治理论课建设体系创新计划》提出：“以统编教材为基础，建设思想性、科学性和可读性统一的思想政治理论课立体化教材体系。”同时把《习近平总书记系列重要讲话读本》《中国特色社会主义学习读本》《马克思主义哲学十讲》和《世界社会主义五百年》等作为教学的重要参考书。2019 年《关于深化新时代学校思想政治理论课改革创新的若干意见》强调：“在教材中及时融入马克思主义中国化最新成果、坚持和发展中国特色社会主义最新经验、马克思主义理论学科最新研究进展。”根据意见指示，思政课教材必须要融入习近平新时代中国特色社会主义思想的内容，构建包含习近平新时代中国特色社会主义思想的科学内涵和实践逻辑的思政课教材体系。

（2）推进习近平新时代中国特色社会主义思想进课堂

“进课堂”是指将习近平新时代中国特色社会主义思想融入课堂教学中。

首先，“进课堂”要体现“一门为主，多门渗透”的原则。2019 年，《关于深化新时代学校思想政治理论课改革创新的若干意见》中要求“全国重点马克思主义学院率先全面开设‘习近平新时代中国特色社会主义思想概论’课”。通过这门课程，全面、系统地介绍马克思主义中国化的最新理论成果；“多门渗透”即其他课程需要根据自身的特点作必要的统筹分工，从不同侧面或不同角度强化教学效果。

其次，“进课堂”可以通过多种形式和渠道实现这一目标。习近平总书记多次谈及讲好中国故事的重要性和可能性。高校思政课要通过讲好中国故事，来传播好中国声音、弘扬中国精神、展现中国风貌。将习近平新时代中国特色社会主义思想融入具体故事中，更好地指导学生掌握新思想的精神，准确地理解党和国家的治国方略。

最后，“进课堂”还需要着力构建理论、实践、网络“三位一体”课堂，三者融会贯通，形成互动优势，使学生更加真实地感受马克思主义最新理论成果的科学性、亲和力和实践性。通过将传统课堂模式与新型课堂模式有机结合，多渠道地把习近平新时代中国特色社会主义思想的最新成果融入课堂中，转化为大学生的自觉行动。

（3）推进习近平新时代中国特色社会主义思想进头脑

“进头脑”是指将习近平新时代中国特色社会主义思想融入学生的头脑之中，这是“三进”的最终目标，也是用习近平新时代中国特色社会主义思想铸魂育人的根本要求。“进头脑”是用科学的理论体系去说服人、感召人的结果，能够筑牢学生的精神信仰，提高学生的政治素养。

高校作为社会意识形态的主要阵地之一，其社会主义办学方向决定了思想政治理论课的内容必须与时俱进。在保证课程体系相对稳定的前提下，第一时间推动党的理论创新成果进教材、进课堂、进学生头脑，及时将党中央重大方针政策和决策部署贯穿融入教学，提高教学的现实针对性，在动态中实现政治性和学理性的有机统一。

理论学习的扎实能够保证政治上的清醒。在坚持政治性和学理性相统一的指导原则下，通过“进教材”“进课堂”和“进头脑”三者相辅相成，巩固马克思主义在意识形态的指导地位。2018 年 8 月，教育部专门印发了《关于狠抓新时代全国高等学校本科教育工作会议精神落实的通知》，提出淘汰“水课”，打造具有高阶性、创新性和挑战度高的“金课”。而思想政治理论课的“金课”，需要坚定正确的政治防线，增加理论含量，提升学生的获得感，促进政治性与学理性的有机统一。

第十三章　坚持思政课价值性与知识性的有机统一

价值是人类生活中普遍存在的一种现象，是客体具有的满足主体需要的一种属性。就字面上看，思想政治理论课应具备“思想性”“政治性”和“理论性”，里边并没有“价值”一词。但思政课的性质、任务和功能无不体现价值追求，价值性贯穿思政课教育教学体系的全过程，是思政课的灵魂所在。2019年，习近平总书记在学校思想政治理论课教师座谈会上提出了思政课改革创新“要坚持价值性和知识性相统一，寓价值观引导与知识传授之中”。传道授业解惑，思想政治理论课不仅仅是“授业”，进行纯知识的传授，必须突出“传道”的价值引领功能，才能达到“解惑”的目的。要在尊重课程知识性的前提下贯彻价值塑造的功能，实现正确的价值导向和深厚的知识素养之间的相得益彰，保证思政课不仅有血肉，更要有灵魂。具体说来，思政课的价值意蕴具体体现为：思政课的教学功能满足了价值需求，课程定位凸显了价值特征，教学规律体现了价值追求。

一、思政课的教学功能满足价值需求

课程性质是指为实现培养目标而选择的教育内容及其进程的总和，表现为有目的、有计划的系列教育活动。课程性质决定了为什么开课、为谁开课、怎样开课、要达到什么样的教学效果、用什么样的标准来进行教学评价等教育教学的根本性问题。思想政治理论课是体现社会主义大学本质特征的课程，目标是促进大学生的全面发展，作为落实立德树人根本任务的关键课程，思想政治理论课要发挥两个方面的功能，体现了鲜明的价值追求。

1. 服务于党和国家事业发展的“政治性”需求

“古今中外，每个国家都是按照自己的政治要求来培养人的，世界一流大学都是在服务自己国家发展中成长起来的。我国社会主义教育就是要培养社会主义建设者和接班人。”① 思政课的政治属性决定了它直接服务于党和国家的事业发展价值追求。

（1）思政课为党的事业服务

中国共产党引领筑牢意识形态主阵地的工作，意识形态工作是党的一项极端重要的工作。一方面，党始终坚持马克思主义在意识形态领域的指导地位，并结合中国具体国情和时代发展变化，不断进行理论创新和发展，形成了包括毛泽东思想、邓小平理论、“三个代表”重要思想、科学发展观和习近平新时代中国特色社会主义思想在内的马克思主义中国化的科学理论成果。在理论创新的过程中，党坚持以马克思主义的科学理论武装人们的头脑，发挥理论的感召力和吸引力，构建具有强大凝聚力和吸引力的社会主义意识形态。另一方面，党始终代表最广大人民根本利益，并以实际行动彰显自身的价值追求。

“思想政治教育学的根本属性是社会主导意识形态的灌输和教化。”② 作为中国共产党领导下的高校，思政课承担着中国共产党传播主流意识形态的责任和使命：首先体现在通过思政课对学生进行的理论武装上。思政课通过讲授马克思主义基本原理，阐释党的路线方针政策，展示党坚持以马克思主义为指导开展的生动实践，引导广大青年学生认识和领会党的理论的科学性和正确性，推动党的理论深入人心，增强大学生对中国共产党信任和认同，体现思政课的价值引导力。其次体现在思政课对学生进行的思想引导上。思政课是抨击传播真理、纠正谬误、进行正面宣传的空间平台。思政课教师扎实的知识素养和辨析各种社会思潮的经验能力，为把握大学生的思想动态、加强大学生思想引领提供了有力支持。思政课是教育者了解青年学生思想实际的“一线”和主要路径，即使在信息技术高度发达的今天，这种教育主、客体之间面对面的直接接

① 习近平．在北京大学师生座谈会上的讲话 [N]. 人民日报，2018-05-03（02）.

② 陈万柏，张耀灿．思想政治教育学原理 [M].3 版．北京：高等教育出版社，2015：53.

触和情感沟通也是不可替代的。教师在思政课上能够准确把握学生的思想动态，及时回应各种错误观点，以科学的理论鼓舞和赢得青年。

（2）思政课为国家的事业发展服务

高等教育在国家发展与民族振兴过程中发挥着关键作用，这个关键作用能否发挥得好，政治方向正确是根本，政治方向迷失就会犯“颠覆性”错误。高等教育普遍开设思想政治理论课，向青年人讲授马克思主义基本原理和马克思主义中国化的理论成果，讲授中国共产党人的奋斗史、成功经验以及党的路线方针政策，帮助青年学生树立正确的世界观、人生观和价值观，能够保证高等教育正确的政治方向。2016 年 12 月，习近平总书记在全国高校思想政治工作会议上的讲话中指出：“我国高等教育发展方向要同我国发展的现实目标和未来方向紧密联系在一起，为人民服务，为中国共产党治国理政服务，为巩固和发展中国特色社会主义制度服务，为改革开放和社会主义现代化建设服务。”①

综上，思政课在传导主流意识形态、提高青年学生对党的信任和认同方面，发挥着不可替代的作用。不管时代如何发展，环境如何变化，思政课服务于党和国家事业的功能都不会改变。

2. 服务于大学生全面发展的“人本性”需求

“培养什么人、怎样培养人、为谁培养人”是高等教育的根本性问题，也为实现教育现代化和开展大学“双一流”建设提供了方向指引。思政课通过知识传授和价值引领，促进学生德智体美劳全面发展，促进党的教育方针在高校的落地生根，实现立德树人的根本任务。

思想政治理论课在坚定大学生理想信念、厚植大学生爱国主义情怀、加强大学生品德修养、培养青年人奋斗精神上，在帮助大学生树立正确的世界观、人生观、价值观，教育引导学生树立共产主义远大理想和中国特色社会主义共同理想，增强青年学生“四个自信”方面，发挥着独特作用。思想政治理论课还具有解疑释惑的育人功能，通过系统的理论讲授达到用真理的力量说服人，用情感的力量感化人的教学目标；使学生能够运用马克思主义立场观点方法正

---

① 习近平谈治国理政：第 2 卷 [M]. 北京：外文出版社，2017：376-377.

面回应各种社会思潮，并分析社会问题产生的根源；对中国特色社会主义重大理论和实践问题，对学生成长过程中面对的各种疑难困惑问题进行有说服力的回答，提升学生对马克思主义中国化最新理论成果的认同感，提高青年学生应对各种困难和挑战的能力，为学生健康成长奠定科学的思想基础。正如研究者所说："马克思主义理论教育不仅具有明辨是非的科学价值，而且具有实现精神成人的内在价值，这是由马克思主义真理性和价值性相统一这一根本特点所决定的。思想政治理论课程不仅能够帮助学生建立起关于马克思主义科学世界观和方法论的总体性认识，更为重要的是培养和引导他们对马克思主义及其中国化成果的价值认同。"①

二、思政课的课程定位凸显价值特征

1. 思政课是落实立德树人根本任务的"关键课程"

在我国高等教育的课程体系中，每一种课程都承担着自己特有的功能。思想政治理论课不是游离于整个课程体系之外的，它与其他课程有着密不可分的联系：思政课为其他课程提供认识论和方法论，其他各类课程中也包含着思想政治教育的资源。思政课要寓价值引导于知识传授中，不仅要教授学生如何"做事"，更是教会学生如何"做人"。因此，我们必须在高校课程体系中确定思政课的功能定位，从总体上认识和理解思政课的特殊性。思政课是落实立德树人根本任务的关键课程，这个"关键"可以从两个方面理解：

首先，思政课的教育客体处于成长的关键阶段。青少年正处于成长关键阶段——人生的"拔节孕穗期"，价值观尚未完全成型，正处于思想观念、价值取向形成和确立的关键期，最需要精心引导和栽培，不仅需要知识的雨露让其长高长大，更需要世界观、人生观、价值观的引导让其长强长壮。思想政治理论课集政治性、思想性、理论性于一体，旨在立德树人、培根铸魂，用丰厚的知识成果滋养正确的价值观念，在知识传授过程中以透彻的学理分析回应学生思想和人生的困惑，帮助学生在事实判断中形成正确的价值判断，帮助他们系好"人生第一粒纽扣"。思政课用科学理论武装人，用正确思想塑造人，用主

① 郭凤志．高校思想政治理论课程建设研究 [M]. 北京：北京师范大学出版社，2019：29.

流价值引导人，着力于擦亮青年一代最鲜亮的精神底色，凝聚青年一代开拓奋进的磅礴力量。

其次，思政课是加强和改进高校思想政治工作的关键环节。思想政治理论课承担着对大学生进行系统的马克思主义理论教育的任务，是进一步加强和改进新形势下高校思想政治工作的关键环节。新时代，思政课能否通过推进习近平新时代中国特色社会主义思想“三进”，帮助大学生树牢“四个意识”，坚定“四个自信”，坚决做到“两个维护”，对整个教育事业的发展，对中华民族“两个一百年”奋斗目标的实现意义重大。

2. 思政课是对大学生进行思想政治教育的“主渠道”

“高校思想政治理论课承担着对大学生进行系统的马克思主义理论教育的任务，是对大学生进行思想政治教育的主渠道。”这是对思政课功能和作用的高度概括，也是对思政课建设重要性和必要性的阐释，明确了思政课在大学生思想政治教育中的地位和作用。

改革开放以来，思政课的课程体系虽然经历几次大的调整，但它在大学生思想政治教育整个系统工程中的主渠道地位不仅没有动摇，而且不断在强化，体现了党和国家对高等教育价值导向功能的重视。“马克思创建了唯物史观和剩余价值学说，揭示了人类社会发展的一般规律，为人类指明了从必然王国向自由王国飞跃的途径，为人民指明了实现自由和解放的道路。”① 而“人类的自由与解放”本身不仅是历史必然性问题，更是价值问题。学生通过思政课这个主渠道，接受马克思主义基本原理和正确的世界观、人生观的教育，认识和了解中华民族几千年悠久历史、灿烂文化，了解近代以来中华民族饱受磨难、英勇抗争的历史，了解中国共产党浴血奋战，带领中国人民找到了一条适合中国国情的正确发展道路，奋力推进马克思主义中国化，为实现中华民族伟大复兴不懈奋斗的历史。不仅是理论问题、实践问题，更是价值问题。习近平新时代中国特色社会主义思想以人民为中心的价值取向，体现了与马克思主义理论品格和价值指向的一脉相承，推进习近平新时代中国特色社会主义思想“三进”，

① 习近平 . 在纪念马克思诞辰 200 周年大会上的讲话 [N]. 人民日报，2018-05-05（02）.

是坚持思政课价值属性的时代要求。

三、思政课的教学规律体现价值追求

教学规律是复杂的教学现象中必然性、稳定性、普遍性的联系，它对教学活动具有规约作用，是开展教学活动的重要依据，只有遵循教学规律才能办好思政课。思政课遵循“内容为王、教师为要、学生为本”的教学规律，有利于价值目标的达成。

1.“内容为王”

“内容为王”强调教学内容的重要性，要求处理好教学改革中内容和形式的关系。“05 方案”的教学内容包括马克思主义基本原理、马克思主义中国化的理论与实践成果、中国近现代史纲要、思想道德修养与法律基础等方面的内容。通过上述内容的讲授，对大学生进行马克思主义理论教育和思想政治教育。

价值观教育是课程体系的核心内容。马克思主义价值观科学地阐明了价值与真理在实践基础上历史的、具体的统一，这种价值观以无产阶级的根本利益和全人类的解放为出发点，“强调和坚持整个无产阶级共同的不分民族的利益，共产党人强调和坚持整个无产阶级共同的不分民族的利益；另一方面，在无产阶级和资产阶级的斗争所经历的各个发展阶段上，共产党人始终代表整个运动的利益”[①]。马克思主义价值观以追求和实现共产主义为最高价值理想，以是否符合历史发展的客观规律，是否坚定地站在人民的立场上，推动社会发展进步和维护人民根本利益为价值评价标准。“05 方案”的四门主干课中，“基础”课不仅就价值观问题专门设立章节，而且整个课程内容都是以马克思主义价值观，以及与其一脉相承的社会主义核心价值观教育为统领的，通过爱国主义、集体主义、互助友爱、遵纪守法等教育内容，全方位系统性地进行社会主义核心价值观教育和引导。“原理”课则通过马克思主义辩证唯物主义和历史唯物主义教育，引导学生树立正确的世界观、人生观和价值观。“纲要”课和“概论”课则通过近代以来中国人民选择自身发展道路的价值合理性，对学生进行价值观引导：“纲要”课围绕着求得民族独立和人民解放，以及实现国家富强

① 马克思恩格斯文集：第 2 卷 [M]. 北京：人民出版社，2009：44.

和人民共同富裕两大历史任务，通过揭示近代以来资本—帝国主义对中国的侵略掠夺以及中国人民的奋起反抗，讲清楚中国人民为什么选择马克思主义、选择中国共产党、选择社会主义、选择改革开放，肯定中国革命的必要性、正义性、进步性，抨击历史虚无主义，批判“告别革命”，为革命“正名”，为改革“立传”，这本身就是在进行价值选择和价值评判；“概论”课以马克思主义基本原理与中国革命和建设具体实际相结合为线索，揭示马克思主义中国化的成功经验、历史性成果，无论是经验的总结还是成果的升华，同样离不开马克思主义价值观的运用。

综上，思政课的价值性决定了在课程的改革创新过程中，必须充分挖掘教学内容中所蕴含的价值内涵，把内容的深化拓展以及彰显蕴含其中的思想表达、政治引导和情感追求作为改革目标，挖掘教学方法、教学手段创新背后的价值追求，避免表面化、形式化、娱乐化，或过分依赖技术手段，否则就是本末倒置，与思政课教学改革的目标背道而驰。

2. 教学为要

“教学为要”突出教学中教师的主导地位，办好思想政治理论课关键在教师，发挥教师的积极性、主动性、创造性。思政课教师“要给学生心灵埋下真善美的种子，引导学生扣好人生第一粒扣子”。要做到“政治要强、情怀要深、思维要新、视野要广、自律要严、人格要正”：其中“政治要强”“情怀要深”“自律要严”“人格要正”是对教师价值观和品德方面的要求；“思维要新”“视野要广”集中体现了教师知识方面的要求。

教师在思政课教学活动中发挥组织、传导、协调的作用，将中央的大政方针、各级党委的决策部署以及学生的具体需求统一起来，并落实到具体教学活动中。教师的价值追求、知识储备、人格魅力直接影响甚至决定着思政课的教学效果。思政课教师要努力提高自身的理论修养和知识储备，精读悟透马克思主义经典著作，讲清讲透马克思主义的立场观点方法，深刻认识和把握马克思主义中国化的历史进程和理论精髓；教师要知行合一，言传和身教合一，把职业的要求和专业知识与自己的人生理想、政治追求、事业发展密切结合，坚定理想信念，站稳政治立场，培养高尚师德。用深厚的理论功底、丰富的知识储备、足以吸引大学生的话语体系和教学手段吸引学生，向学生展示知识之美；同时用马克思主义理论的科学性、真理性，以及习近平新时代中国特色社会主义的人民立场、民族抱负、世界责任，引领学生为实现中华民族伟大复兴的中国梦、实现共产主义的远大理想不懈奋斗，追求高尚人生境界，体现思想政治理论课的价值之美。

3. 学生为本

“学生为本”强调的是教学中学生的主体地位和作用。思政课要把促进学生的身心健康发展作为教学活动的根本目的和核心，努力培养学生的道德品质、创新精神和实践能力。因此，思政课教学必须立足于学生发展，把学生“真心喜爱、终身受益”作为追求的最高价值。在教学过程中，要构建以学生为中心的课堂组织形式，让学生担当教学活动“主角”，为实现自身的全面发展全方位参与教学活动，而不是被动接受、为了配合教师完成某种特定的“表演”。“学生为本”能够充分发掘学生的潜能，发挥学生的力量，致力于生活意义和生命价值的提升，以促进学生身心的全面发展作为首要价值追求。

四、实现思政课知识性和价值性相统一的具体路径

彰显思想政治理论课的价值意蕴，需要处理好知识性和价值性的关系。“马克思主义具有理论性与价值性的双重理论品格，决定了高校思想政治理论课程科学性与价值性内在统一的课程属性。马克思主义科学地解释了自然界、人类社会和人的思维领域的客观规律，通过对资本主义社会的政治经济学批判，提出实现社会主义和共产主义的价值理想。马克思主义理论体系既是关于科学地认识和把握人与自然界、人与社会以及人与自身关系的真理体系，也彰显了实现人的自由而全面发展的价值理想，体现了科学性与价值性的辩证统一。”[①] 具体体现为：

1. 知识传授是价值引导的基础和载体

没有知识的积累，人们的认知能力必然受限，对真善美价值判断能力就会受到制约。价值与知识二者是相辅相成、相互促进的：价值观是相对抽象的，

① 郭凤志 . 高校思想政治理论课程建设研究 [M]. 北京：北京师范大学出版社，2019：28.

在思政课教学中，必须以丰富的知识储备为载体，具体化地展开价值观教育，离开知识传授，价值观引导必然缺乏根基，沦为空洞无力的说教，教学的实效性也无从谈起。要引导学生读原著、悟原理，讲清楚基本理论，了解基本知识，使学生熟知理论的基本内涵、历史发展脉络。以马克思主义的真理光芒以及中国化的马克思主义，特别是习近平新时代中国特色社会主义的理论魅力，吸引学生求知欲望，使价值观教育渗透于知识传授的各个环节中，达到内化于心、外化于行的效果。

2. 价值引导是知识传授的目标和导向

首先，思政课教学中相关知识的传授要体现选择性、指向性、服务性。选择最能体现价值引导的知识建构课程内容，以利于"四个服务"、帮助学生树立正确的"三观"作为知识传授的目标指向。以"05 方案"中的"纲要"课为例，这门课不是历史学科的专业课，而是思想政治理论课中的一门，通过对 1840 年以来中国近现代史的学习，了解国史，了解国情，时间跨度较大，如果不能准确把握这门课的特殊性，容易在教学中出现重史轻论、重知识传授轻价值引导的偏向，片面追求细和全，平均用力，面面俱到，难以在规定的学时内，洞察历史的演进逻辑和脉络线索。这就要求在教学中既要以丰富的知识性增强历史的吸引力，又要明确主线，使大学生懂得"四个选择"的历史必然性，树立"四个自信"。

其次，思政课要实现正确的价值引导，必须处理好课程教学中建设性与批判性的关系。建设是"立"，要旗帜鲜明地传导主流意识形态，培育和践行社会主义核心价值观；"破"就是要敢于对各种错误观点、歪理邪说、伪科学等进行回击和批判。

最后，思政课实现正确的价值引导，必须要充分体现现实关怀。如果思想政治理论课缺少与现实硬碰硬的自信和担当，对现实问题避而不谈，对学生的困惑置若罔闻，就会弱化思想政治理论课价值引导功能，就会影响马克思主义的说服力、吸引力和战斗力。当然，思政课的现实观照能力，需要马克思主义理论学科和师资队伍建设的配套支持。正如邓小平所说："有相当一部分理论工作者，对于社会主义现代化建设实践中提出的种种重大的理论问题缺乏兴趣，不愿意对现实问题进行调查和研究，表示要同现实保持距离，免得犯错误，或者认为没有学术价值”[①]，这种错误的思想倾向，极大影响了思政课的现实生命力和价值引导力。思政课应该加强对主流价值观的学术研究和学理阐释，创新思政课的话语体系、学术体系、学科体系，进而建构一套能够准确阐释党的创新理论的知识体系，并通过系统的知识传授，在更新、更高的程度上实现价值性与知识性的统一。

在“知识爆炸”的时代，知识获取越来越容易，渠道越来越多元，但价值塑造不能通过技术发展直接达成。因此，通过思想政治理论课这个主渠道，以知识传授来支撑价值引导，以价值引导来引领知识传授，拧紧世界观、人生观、价值观这个“总开关”尤为重要。

① 邓小平文选：第 3 卷 [M]. 北京：人民出版社，1993：40.

第十四章　开展好思政课实践教学

2019年，习近平总书记在学校思想政治理论课教师座谈会提出："坚持理论性和实践性相统一，用科学理论培养人，重视思政课的实践性，把思政小课堂同社会大课堂结合起来，教育引导学生立鸿鹄志，做奋斗者。"实践观点是马克思主义哲学首要的和基本的观点，实践是实现人的全面发展的根本途径。思想政治理论课是对青年学生进行思想政治教育的主要渠道，实践教学是提升教学效果的重要途径。实践教学吸引力和感染力的提升，理论性与实践性的统一，对于推动思政课的改革创新具有重要意义。

一、思政课实践教学的地位和作用

实践教学是实现思政课理论与实际统一的重要途径，在思政课教学体系中占据着重要地位，对于提升思政课教学实效性起到关键作用。

1. 思政课实践教学的内涵及形式

实践教学是课堂教学的拓展和补充，根据思想政治教育教学的目标和计划，以课程内容为基础，有效地组织学生通过实践活动掌握课程内容，加深对我国社会制度与国内外形势的认识与理解。实践教学旨在培养学生运用理论分析问题和解决问题的能力，引导学生在直接参与中感知社会、体验人生，树立正确的世界观和方法论，促进学生综合素质和实践能力的提高。

高校的社会实践包括思想政治理论课的实践教学与大学生社会实践活动两类，前者属于教学领域，归教学部门管理；后者属于日常思想政治教育的领域，归学生工作部门管理。本书讨论的社会实践属于前者，并将思政课的实践教学分为课堂实践、校内实践、校外实践和虚拟实践教学四种形式。

（1）课堂实践

课堂实践是思想政治理论课教学模式的改革创新，主要以师生在课堂上进行实践活动为主，例如分析时政案例、观看影视纪录片等。课堂实践教学具有明显的优势：首先，课堂实践教学的内容是对教材内容的直接体现，与教师所传授的理论知识联系最为密切，更能形成整体的合力；其次，课堂实践教学效果反馈较快，教师可以在第一时间得到学生的反馈，更为主动及时地调整教学节奏；最后，课堂实践教学的成本低，对教学场地、资金投入等的要求不高，具有很强的可实现性和可操作性。

（2）校内实践教学

校内实践教学是课堂理论教学的直接补充和应用，是指在课堂以外的学校范围内的实践教学，如校内讲座、辩论比赛和其他校园文化活动等。校内实践教学将实践教学的范围扩大，拓展课堂教学的内容，开阔了学生的视野。

（3）校外实践教学

校外实践教学是指在社会场所进行的实践教学活动，包括校外实践基地建设、革命景点参观、社会调查等。社会实践教学有助于大学生深入基层，充分利用社会大课堂，通过亲身实践来认识社会，提高实践能力，进而提升教育效果。在校外实践教学中，可以建立相对稳定的校外实践教学基地作为教学改革的新载体，也可以利用红色资源，组织学生参观博物馆、纪念馆等对学生进行思想政治教育，还可以在教师的指导下鼓励学生深入社会基层进行调查研究，了解社会现实，倡导学生运用所学知识服务于社会，让学生在实践中深化对理论的认识。校外实践教学，需要人力、物力和财力的支持，如何保证实践教学活动的持续性和普遍性是需要思考的重要问题。

（4）虚拟实践教学

在“互联网 +”时代，虚拟实践教学指人们运用计算机、网络和虚拟现实（VR）等信息技术在电脑网络空间中有目的地进行能动的改造和探索虚拟客体的一种客观活动。虚拟教学作为传统实践教学有效的补充完善，逐渐引起一线教育工作者的重视，成为研究者关注的热点问题。

2. 思政课实践教学的特点

实践教学作为思政课教学体系的重要一环，其主要特点可概括为：

（1）充分体现理论联系实际的马克思主义的基本原则

理论联系实际是思想政治理论课教学的基本原则之一，而实践教学是将马克思主义理论与社会实践活动连接起来的重要桥梁。实践教学要求高校通过整合优化各种资源，引导学生参与实践活动，深化并且丰富学生的认识，避免出现所学与所识、所知与所行不一致的状况。

（2）充分发挥社会大课堂的作用

实践教学的社会性主要体现为以下三个方面：首先是教学场所的社会性。实践教学既可以在课堂教室中，也可以是学院之内，还可以是社区、工厂等社会场所。其次是参与人员的社会性。不同于理论教学，实践教学的参与者范围更广，充分体现了全员、全过程、全方位的“三全育人”的要求。最后是教学资源的社会性。理论教学主要以书本知识为主，而实践教学在书本知识的基础上，开发利用丰富的社会资源，使教学内容和教学形式更多样、更灵活。例如“思想道德修养与法律基础”课的实践教学，不仅可以组织学生进行校园内和校园外的志愿服务，提升思想道德修养；还可以在可能条件下，安排学生旁听法院审判，帮助学生提升法制观念和法律意识。实践教学协调统筹校内外资源，加强学校教育和社会教育的深度融合，多维并举构建了“大思政”的育人格局。

（3）实践教学充分体现了学生的主体地位

实践教学通过有效提高学生参与教学的主动性、积极性，增强思政课的说服力和亲和力，同时优化教师的主导作用，是对灌输式教学的合理扬弃，能够进一步实现主导性和主体性的有机统一。

3. 思政课实践教学的意义

（1）加强实践教学是对马克思主义理论的坚持与发展

“从思想政治理论课本质上看，理论教学与实践教学存在一体两面、彼此交融的关系。”① 思政课教学的主要任务是对大学生进行马克思主义理论教育，

① 张彦 . 新时代高校思想政治理论课实践教学的三大追问 [J]. 思想政治教育研究，2019（3）：55-59.

实践观点是马克思主义哲学首要的和基本的观点，必须坚持理论与实践相统一的原则，完成思政课的教学任务。

（2）思政课实践教学符合现代教育理论的要求

学校的教育不应该单向灌输给学生理论知识，更应该教育学生运用所学知识去解决实际问题，在实践中探索未知。随着社会的发展进步，人们的生活方式和思维方式发生了深刻的变化，其中以高校大学生最为突出：一方面，大学生学习能力强，接受的知识范围广，容易受各种社会思潮的影响；另一方面，大学生的社会阅历浅，对问题的理解容易停留在表面上，容易知其然而不知其所以然。因此，在重视理论教学的同时，必须加强实践教学，提高大学生对马克思主义理论、对中国特色社会主义理论的认同感，充分发挥学生在学习中的主观能动性，真正做到理论与实践相结合。

（3）思政课实践教学充分体现了对“三因”理念的遵循

“三因”理念是指思想政治教育要因事而化、因时而进、因势而新。高校思想政治教育不能脱离政治多极化、经济全球化和社会信息化的时代背景，不能脱离我国社会主义现代化建设的实际，面对社会上的各种不同的荣辱观、是非观、价值观的冲击，需要坚持思政课理论教学与实践教学的融合统一，增进大学生对国情和民意的了解，培养大学生发现问题、思考问题、解决问题的能力，培养学生的自主性和创造性。

综上，实践教学拓展了教学空间，“是一种将学校教育、社会教育和自我教育融为一体的教育方式，能使大学生在课堂之外的广阔天地获得来自亲身经历的第一手知识，是提高大学生爱国主义精神和社会责任感，加强其对中国特色社会主义伟大成就的理解，推动其全面发展的有效途径”[①]。

4. 实践教学与理论教学的关系

实践教学与理论教学既相互区别，又相互联系。理论教学主要以教师传道授业为主，通过课堂教学向学生传递科学的人生观、世界观和价值观；实践教学则重视学生在实践中的直接经验的获得，更强调学生主体地位。两者的教学

① 郭凤志 . 高校思想政治理论课程建设研究 [M]. 北京：北京师范大学出版社，2019：41.

目标和教学任务具有一致性，内在地统一于思政课教学中。

高校大多数课程都具有理论性和实践性的双重特征，都具有知识传授、能力培养和素质提升的教育功能，三者从逻辑上是层层递进的。课程建设之所以强调理论性，是因为大学教育不同于一般的职业技能教育，需要学生有较为扎实的理论功底，同时具有运用马克思主义立场观点方法解决实际问题的能力，培养出能够担当民族复兴大任的时代新人。只有知行合一，理论学习和生产实践相结合，才能将理论内化于心，外化于行，才能将理论知识转化为人民服务的本领，转化为推动民族复兴大业的强大力量。因此，各类课程的教育教学既要立足于课堂，将理论学习悟深悟透，又要走出课堂，向群众学习，向社会学习，在实践中学得真知，增长才干，要把每门课程的“小课堂”与社会这个“大课堂”紧密结合起来，真正做到学思用贯通、知信行统一。

正确认识高校思政课的理论性与实践性之间的关系，是提升思政课教学质量必须面对的重要问题之一。“首先，从思想政治理论课程的实施主体看，马克思主义理论教育是做人的思想工作的，教育者与教育对象都是社会生活中真实存在的个体，要想取得教育实效必须充分考虑人的各种现实需要。其次，从思想政治理论课程的内容来源看，马克思主义理论教育的思想主题来自时代和实践发展中出现的重大理论和现实问题，并随着社会历史发展而不断演进变，及时回应时代命题并将其转化为教学主题是思想政治理论课不可推卸的职责使命。……再次，从思想政治理论课程的目的来看，马克思主义理论教育的根本目的在于提升大学生的思想政治素质。思想政治理论课程不仅要引导大学生正确地认识世界，更重要的是引导他们去改造世界，使之在认识和改造客观世界的同时，改造自身的主观世界。最后，从思想政治理论课程效果的评价检测来看，马克思理论教育是否取得实效，不能凭主观臆断，只能通过社会实践来检验。”①

二、思政课实践教学的现状分析

马克思主义不仅把生产劳动看作人类社会存在和发展的基础，也把它看作

① 郭凤志 . 高校思想政治理论课程建设研究 [M]. 北京：北京师范大学出版社，2019：32-33.

实现人的全面发展的根本途径。列宁认为："没有年轻一代的教育和生产劳动的结合，未来社会的理想是不可想象的：无论是脱离生产劳动的教学与教育，或是没有同时进行教学和教育的生产劳动都不能达到现代技术和科学知识现状所要求的高度。"[①] 教育与生产劳动相结合能够贯彻理论与实践相结合的方针，培养既掌握理论基础知识，又有实践能力的人，符合社会化大生产的客观要求和发展趋势，具有合理性和必要性，也是我国高等教育始终遵循的原则之一，取得了丰富的经验。

1. 思政课实践教学取得的成绩和经验总结

（1）对实践教学重要性的认识逐步提升

"新中国成立初期强调，理论学习要在可能的情形下，酌量配合实际行动（不宜太多），如参加生产劳动、社会活动等，使感性认识与理论知识相印证，取得巩固提高的效果。在全面建设社会主义时期，高校思想政治理论课程安排学生参加实际的社会主义教育运动，提倡在实践中学习马克思主义列宁主义、毛泽东思想；进一步强调在批判思想的过程中学习马克思列宁主义、毛泽东思想，提高学生识别'鲜花'和'毒草'的能力。"[②] 新中国成立后，动员和组织广大学生投身于社会实践，投身于革命洪流，接触工农，了解社会，接受阶级教育、爱国主义教育，对于一代大学生转变世界观和政治立场，起了十分重要的作用。这些都是当时历史条件下，学校德育与参加社会实践相结合的成功典范。此后由于"左"倾思想的影响，单纯强调通过劳动和实践获得直接经验和感性知识，忽视了系统理论知识的价值，这是对教育与劳动关系、对社会实践以及理论教学和实践教学关系的狭隘理解，造成了高校思想政治理论课建设的挫折。

改革开放以来，尤其是"05 方案"实施以来，国家出台的一系列政策，明确了思政课实践教学的重要性，为实践教学的顺利进行提供政策保证和理论指导。1994 年 6 月，《关于加强普通高等学校教学工作的意见》指出，生产

① 列宁全集：第 2 卷 [M]. 北京：人民出版社，1984：463.

② 郭凤志 . 高校思想政治理论课程建设研究 [M]. 北京：北京师范大学出版社，2019：180.

实习和社会实践是贯彻教育与生产劳动相结合的方针，是促进学生德智体全面发展的重要教学环节；1995 年的《中华人民共和国教育法》第五条规定："教育必须为社会主义现代化建设服务，必须与生产劳动相结合"；2004 年，中共中央国务院《关于进一步加强和改进大学生思想政治教育的意见》明确提出："坚持政治理论教育与社会实践相结合。既重视课堂教育，又注重引导大学生深入社会、了解社会、服务社会"；2005 年，中宣部、教育部下发的《关于进一步加强和改进高等学校思想政治理论课的意见》进一步明确提出："高等学校思政课所有课程都要加强实践环节"；2005 年 2 月，《中央宣传部 中央文明办 教育部 共青团中央关于进一步加强和改进大学生社会实践的意见》提出："坚持课内与课外相结合，集中与分散相结合，确保每一个大学生都能参加社会实践，确保思想政治教育贯穿于社会实践的全过程"，同时"坚持整合资源，调动校内外各方面积极性，努力形成全社会支持大学生社会实践的良好局面"。

进入新时代以来，对思政课的实践教学的重视，首先集中体现在对劳育的重视，培养德智体美劳全面发展的人才。2018 年 9 月 10 日，在全国教育大会上的讲话中，习近平总书记在讲话中提出"培养德智体美劳全面发展的社会主义建设者和接班人"，将"劳育"纳入全面发展的要求。"劳育"不仅是教育的重要内容，也是实现培养目标的途径，体现了加强实践教学的重要性。2020 年 3 月，中共中央、国务院印发的《关于全面加强新时代大中小学劳动教育的意见》强调，劳动教育是中国特色社会主义教育制度的重要内容，要求把劳动教育纳入人才培养全过程，在大中小学设立劳动教育必修课程。新时代对实践教学的重视还体现在明确规定实践教学的学分和形式。2018 年 4 月，《新时代高校思想政治理论课教学工作基本要求》提出："实践教学作为课堂教学的延伸拓展，重在帮助学生巩固课堂学习效果，深化对教学重点难点问题的理解和掌握。要制定实践教学大纲，整合实践教学资源，拓展实践教学形式，注重实践教学效果。规定从本科思想政治理论课现有学分中划出 2 个学分，从专科思想政治理论课现有学分中划出 1 个学分，开展思想政治理论课实践教学。实践形式可以是参加教师统一组织的实践教学，也可以提交与思想政治理论课学习相关的实践成果。"

（2）实践课教学模式逐渐规范化

随着对实践教学重要性认识的提升，各高校紧紧围绕四门骨干课程，充分利用原有的基础、经验和教学资源，进行了系统性规划，针对四门理论课的教学特点，结合教学目标的要求，制订了系统的实践教学计划，并在实践中逐步完善。以燕山大学课堂实践教学为例：

“基础”课的实践教学，即“志愿者”。引导学生在以校内为主的公益服务中成为一名优秀的志愿者，将知识转化为行动，在实践中服务他人，提升道德素养，培养法律意识。同时要求大学生通过微视频和撰写成长报告的方式，记录个人在规定的时间内的成长经历、体会、感悟和收获，面对同龄人讲授个人成长故事。

“原理”课的实践教学，即“朗读者”。“原理”课程理论性较强，在实践教学中，由教师指导学生自主组团，选择经典著作、经典段落，完成朗诵和解读，并以撰写书信和制作视频的形式向同龄大学生推荐马克思主义经典著作或相关书籍，在吸引学生注意力、增加课堂趣味性的同时，锻炼了学生语言表达能力，传播了马克思主义真理，提升了学生对马克思主义基本原理的理解能力、分析能力和传播能力，坚定了学生对马克思主义的信仰。

“纲要”课的实践教学，即“穿越者”。围绕教学内容的要求，根据重大历史事件、纪念日等拟定实践教学方向，学生通过小组合作的方式创作和表演“情景剧”，通过浸入式的教学使学生深刻了解中国近现代的历史，正确地认识个人发展与国家命运的关系，深刻理解“四个选择”，自觉抵御历史虚无主义思潮，同时培养学生的团队精神和动手能力。

“概论”课的实践教学，即“观察者”。要求学生以团队合作的方式，选取特定的视角，参与创作，拍摄微电影，观察和分析当今中国社会现实问题和热点问题，向同龄大学生答疑解惑，增强学生运用马克思主义中国化理论成果分析问题、解决问题的能力，培养学生的社会责任感，增强道路自信、理论自信、制度自信和文化自信。“观察者”实践活动的主题通常结合时政热点进行：例如 2018 年主要围绕社会热点话题“中国式过马路”、网约车安全、中美贸易战等；2019 年是改革开放四十周年、五四运动一百周年，以微电影的形式回顾历史、展望未来，感受中国翻天覆地的变化；2020 年则以抗击疫情为主题，记录身边的感人故事，引导学生树立正确的价值观，将抗击疫情与“四个自信”联系起来，深入理解抗疫精神的深刻内涵。

综上，燕山大学思政课实践教学模式具有“立足校内、教师主导、学生主体、复合设计、个性选择、全员受益”的特点。校外实践教学受到场地、经费、交通等条件的限制，不易实施；而校内实践教学立足于校内教学资源的开发，不仅能做到全员覆盖，而且较少受其他条件的限制，具有长效发展的动力。校内实践教学的进一步发展，除了实践教学模式的逐渐规范化外，还需要在教学方法、考核方式和成绩评定等规范化上下功夫，重视教学成果的凝结和提升，更好地与课堂教学有机配合，形成育人合力。只要把好教学质量关，这一教学模式就能够可持续地发展。

（3）思政课的教学质量有所提高

思政课实践教学与理论教学相辅相成，实践教学的进行，不仅能增强学生对相关理论知识的认识以及对马克思列宁主义的认同感，还能培养学生的爱国主义情感和民族精神，使其树立科学的世界观、人生观和价值观，潜移默化地提高学生的道德素质，促进学生的全面发展。学生在实践教学过程中有所收获，保证思政课教学质量的提升，提升了学生对思政课的满意程度。

2. 思政课实践教学存在的问题和原因分析

习近平总书记强调，思想政治理论课的改革创新要坚持理论性与实践性的统一，在教学中，实践教学存在的可提升之处包括：

（1）受教育者的“主体性缺失”

思政课实践教学能否有效调动学生的主观能动性，直接影响着高校思政课的实效性，而在发挥学生主体性上，实践教学依然有可进步的空间，具体表现在：

第一，学生对于实践教学的重要性认识不足。认为实践教学只是“形式上的东西”，参加社会实践活动等于“浪费时间”，考核时交一份调研报告，应付即可，造成实践教学可有可无，走过场、做虚功的形式主义倾向。

第二，学生在实践教学中主体性发挥不足。习近平总书记在全国高校思想政治工作会议上强调："思想政治工作从根本上说是做人的工作，必须围绕学生、关照学生、服务学生。"思政课的真正主体是学生，教师应该发挥主导作用，比较起理论教学，实践教学对学生的主体性作用的发挥要求更高。但是在现实的教学环节中，由于对灌输式教学方式的路径依赖，部分思政课教师采取了"一刀切"办法，学生看似积极参与了活动的全部过程，但只是在统一安排下"照猫画虎"，不利于学生的积极性和主动性的发挥。

（2）教育者的"本领恐慌"

教师是思政课实践教学的引导者和激励者，在实践教学中承担着教学组织的重要责任，教师课堂组织能力的高低，直接影响了实践教学的效果。教育者的"本领恐慌"，集中体现为以下两个方面。

首先，实践教学方法改革和创新的相对滞后。实践教学需要任课教师付出大量时间与精力，精心设计，积极参与，需要教师有深厚的理论支撑、开阔的理论视野和丰富的经验积累。在实践教学中，教师既不能"事无巨细"，大包大揽地设计所有的教学过程，也不能照搬照抄理论教学的方式，更不能"事不关己"，置身事外，完全让学生"独立自主"完成，这些倾向都会影响实践课的教学实效。

其次，沟通协调机制的不完善。思政课是全校公共课，涉及来自不同学院不同专业的学生，思政课教学并不仅仅是马克思主义学院的工作，而是与日常思想政治教育工作，包括辅导员和班主任的工作、校园文化建设、心理健康咨询、学生宿舍和公寓管理工作等紧密相连的。相比于课堂教学，实践教学对学校各学院、各部门的沟通协调要求更高。另外，"思政课实践教学资源，是指在思政课实践教学组织实施过程中必不可少的、一切可以利用的、有利于实现实践教学总目标的人力、物力、财力等显性要素资源，以及信息、技术、管理制度、运行机制等隐性要素资源的总和"①。实践教学涉及的场所、经费、行程安全等具体问题，不举全校之力，很难顺利实施。因此，思政课实践教学能否

① 赵增彦．高校思政课实践教学资源多元化整合与一体化运用 [J]. 东北师范大学学报（哲学社会科学版），2013（2）：177-180.

与日常思想政治教育形成整体的育人合力，能否充分开发利用实践教学资源，很大程度上影响着实践教学的质量和效果。

除了统筹校内资源外，沟通协调机制还包括对校外资源和虚拟教学资源的整合不足，在可能条件下，走出课堂，走出学校，能够保证实践教学“为有源头活水来”。而在“互联网 +”时代，虚拟教学资源的利用和开发，发挥着越来越重要的作用，如燕山大学“英雄故事”虚拟仿真体验教学项目的启动，对思政课的理论教学形成了有益的补充。

（3）理论性与实践性的“两张皮”

理论教学与实践教学是密不可分的，在思政课教学过程中必须用理论指导实践，在实践中认知理论。二者的共同推进，要警惕和避免二者的脱节：实践教学不能降低理论要求，而是要以系统的理论学习作为基础和前提，避免实践仅停留在肤浅的感受层面。历史的经验教训已经充分证明：没有理论支撑的实践教学只能是无本之木、无源之水，只能停留在肤浅的感受层面。同时，课堂教学和实践教学不能“各行其是”，成为互不关联的单独存在，实践活动如果仅按照学生的兴趣来进行，忽视了实践教学的目的与意义，就不能有效衔接课堂教学的重点、难点，实现思政课的教学目标，实现二者的良性互动和协同增效。

（4）实践教学模式不够完善

由于实践教学的模式处在不断改革之中，因此教学模式有可完善之处。以燕山大学的“概论”课实践教学为例：实践教学采取半命题的方式，学生在教师的指导下，挖掘与“概论”课内容相关的社会现实素材和大学生关心的热点问题为创作主题，以小组形式参与“微视频”的创作和拍摄，微视频种类包括：微电影、访谈片、公益宣传片、校园故事片、实时纪录片等。教师根据微视频作品和实践报告，对学生进行成绩考核与评定，共 100 分，包括：小组作品共同分（60 分)+ 组员实践报告差别分（40 分）。其中，小组作品共同分（60 分）= 选题（20 分）+ 思想性（20 分）+ 团队协作能力（20 分）；组员差别分（40 分）= 组员实践报告及小组分工、贡献（参考组长报告）。由于是团队协作完成的方式，考核方式已经最大限度考虑如何避免学生“坐顺风车”的现象，但依然有学生在团队协作中“开小差”，滥竽充数，应付过关，教师也无法准确判断学生在实践活动中是否真的积极参与，有所收获。组员差别分（40 分）仅依据个人上交的文字材料评分，无法做到对每个学生进行全面、客观的综合评价，这种反馈机制的失灵，助长了学生在实践教学敷衍了事的心理，使实践教学的效果大打折扣，影响了实践教学的可持续发展和不断完善。

三、思政课实践教学实效性提升的路径

实践教学必须在完善规章制度的基础上，立足校内资源的同时，积极开发校外实践资源，探索实践教学新模式，才能进一步有效提升教学实效性，促进教学改革的进一步发展。

1. 提高教师实践教学能力

教师是提升实践教学效果的关键。实现思政课理论性和实践性相统一，首先需要教师在思想上跳出“重理论轻实践”的思维定式，并提升实践教学的能力。

（1）教师要将实践育人的理念贯彻到教学行动中

教师不能只是实践教学的组织者和评判者，而是要和学生一起参与到实践活动中去，才能在教学过程中由己及人，亲身体验并深入了解实践教学的难点和重点，不断完善实践教学模式，增强思政课的亲和力、针对性和说服力。

（2）建立科学的考核评价体系

实践教学考评方案不能仅仅看学生在实践活动结束后的报告，还要重视学生在日常生活中素质能力考评，观察学生是否真正将理论知识贯彻到日常生活中，是否能坚定理想信念，是否有高尚的道德情操。因此，如何客观评价学生在实践活动中的参与度和参与质量，公正评价教师在实践教学中扮演的角色和投入的精力，实现有效的反馈和双向互动，“以评促建”，是我们在思政课教学实践中必须解决的重要问题，需要与日常思想政治工作的协调和合作，形成整体的育人合力。

（3）加强对教师媒介素养的培训

信息时代，多媒体教学、远程直播教学和手机教学软件的发展，要求教育者熟练地掌握现代化教学工具，做到课上课下与学生不断联，网上网下与学生

面对面。相比于课堂教学，教师的媒介素养在实践教学中更为重要，需要对教师定期地集中培训，提高教育者的职业能力和素质。

总之，重视思政课教师重视自身能力的塑造和提升，以思想的“破冰”引领实践教学改革的“破局”，提高实践教学的实效性。

2. 充分挖掘利用校内资源

高校要充分挖掘校内的实践教学资源，利用丰富多样的社会实践活动，通过学校各部门的分工配合，完成课内课外、校内校外、网上线下实践活动的结合，构建完善的实践育人体系，实现思政课实践教学的全方位覆盖。

（1）整合思政课的实践教学资源

通过编写统一规范的实践教学大纲，制订合理有效的实施方案，形成相互独立、各具特色，又内在联系、相互影响的思想政治理论课实践教学体系。2015 年 7 月，《普通高校思想政治理论课建设体系创新计划》提出可通过以下方式，着力提高校园文化建设的理论品质：“实施高校学生马克思主义自主学习行动计划，充分发挥学生理论学习的主体作用。结合思想政治理论课程学习，组织学生开展形式多样的文化艺术活动，举办马克思主义理论学习沙龙。围绕社会主义核心价值观课堂学习，开展高校学生多媒体创作展示活动。围绕思想政治理论课热点难点问题，组织开展全国高校学生系列主题理论学习讨论会，让学生围绕一些模糊认识在讨论中增进价值认同，增强理论自信。”

（2）加强与学校其他单位组织的实践活动的衔接

校团委与学工部是学生活动的主要负责部门，思政课实践教学必须与其沟通合作，同时与其他社团活动、专业技术实习和就业创业实践比赛相衔接，形成“知马爱马”的校园文化氛围。

（3）建立思政课教师与辅导员、班主任的沟通机制

实践育人不只是思政课教师的任务，所有任课教师，与学生紧密联系的辅导员、班主任都应承担各自的责任，尤其是建立两支队伍的沟通机制，使思政课教师能够根据学生的专业和特长，设计与之相适应的实践教学活动，增强针对性和有效性；同时也有利于将正确的理念信仰，通过党团活动、社团活动等

方式，渗透到在学生的日常生活中去，实现对实践教学的有效助力，充分体现“三全育人”的要求。

3. 加强校外实践基地建设

列宁认为：“教育共产主义青年，绝不是向他们灌输关于道德的各种美丽动听的言辞和准则，教育并不是要这样。学习、教育和训练如果只限于学校以内，而与沸腾的实际生活相脱离，那我们是不会信赖的。”[①] 实践教学不仅是学校培养学生的一种教学方式，也是国家培养人才的重要途径，因此要开发校外实践资源，实现政府、社会和学校三方合作，为思政课实践教学营造良好的社会环境，形成“大思政”的格局。

（1）高校要争取政府相关部门的支持

学校要坚持开门办思政课，推动思政课实践教学与学生社会实践活动、志愿服务活动结合，思政小课堂和社会大课堂结合，鼓励党政机关、企事业单位等就近与高校对接，挂牌建立思政课实践教学基地，为学生提供更多的实践机会，使学生能够更直接地参与社会生活，例如社会主义核心价值观的宣传，“文明城市”形象建设，以及形式多样的公益活动等，有助于学生更直接地体会社会的发展进步，树立正确的世界观、人生观和价值观，使学生在志愿活动中坚定社会主义的理想信念。

（2）与其他高校合作建立实践基地的共建共享机制

随着思政课教学改革的深入，各大高校形成了各有特色的实践教学模式，如燕山大学社会主义核心价值观与精准扶贫实践基地的建设、石家庄铁道大学的西柏坡精神教育实践活动等。各高校应该进行实践教学经验交流，共建共享实践教学基地，互通有无，促进思政课教学实效性的提升，达到合作共赢的效果。

4. 重视开发利用网络资源

高校学生的思维模式、生活状态、学习习惯正在发生深刻的变化，通过互联网获得生活信息和学习资料的比例逐渐提升，微博、微信、QQ 等平均使用率也在逐年提高，为思政课实践教学提供了新载体、新思路和新空间。

---

① 列宁专题文集・论无产阶级政党 [M]. 北京：人民出版社，2009：289.

网络游戏、社交媒体、短视频平台等成为大学生课外生活的重要组成部分，也是思政课虚拟实践教学的最佳场所：以手机 App 作为载体，定期发布重要理论文章、校园活动信息、社会热点事件等，引起大学生的关注与讨论。开展以爱国主义为主题的微视频、微评论、微图片等评选活动，丰富学生课外生活，同时达到理论宣传的效果。促进实践教学同专业学习相结合，如燕山大学在艺术类学生的思想政治理论课教学中，教师将思政课的实践教学与艺术类的专业特点结合：发挥艺术设计、工业设计的专业特长，制作雕塑、绘画等红色文化主题的艺术作品；发挥音乐表演等专业的特长，参加特色校园文化活动“红色旋律”岁月回眸活动，加深学生对中国近现代历史以及中国共产党的路线、方针和政策的理解和认识。

理论教育和实践教育相结合是大学生思想政治教育的根本原则。对于培养中国特色社会主义事业的合格建设者和可靠接班人具有极其重要的意义。实践教学体现了感性认识和理性认识、认识世界和改造世界的有机统一，以直观化与生动化的形式延伸、拓展和深化了思想政治理论课程内容，保证学生将正确的理论内化于心，外化于行。而且有效地衔接课上课下、校内校外，充分发挥家庭、学校、社会的育人合力，体现全员育人、全过程育人和全方位育人的要求。经过长期的实践和探索，逐渐实现了思政课实践教学的全覆盖，学分逐渐固定，考核日益规范，形式也逐渐丰富。“坚持理论性和实践性相统一，是新中国 70 年思想政治理论课建设的光荣传统与基本原则”[①]，而理论教学与实践教学的同步推进，也是高校思想政治理论课改革的新趋向。

① 孙寿涛 . 高校思想政治理论课须坚持理论性与实践性相统一 [EB/OL].（2019-10-30）. http：//www.npopss-cn.gov.cn/n1/2019/1030/c219470-31427690.html.

第十五章　建设好思政课教师队伍

新中国成立后，我国始终重视思想政治理论课师资队伍的建设，2019 年 3 月，习近平主持召开学校思政课教师座谈会，强调“办好思想政治理论课关键在教师，关键在发挥教师的积极性、主动性、创造性”，并提出了“六个要”的要求，即“政治要强、情怀要深、思维要新、视野要广、自律要严、人格要正”，为进一步加强教师队伍建设指明了方向。其中“政治要强”“情怀要深”体现了师资队伍建设的方向和动力；“思维要新”“视野要广”体现了师资队伍建设的途径和方向；“自律要严”“人格要正”是师资队伍建设的保障和根基。

一、教师队伍建设的方向和动力

1.“政治要强”

列宁说：“在任何学校里，最重要的是课程的思想政治方向。这个方向由什么决定呢？完全只能由教学人员来决定的。”① 在思政课教师的“六个要”的要求中，“政治要强”居于首位。

“政治要强”要求思政课教师自身有坚定的政治信仰，在大是大非面前要保持政治清醒，与党和国家保持高度一致，并将坚定的政治立场、政治素质融入实际教学过程中，让有信仰的人讲信仰，“在马信马，在马懂马，在马言马”。在今天教学改革越来越强调学生主体作用的背景下，也绝不能削弱教师的主导地位，尤其是对政治素质的要求。

政治上的清醒来自理论的坚定。习近平总书记强调：“理想信念的确立，

① 列宁全集：第 45 卷 [M]. 北京：人民出版社，1990：249 .

是一种理性的选择，而不是一时的冲动，光有朴素的感情是远远不够的，还必须有深厚的理论信仰作支撑，否则一有风吹草动就会发生动摇。只要我们掌握了马克思主义基本原理，就能够深刻认识到实现共产主义是由一个一个阶段性目标逐步达成的漫长历史过程，需要若干代人接续奋斗、艰苦奋斗、不懈奋斗，就能够深刻认识到中国特色社会主义是实现中华民族伟大复兴的必由之路，也是中国共产党人带领人民追求崇高理想、开辟光明未来的成功道路。”[①]高校思想政治理论课是传播马克思主义的意识形态阵地，思政课教师是课程的主导者，对学生的影响最为直观与深刻，责任重大、使命光荣。“要把读马克思主义经典、悟马克思主义原理当作一种生活习惯，当作一种精神追求，用经典涵养正气、淬炼思想、升华境界、指导实践。”[②]只有在学透理论的基础上，才能做到真学真悟真用，学深学透学懂，能讲会讲善讲，深刻理解并清晰讲解在“百年未有之大变局”的世界局势下，在实现中华民族伟大复兴的历史重任下，只有中国共产党才能带领中国人民不断开辟光明，团结中华民族乘风破浪，扬帆远航。才能理直气壮讲好思政课，担起学生成长路上引路人的责任，引导学生坚定马克思主义的立场，运用马克思主义的观点和方法解决实际问题，理论联系实际，使马克思主义理论走进学生心里，引导学生树立正确的世界观。

综上，坚定的马克思主义信仰为课堂教学守正创新提供了明确方向和不竭动力，是思政课教师的必备素养，也是教师队伍建设的方向和动力。

2.“情怀要深”

思想政治理论课是大学生的必修课，不仅要向学生讲授专业知识，还要加强学生的信仰和情怀教育。如习近平总书记所说，思政课老师情怀要深，保持家国情怀，心里装着国家和民族，在党和人民的伟大实践中关注时代、关注社会，汲取养分、丰富思想。中国有家国同构的传统，家与国是休戚与共的共同体。正如习近平总书记在 2019 年春节团拜会上的讲话中指出：“没有国家繁

① 习近平 . 学习马克思主义基本理论是共产党人的必修课 [J]. 求知，2019（12）：4-8.

② 习近平 . 在纪念马克思诞辰 200 周年大会上的讲话 [N]. 人民日报，2018-05-05（02）.

荣发展，就没有家庭幸福美满。同样，没有家庭幸福美满，就没有国家繁荣发展。”《新时代爱国主义教育实施纲要》中也提出要“加强思想政治理论课教师队伍建设，让有信仰的人讲信仰，让有爱国情怀的人讲爱国”。爱国主义教育和思想政治理论课的教学目标是一致的，蒋南翔提出“三层楼”的理论：第一层楼是爱国主义，第二层楼是社会主义，第三层楼是树立共产主义世界观[①]，三者是依次递进的。爱国主义教育是基础和起点，只有首先是爱国者，才有可能上升到拥护党和社会主义，思想政治理论教育才会落到实处。孔子说：“其身正，不令而行；其身不正，虽令不从。”思政课教师要充分认识到个人前途和国家命运的紧密相连，砥砺爱国情怀，提升政治鉴别力，并寓于教书育人之中，讲好中国故事，激发学生的民族自豪感和政治认同感。

明心知往筑青年使命，致知力行育时代担当。习近平总书记在2018年5月2日，在北京大学师生座谈会上的讲话中指出：“爱国，不能停留在口号上，而是要把自己的理想同祖国的前途、把自己的人生同民族的命运紧密联系在一起，扎根人民，奉献国家。”思政课教师只有深情投入，砥砺爱国情怀，以情育人，才能感染学生，增强学生情感共鸣，从而引导学生自觉把爱国情融入实现中华民族伟大复兴的中国梦中。

二、教师队伍建设的途径和方法

1.“思维要新”

2016年12月，习近平总书记在全国高校思想政治工作会议上，提出加快师德师风建设的“四个相统一”的基本要求，即“坚持教书和育人相统一，坚持言传和身教相统一，坚持潜心问道和关注社会相统一，坚持学术自由和学术规范相统一”。“潜心问道和关注社会相统一”集中体现了“思维要新”的要求。

马克思主义理论关注社会的现实问题，是在实践中不断丰富和发展的，为无产阶级服务的科学的理论体系。正如恩格斯所说：“我们的理论是发展着的理论，而不是必须背得烂熟并机械地加以重复的教条。”[②] 马克思主义中国化的

① 蒋南翔．蒋南翔文集（下卷）[M]. 北京：清华大学出版社，1998：857.

② 马克思恩格斯文集：第10卷 [M]. 北京：人民出版社，2009：562.

理论成果，是将马克思主义与中国实际相结合的体系。因此思政课教师应立足于理论发展的前沿问题，因事而化、因时而进、因势而新。要关注时代，关注现实，不断从社会实践中汲取知识和养分，把国家在重大事件中展现的中国智慧融入课堂，作为加强思想政治教育的生动案例和鲜活素材，讲好中国故事，引领学生坚定理想信念，担当起时代赋予的使命。

大学生视野开阔，知识多元，而且在技术发展日新月异的今天，师生之间传统的知识讲授与接受的关系逐渐发生改变，学生掌握某些新知识、新技能的速度甚至超过教师，这种“文化反哺”是当今时代的典型特征，给思政课教师提出了新的挑战。教师如果求稳怕变，思维固化，对学生关心的热点和敏感问题闭口不谈，或者不能用正确的方式方法作出回应，就不能充分展现思政课的学理解释力和历史穿透力，提升思政课的时代感和吸引力。与时俱进是思政课教师教书育人的必备能力，教师要根据新时代学生的特点，不断更新教学的内容，以新的教学理念应对教学中出现的新问题和新情况，加强分类指导，着力因材施教，引导学生学深悟透，提升学生贯彻党的路线、方针、政策的理论自觉。总之，思政课教师思维要新，要与学生一起进步，和时代共同发展。

“思维要新”集中体现在思政课教学方法改革的创新能力上。根据京津冀地区高校教师的问卷调查，了解高校思政课教学方法改革的现状和必要性，进一步明确思政课教师素质提升和教学效果优化的路径。问卷的收集主要通过问卷星进行，共回收有效问卷 108 份。从被调查者的结构看（见图 15-1），教授、副教授、讲师、其他，所占比例依次为 18.52%、37.04%、29.63%、14.81%。教龄（见图 15-2）为“1 ～ 5 年”所占比例为 35.19%、“6 ～ 10 年”所占比例为 16.67%、“11 ～ 20 年”所占比例为 29.63%、“21 年以上”所占比例为 18.52%。所承担课程（见图 15-3）为“马克思主义基本原理”所占比例 18.52%（共 20 人）、“毛泽东思想与中国特色社会主义理论体系概论”的比例占 42.59%（共 46 人）、“中国近现代史纲要”所占比例为 31.48%（共 34 人）、“思想道德修养与法律基础”所占比例 25.93%（共 28 人）、“形势与政策”所占比例 46.3%（共 50 人）以及其他的比例为 14.81%（共 16 人），此次问卷调查具有比较广泛的代表性。

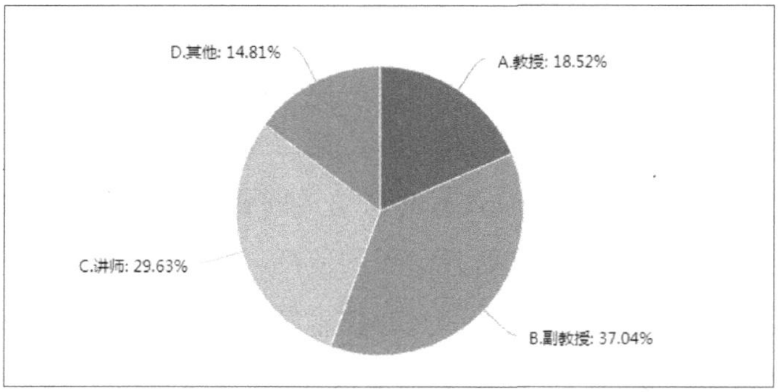

图 15-1　调查对象的职称类别

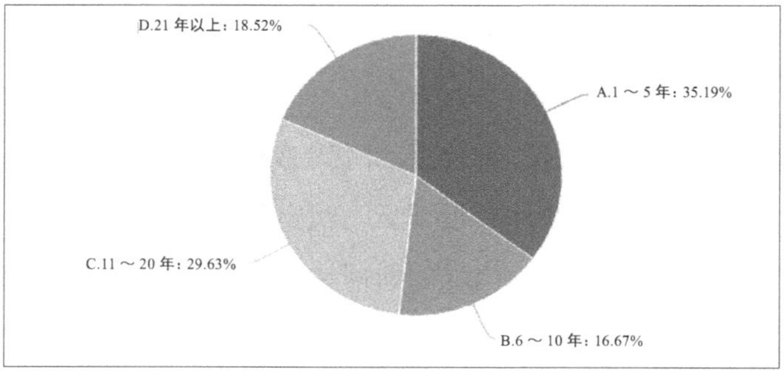

图 15-2　调查对象的教龄

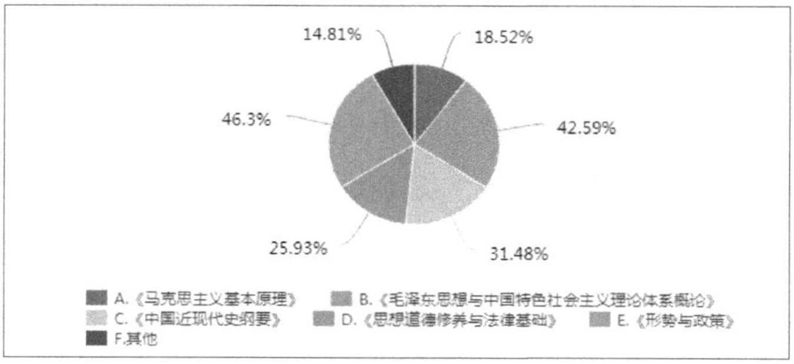

图 15-3　调查对象所承担的课程

问卷调研中，“您平时会使用什么方式进行思政课教学？”（见图 15-4），选择“传统教学法”的有 86 人，选择“慕课”的有 36 人，选择“翻转课堂”的有 44 人，选择“微电影教学法”有 24 人；所占比例分别为 79.63%、33.33%、40.74%、22.22%。可见大部分教师仍然采用传统的教学形式进行教学，教学理念有待创新，教学形式有待丰富。从教龄来看（见图 15-5），“平时会使用传统教学方式进行思政课教学”比例都居多，但教龄为“1 ～ 5 年”的教师“平时会使用慕课方式进行思政课教学”比例为 47.37%，“平时会使用翻转课堂方式进行思政课教学”比例为 63.16%，很明显使用新型教学方式的概率高于教龄教长的教师，年轻的教师的知识结构更新，更能适应时代发展的要求，运用符合学生特点的教学方式方法，提升思想政治理论课的实效性。

问卷中“您认为当前制约思政课学生主体性发挥的主要因素什么？”（见图 15-6），48.15% 的教师选择了“教学方法和手段单一”。此外，对“您认为提升学生在课堂上‘到课率’‘抬头率’‘互动率’的最有效措施应该是”的回答（见图 15-7），选择“改善教学方式方法”的有 74 人，所占比例达到了 68.52%，凸显了思政课教师的思维创新的必要性。有 56 人选择了“改变大班授课的现状，开展中班或小班授课”，所占比例达到 51.85%。这二者之间存在一定的相关性，因为班级规模大小，影响了教学方法和手段的使用。

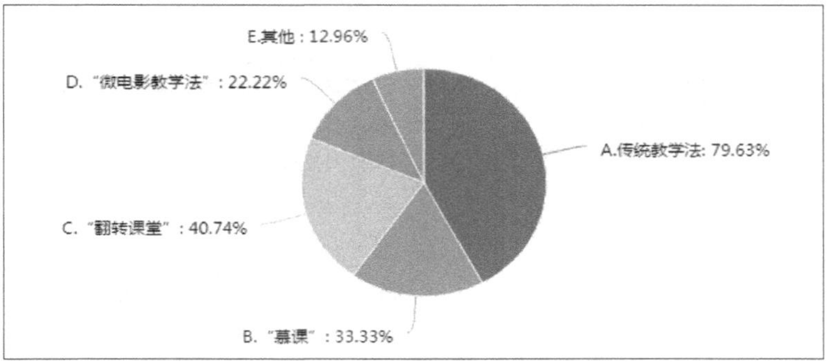

图 15-4　思政课教师采取的教学形式

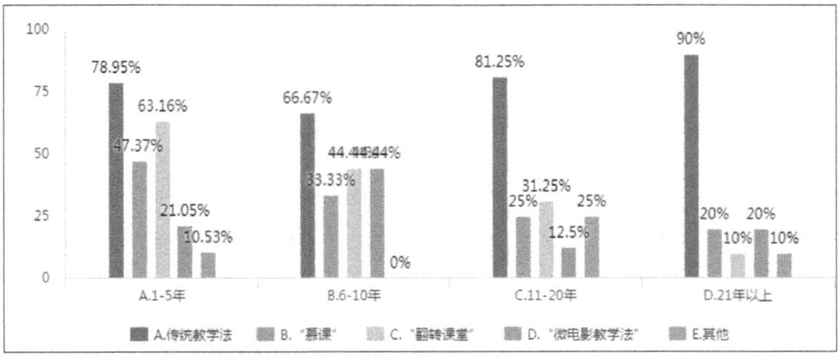

图 15-5　不同教龄思政课教师采取的教学形式

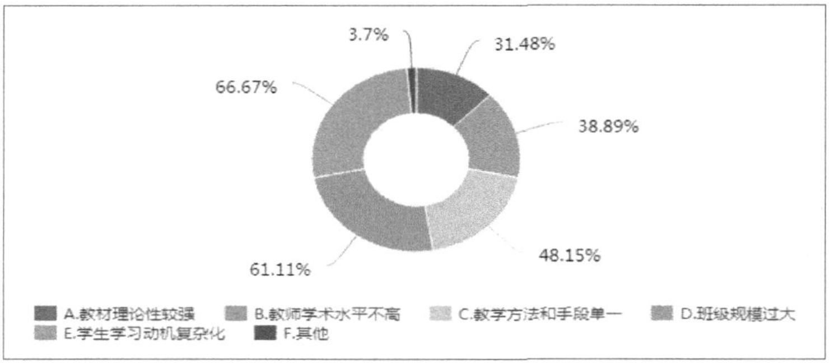

图 15-6　制约思政课学生主体性发挥的主要因素

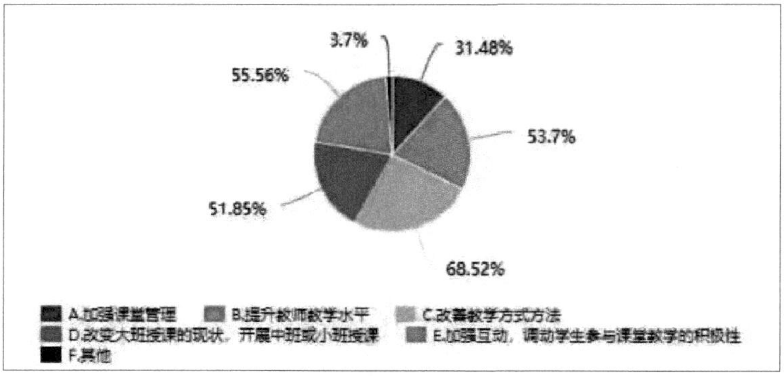

图 15-7　提升学生在课堂上“到课率”“抬头率”“互动率”的措施

2.“视野要广”

首先，思政课教师要有丰富的知识储备。“要给学生一杯水，教师就得有一桶水。”尤其是当今时代，获取信息的渠道越来越多元化，知识信息的更迭速度更是空前迅猛。新时代的思政课教师面临知识储备不足、知识体系陈旧的挑战，教师要提高终身学习的能力，保证教师的“一桶水”是“源头活水”。马克思主义理论本身涵盖哲学、经济学、政治学和社会学等相关学科，课程性质的广泛性要求思政课教师不仅要有创新思维和辩证思维，还要有丰富的知识储备，合理借鉴其他学科的理论观点和方法，多涉猎心理学、社会学、文学、伦理学等其他学科的知识，全方位、多层次地讲清马克思主义基本理论的深刻学理及内在逻辑。

其次，思政课教师要有开阔的国际视野。马克思主义理论是着眼于整个世界的，思政课教师的视野，也不能仅局限于地区或国家的发展，而是要着眼于世界格局。正如习近平总书记所说："我们要洞察时代风云，把握时代大势，站在人类发展前沿，积极探索关系人类前途命运的重大问题。要吸收人类创造的一切优秀文化成果，不断深化对共产党执政规律、社会主义建设规律、人类社会发展规律的认识，发展21世纪马克思主义、当代中国马克思主义，续写马克思主义中国化新篇章。"[①] 当今世界处于大变革和大发展的时代，中国与世界的联系日益紧密，在中国日益走近世界舞台中央的今天，积极参与世界文明的对话，提高跨文化交际的能力，吸收人类优秀文明成果已经是新时代大学生的必修课。在这样的大背景下，思政课教师要有开阔的国际视野，善于用国际化的眼光和胸怀去引导学生，吸收更丰富的人类文明成果，同时也要注意教育和引导学生客观、辩证地看待百年未有之大变局，以及给中国特色社会主义建设带来的机遇与挑战，引导学生将中国的发展置于国际视域中进行比较，在国际比较中坚定中国特色，理解"中国方案"，感受中国力量，增强爱国主义情感，彰显"四个自信"的底气和优势。

最后，思政课教师要具有深邃的历史视野。以史为鉴是中华文化的优良传统，也应该贯彻于思想政治理论课的教学中，现实问题固然重要，但是，树立历史观、把握历史大势能引导学生更深刻地理解中国特色社会主义道路的必然性和合理性。改革开放后，高校先后开设了"中共党史""中国革命史""中国近现代纲要"课，都体现出对大学生历史教育的重视。如果思政课教师对中国历史和世界历史的研究不深入，认识不深刻，会影响中国优秀传统文化的融入，使学生汲取历史智慧、把握中国未来发展方向的能力大打折扣。历史是最好的教科书，也是最好的清醒剂。教师通过生动、深入和具体的纵横比较，深入浅出，史论结合，有理有据，把道理讲明白、讲清楚，找到历史与现实的思想契合点，使学生能够充分认识昨天，理解今天，更好地预见明天。

2018年是"千禧一代"进入高校的元年，"00后"的大学生视野开阔，知识多元，具有鲜明的主体性特点。不管是思想政治理论课的特殊性，还是教育对象的时代特点，都要求思政课教师要有开阔的视野。

---

① 习近平．学习马克思主义基本理论是共产党人的必修课 [J]. 求知，2019（12）： 4-8.

三、教师队伍建设的保障和根基

1.“自律要严”

教师要严格约束自己，言行一致，知行合一，言传身教，只有这样，才能让学生心服口服，收到教育效果。假若学生看到的是一个“分裂”型人格的教师，课上一套课下一套，网上一套网下一套，说一套做一套，在网络虚拟空间中发表一些过激言论，盲目跟风一些消极观点，在大是大非问题面前模棱两可，那在课堂讲授中的理论自然没有说服力和感召力，培养出来的学生也容易形成虚伪的双重人格，成为“两面人”。在课堂上生活中，教师的言行要与党和国家保持一致；在日常生活中也要严格要求自己，“吾日三省吾身”，“见贤思齐焉，见不贤而内自省也”，践行社会主义核心价值观，弘扬正能量，做时代的引领者。

“学术研究无禁区，课堂讲授有纪律。”课堂教学构筑高校意识形态的安全底线，如果授课教师以所谓的“百家争鸣”为名，不加分析地讲授各种社会思潮，就会给错误思潮的侵袭留下缝隙，导致高校意识形态阵地的失守。思想政治理论课教师要守底线，自律要严，“底线”即对教师的基础性要求和硬性约束。2004 年 10 月 15 日，中共中央国务院《关于进一步加强和改进大学生思想政治教育的意见》提出，思政课教师“在讲台上和教材中不得散布违背宪法和党的路线方针政策的错误观点和言论”；2018 年 11 月 8 日，《新时代高校教师职业行为十项准则》要求教师“不得在教育教学活动中及其他场合有损害党中央权威、违背党的路线方针政策的言行”。新中国成立后的历史证明，越是在社会剧烈变迁的历史时刻，越是在面对大是大非的问题的时候，教师的主导作用就越凸显其特殊的重要性。加强师资队伍建设是高校思想政治理论课事关党的思想理论和意识形态的工作全局，关系到马克思主义事业的薪火相传，有进有退，动态管理，“让有信仰的人讲信仰”，自律要严是思政课教师坚持正确政治导向的重要保障。

2.“人格要正”

习近平总书记对思政课教师提出了人格要正的素质要求。“亲其师才能信其道。”思政课教师以高尚的人格，为学生做好表率，在课堂上以交流分享的方式把马克思理论与大学生自身发展相结合，通过讲故事的形式讲政治，以理服人，以情服人。立足学生的专业领域，尊重学生的主体地位，着眼学生的身心特点，提升亲和力，为学生传道、授业、解惑。以传授学习之道为基，做人之道为本，爱国之道为根，笃行致远；以授科创之道为重，求职之道为要，坚定执着；以立德为根本，以树人为核心。以亦师亦友的身份做学生的知心人、热心人和引路人。

“教师重要，就在于教师的工作是塑造灵魂、塑造生命、塑造人的工作。”① 核心就是价值塑造、价值引领。教育不是教师把知识“装进”学生的脑袋，而是要培养有理想、有道德、有文化、有纪律的有益于国家和社会的全面发展的人。随着科学技术的发展，机器的复制与储存能力使单纯人际间的知识传授变得越来越简单，教师工作的神圣感、崇高感日益受到挑战，对其创新性提出了更高的要求。教师队伍的政治素养、思想高度、师德教风和职业精神对学生成长的影响，对学生正确的世界观、人生观、价值观产生的影响，既是直接的，更是潜移默化的。教师不仅要向学生传授科学知识，更要成为学生成长的引路人，教会学生明辨是非，知晓善恶。

第一，教师要以坚定的理想信念鼓舞和激励学生立志报国。理想信念是价值引领的“风向标”。“正确的理想信念是教书育人、播种未来的指路明灯。”② 理想信念是人生的“总开关”，是源头活水。一名优秀教师，应该把“传道”之“道”，无论是正确的人生之“道”、家国之“道”，还是处事之“道”、职业之“道”，都蕴含在“授业”“解惑”的过程中，用正确的方法和理念诠释理论和实践，以自身切身感悟引导学生坚定“四个自信”。

第二，教师要以高尚的道德情操彰显榜样力量，成为学生成长的“引路人”。教师高尚的师德体现在对所从事事业的忠诚和热爱上。具备高尚的师德，能够确保教师在处理好自己与他人、与社会、与国家的关系中不断提升自我。真正的教育不仅体现在课堂上教师的敬业、平等、包容，也包括生活上对教育

① 习近平 . 做党和人民满意的好老师——同北京师范大学师生代表座谈时的讲话 [N]. 人民日报，2014-09-10（02）.

② 同上。

对象的无微不至、情感上的休戚与共。高尚道德是价值引领的“奠基石”，良好的道德情操是一个人的境界修为，教师的道德情操，彰显榜样的力量，体现生命对生命的“灌溉”，精神对精神的“濡染”。

教师要以仁爱之心让学生在接受教育的过程中收获幸福，让课堂拥有生命的温度。教师对学生的“爱”是实现价值引领的“润滑剂”和“加速器”。“好老师一定要平等对待每一个学生，尊重学生的个性，理解学生的情感，包容学生的缺点和不足，善于发现每一个学生的长处和闪光点，让所有学生都成长为有用之才。”[①] 教师通过自己对学生的关爱和帮助使学生有更好的发展，以学生的成长和成功为荣、为乐，进而自己获得精神上的富足和愉悦，享受“得天下英才而育之”“桃李满天下”的幸福感。仁者爱人，教师对学生的爱不仅有助于学生在充满关爱的教育环境中成长，成为爱的拥有者、传递者、创造者，也能够使教师自身保持良好的生命状态，从工作中发现并获得幸福，因而更加爱岗敬业，为自身追求卓越提供不竭动力，成为教师理想信念的不竭源泉！

在思想政治理论课教学中，要把发挥教师的主导作用和学生的主体作用结合起来，一方面，重视发挥教师的主导作用，不断提升教师在教学过程中的主导性，提升教师教学自信和对课堂教学方法的把握；另一方面，始终把理论联系实际，关注大学生思想发展状况，回应学生关心的思想理论热点问题，作为教学方法探索的基本原则和方针，鼓励和引导学生参与课程教学活动。

① 习近平．做党和人民满意的好老师——同北京师范大学师生代表座谈时的讲话 [N]. 人民日报，2014-09-10（02）.

第十六章　发挥学生在思政课教学中的主体性地位

教学活动是师生之间在一定的政策环境和场域空间范围内围绕教学内容的双向互动的过程，教学方法发展离不开师生之间的双向互动。任何课程的教学过程中都要处理好教师主导与学生主体的关系，由于思想政治理论课教学内容的特殊性，学生在学习过程中的主体作用表现得更为充分。

2005 年 2 月 7 日，《中共中央宣传部、教育部关于进一步加强和改进大学生思想政治教育的意见》提出：“充分发挥教师的主导作用，提高马克思主义理论的说服力和感染力。充分发挥学生学习的主体作用，激发学生学习的积极性和主动性。”[①]2016 年 12 月，习近平总书记在全国高校思想政治工作会议上强调：“思想政治工作必须围绕学生、关照学生、服务学生，不断提高学生思想水平、政治觉悟、道德品质、文化素养，让学生成为德才兼备、全面发展的人才。”2019 年 3 月，习近平总书记主持召开学校思想政治理论课教师座谈会，明确指出：“思政课教学离不开教师的主导，同时要加大对学生的认知规律和接受特点的研究，发挥学生主体性作用。”如何在思政课中实现发挥教师主导作用和培养学生主体意识的统一，提高学生的自我探索性、自我选择性、自我建构性和自我创造性，是高校思想政治理论课改革需要始终面对的问题。

① 中共中央宣传部、教育部关于进一步加强和改进大学生思想政治教育的意见（2005 年 2 月 7 日）[C]// 教育部社会科学司 . 普通高校思想政治理论课文献选编（1949—2008）. 北京：中国人民大学出版社，2008：216.

一、思政课学生主体性发挥的理论基础

主体性是指人作为活动主体的本质特征和根本属性。主体性的问题，最早可追溯到古希腊哲学家普罗泰戈拉所提出的“人是万物的尺度”。马克思在《1844年经济学哲学手稿》中指出：“人通过自己的外化把自己现实的、对象性的本质力量设定为异己的对象，它是对象性的本质力量的主体。因此，这些本质力量的活动也必须是对象性的活动。”[①] 这里所强调的是：“主体性实质上指的是人的自我认识、自我理解、自我超越的生命运动，及其表现出来的种种特性，如自主性、选择性和创造性，等等，它是人通过实践和反思而达到的存在状态和生命境界，展现了人生命活动的深度和广度，是人生命自觉的一种哲学表达。”[②] 思政课学生主体性就是指学生在课堂上能够在老师的正确引导下，积极主动地参加教学活动，积极回答课堂问题，积极参与课堂讨论，积极完成相关任务。在课下，学生通过查找相关资料，创造性地提出问题，与教师进行探讨。同时，能够积极参加实践教学活动，增强运用理论知识指导实践的能力。在整个教学过程中，教师能够成为学生的引路人，学生能够自觉主动参与教学活动，完成教师主导性与学生主体性的统一。

1. 高校思政课学生主体性发挥的理论基础

（1）素质教育理论

素质教育是落实立德树人根本任务的时代要求。从“有理想、有道德、有文化、守纪律的人民”[③] 到“教育要面向现代化，面向世界，面向未来”[④]，素质教育逐渐成为高校育人的指导思想。1997年，《关于当前积极推进中小学实施素质教育的若干意见》提出：“素质教育是以提高民族素质为宗旨的教育，着眼于受教育者及社会长远发展的要求，以面向全体学生、全面提升学生的基本素质为根本宗旨，以注重培养受教育者的态度、能力，促进他们在德智体等方

① 马克思.1844年经济学哲学手稿［M］. 北京：人民出版社，2014：102.

② 郭永玉. 人格心理学：人性及其差异的研究 [M]. 北京：中国社会科学出版社，2005：106.

③ 邓小平文选：第2卷 [M]. 北京：人民出版社，1994：408.

④ 邓小平文选：第3卷 [M]. 北京：人民出版社，1993：35.

面生动、活泼、主动的发展为基本特征的教育。”① 素质教育以尊重人的主体性和主动性为基础，是推动学生全面发展和健康成长的必然途径。高校是人才的培养的高地，思想政治理论课是落实立德树人根本任务的关键课程，发挥学生主体性是推进素质教育的必然途径。

（2）人的全面发展理论

人的全面发展理论是马克思主义学说的核心理论，是推动思政课发挥学生主体性的理论前提。马克思在《1844 年经济学哲学手稿》中提出：“一个种的整体特性、种的类特质就在于生命活动的性质，而自由的有意识的活动恰恰就是人的类特性。”② 在马克思看来，这种“人的有意识的生命活动”构成了人的“类存在物”的本质，是自由的对象性的活动。在学生身上体现为积极主动性，积极主动性是指学生的主观能动性在具体实践中的外在表现。随着时代的发展，作为受教育个体的需求日趋多样，思想独立性、选择性、多变性的特征日益明显，仅仅依靠灌输式的课堂讲授，难以获得良好的教学效果。因此，要尊重学生思想，尊重学生个性，尊重学生创造，充分考虑受教育者的内在需求，激发其积极性，发挥其主动性，培养德智体美劳全面发展的社会主义建设者和接班人。

2. 高校思政课学生主体性发挥的必要性

（1）贯彻“以人为本”教育理念的需要

学生主体性的发挥是高校贯彻“以人为本”教育理念的充分体现，也是思政课建设必须要坚持和贯彻的基本理念。坚持以人为本，要认识到大学生既是实践主体，又是价值主体，在调动大学生的主动性、积极性，充分发挥大学生能动作用的同时，又要尊重、关心、理解学生，全面满足学生的物质、精神需要，实现学生的全面发展。思政课作为引领大学生价值观形成的关键课程，要贯彻以人为本的理念，履行关心青年学生成长的重要责任。

---

① 国家教委提出十项重要措施，积极推进中小学实施素质教育 [J]. 人民教育，1997（12）：43.

② 马克思 .1844 年经济学哲学手稿 [M]. 北京：人民出版社，2014：53.

（2）办好思想政治理论课的需要

思政课传播马克思主义意识形态，用马克思主义“三观”占领大学生思想阵地，是高校贯彻党的教育方针，体现社会主义办学方向的显著标志。“现有思想政治理论课程教学方法过多重视教师的‘教法’而忽视学生的‘学法’，注重教师单向主体性的发挥而忽视学生作为学习主体的主体性发挥。学生学习中的客体地位和学习动力不足严重制约了教学效果的实现。教育学原理强调，‘教’是为了‘学’，不能引起‘学’的‘教’是无效教学。”[①] 如何讲活思政课，是我们始终关注和急需解决的问题，而充分发挥学生的主体作用是关键：教师充分发挥主导作用，帮助学生树立坚定崇高的理想信念，完成从“要我学”到“我要学”的积极转变，实现马克思主义理论教育的入脑入心。

（3）大学生成长成才的需要

2016 年 12 月，习近平总书记在全国高校思想政治工作会议上强调：“高校思想政治工作关系高校培养什么样的人、如何培养人以及为谁培养人这个根本问题。”而发挥学生主体性是促进大学生成长成才的内在动力。通过主体性的发挥，强化个体的学习动机，进而规范个体的学习行为，促成个体良好学习习惯的养成和行为方式的构建，使大学生在学习思政课的同时提升理论素养、培养健全人格、锻炼意志品质、规范个体行为，为德智体美劳全面发展的实现提供政治思想保障和内在动力。同时还看到，教师的主导性和学生的主体性是内在统一、一体两面的：思政课教师要发挥主导作用，掌握课堂节奏，以“情怀”为内在指引，以“以人为本”的教学理念为职业目标，在课堂上要了解学生的思想和需求，寻找学生的闪光点。根据新时代学生的特点，加强分类指导、着力因材施教，用崇高的人格感化学生，以坚定的信仰带动学生，用家国情怀感召学生，以辩证思维引导学生，做思政课创新的引路人，承担起教育大学生成人成才的历史重任。

① 郭凤志 . 高校思想政治理论课建设研究 [M]. 北京：北京师范大学出版社，2019：184.

二、思政课学生主体性发挥的现状分析

思想政治理论课教学目标的达成和教学效果的提升，不仅取决于理论本身的正确性，也取决于教学方法的科学性和有效性。而教学方法的改革创新，需要准确把握学生代际的特征，遵循教育教学的规律，“把科学的理论通过恰当的方式转化为学生头脑中批判的武器，化理论为德性和实践”①。

1. 学生主体性发挥取得的成绩

（1）“慕课”混合式教学

互联网为实现思想政治教学模式创新提供了新的载体和契机。如清华大学“中国近现代史纲要”课充分利用了“慕课”开展混合式教学，将线上课程与线下教学环节紧密联系，注重师生互动和学生自主学习能力的培养，调动了学生的积极性、主动性，实现教学模式的创新。

清华大学“慕课”充分利用“互联网 +”大潮的蓬勃发展，应用大数据技术，精心设计教学环节，汇聚优质的师资录制教学视频，力求内容贴近学生实际，充分激发学生的学习兴趣。采取线上授课、线下讨论的教学模式，设置开放讨论区，及时解答学生疑问，真实反映学生的兴趣点与疑问，增强教学过程的互动性，使学生乐于参与教学，有利于教师深入了解学生的认知水平与知识基础，从而有针对性地予以深度讲解，为线下讨论奠定基础。清华大学“慕课”采取小班主题讨论和名师辅学讲座两种方式的线下教学，作为线上教学的补充。在主题的选择上，线下教学结合线上的课后问题，紧跟时代热点，兼顾学生兴趣，学生通过讲演、PPT 展示等形式表达自己对某一问题的理解，在自主的学习与探索中，进一步巩固对重点、难点、热点问题的理解。“慕课”增强了思政课教学对大学生的吸引力和感染力，有利于学生主体性作用的发挥，将正确的理论内化于心，外化于行。

（2）“研究互动式”教学

天津大学在思想政治课课程改革的探索中，形成了以“理论讲授与专题研

① 高国希 . 思想政治理论课内涵式发展的三个维度 [J]. 马克思主义理论学科研究，2019（3）：148-157.

究相结合”“教师主导与学生参与相结合”“过程评价与师生共评相结合”的“研究型互动式”教学模式，提高思政课学生参与度，发挥学生主体性。

第一，理论讲授与专题研究相结合。传统的高校思政课教学模式以灌输式教学为主，无法真正发挥学生主体性作用。天津大学在系统的理论教学方式的基础上，指导学生根据自己的研究兴趣与社会热点开展专题研究，并纳入思政课教学环节，实现了学生自主研究式教学。主要形式为“关注一个社会热点、分析一个社会事件、搞一项社会调查、提一项有益措施”，即教师结合课程内容与时政热点设立专题，学生自由结组并选择感兴趣的专题进行调查研究、分析并撰写调查报告。这种专题研究促使学生带着问题学习，并且能够在实际调查活动中运用理论知识，做到理论与实际的结合，使思政课“活”了起来，有效激发了学生学习兴趣。

第二，教师主导与学生主体相结合。天津大学对思政课的教学模式进行了深度改革：教师在课堂上安排专题研讨，为学生创造展示的机会，把课堂话语主导权交给学生，引导学生主动展示、讲解、交流和讨论，最后由教师进行总结，点评，帮助学生巩固、深化对知识的理解，真正做到把“教”与“学”的互动贯穿于每门课程的全过程。同时充分利用“天外天”学生网站开通了网上课堂，提高学生的参与度，让学生真正地在课堂上“动”起来。

第三，过程评价与师生共评相结合。教学评价和考核是教学反馈的重要方式之一。天津大学重视思政课考核评价方式改革，学生的成绩不再是“一考定乾坤”，除了最后的期末成绩外，更注重过程考核的比重。在教学过程中适当增加生生互评并纳入最终考核成绩中，使学生的参与度提高，大大改善了思政课“低头族”的情况，调动了学生在学习过程中的积极性，同时也有效提升了教学效果。

（3）“红色旋律”特色教学

燕山大学“红色旋律”特色教学活动经过不断地改革和完善，形成了以讲坛、读书会、影苑为主体，报刊、网络、宣讲等活动相配合的丰富多彩的立体格局，探索出了一条融理论教学、情感体验、学生参与为一体的高校思政课实践教学新模式，使学生在活动中真正成为认识的主体、实践的主体和价值实现的主体。

第一，直面学生，弘扬主旋律。讲坛是“红色旋律”特色教学的重要组成部分，选题紧跟学生对时事热点的学习需求，由在该领域有较深造诣的教师结合思政课教学内容进行专题讲解，同时现场回答学生提出的问题，让学生在现场参与中加深了对知识的理解和运用力；“红色旋律”读书会以书会友，同览红色经典，教师认真准备，学生踊跃发言，通过“读书—思考—讨论—解惑—升华”，引导学生树立正确世界观、人生观、价值观，坚守真理信仰，营建精神家园；“红色旋律”影苑选取优秀的经典红色影片，结合学生的关注点、兴奋点、困惑点和需求点，激发学生的爱国主义热情。

第二，全员参与，全体受益。“红色旋律”特色教学，通过网站、QQ 群、公众号等，线上线下深度融合，突破时空交流局限，实现长时效、全覆盖。同时充分发挥了学生的主体作用：如《红色旋律报》是马克思主义研究会学生自办的报刊，在思政课教师的指导下，学生将思想心得、言志诗词、影苑观感、读书体会记录下来，一起共享，成为大学生的精神鼓舞者、思想引导者、理想护航者、信仰同行人。“红色旋律”特色教学活动，真正实现了教师主导、学生主体、师生互动、生生互动，共唱主旋律，传递正能量。不仅使学生在经典著作中学习马克思主义，也在实践中深刻感受马克思主义；不仅具备说理力度，更是兼顾了时事热度。

（4）微电影教学

随着互联网和信息技术的迅猛发展，人们获取、运用和传播信息的方式正在发生革命性变革，微博、微信、微电影以势不可挡之势“微”风蔓延，新时代的大学生进入了“微”时代。河北大学紧跟时代步伐，形成了“体验式教学与案例教学相结合、接受学习与自主学习相统一”的微电影教学改革，增强了课程的吸引力与感召力，调动学生主动性。

第一，体验式教学与案例教学相结合。河北大学“微电影”教学主要是通过体验式教学和案例教学两种教学方式引导学生在做中学。体验式教学是通过教师指导，让学生亲自进行微电影的创作、演出、拍摄、制作。学生在此过程中要深入了解课程内容，查找大量的资料，并在实践中论证、巩固。教师根据教学需要，将同学们拍好的微电影的故事作为案例进行课堂教学，这大大激发了学生的学习兴趣，提高了教学质量。

第二，接受学习与自主学习相统一。青年学生是时代精神的重要承载者，其成长轨迹映射着时代发展的烙印，传统的思政课教学模式已不能满足当前学生需要，“微电影”教学是连接课堂教学与实践教学的重要枢纽，是在教师传统讲授的基础上进行创新，使学生由传统的接受学习转为主动参与学习。

习近平总书记说：“要运用新媒体、新技术使工作活起来，推动思想政治工作传统优势同信息技术高度融合，增强时代感和吸引力。”各高校进行的思政课教学模式改革，虽然形式多样，但都以增强学生的主体性、调动学生的积极性为宗旨。进一步实现思政课教学中教师主导性和学生主体性的有机统一，提升思想政治理论课的时代感和吸引力，是思政课教学改革的大势所趋。

2. 学生主体性发挥存在的问题

习近平总书记指出：“青少年是祖国的未来、民族的希望，我们党立志于中华民族千秋伟业，必须培养一代又一代拥护中国共产党和我国社会主义制度，立志为中国特色社会主义事业奋斗终身的有用人才。”在京津冀部分高校开展问卷调查，了解高校思政课教学中学生主体性发挥面临的主要问题，分析出现这些问题的影响因素，并在此基础上明确学生主体性发挥的有效路径。

问卷的收集主要采用问卷星进行网络问卷收集，辅以 QQ、微信等渠道，共回收有效学生问卷 1032 份。从被调查者的结构看（见图 16-1、图 16-2），男女所占比例分别为 55.43%（572 人）和 44.57%（460 人）；一年级、二年级、三年级、四年级和研究生及以上学生所占比例，分别为 8.91%、10.47%、29.07%、19.77%、31.78%；党员学生和非党员学生所占比例，分别为 27.13%（280 人）、72.87%（752 人）；专业覆盖文、理、工、农、医等各个学科，具有比较广泛的代表性（见图 16-3），问卷调查主要涉及五个问题：（1）学生主体性认知程度；（2）学生参与教学活动积极性；（3）思政课教学改革进展情况；（4）思政课教师引导教学水平；（5）多元化环境对学生的影响。

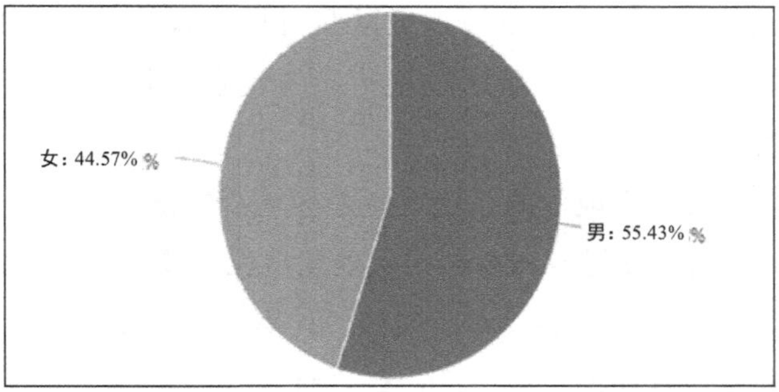

图 16-1　调查对象的性别

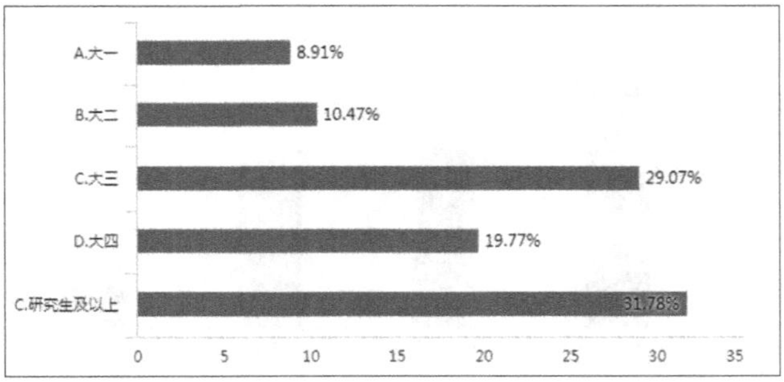

图 16-2　调查对象的年级

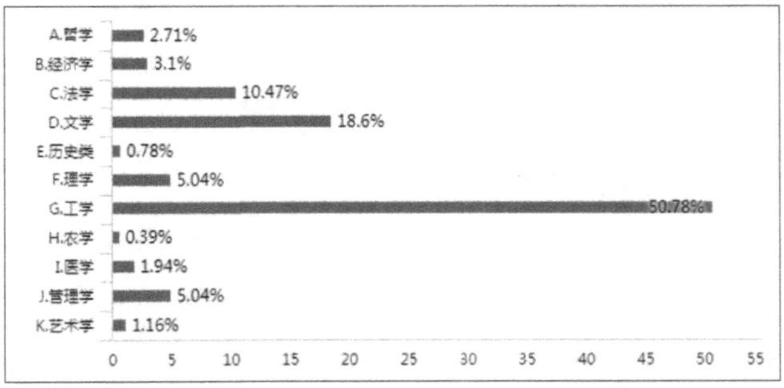

图 16-3　调查对象的专业

（1）学生主体性认知程度偏低

思政课是对大学生进行思想政治教育的主渠道，是帮助大学生不断提升自我修养和自身道德水平，树立符合时代发展要求的正确的世界观、人生观、价值观，形成观察世界与社会的正确立场、观点、方法的核心课程。学生主体性认知程度则是高校思政课教学实效性的一个重要指标。主要从学生对自身地位的认识、对思政课的重视程度以及对思政课的学习态度三个方面考察学生的主体性发挥问题，期望通过这些问题较为全面地掌握高校大学生对主体性认知现状。

第一，学生对自身地位的认识。从总体调查情况来看（见图 16-4），调查对象对“您认为自己在思政课教学中所处的地位重要吗？”的回答，选择“非常重要”的占 41.47%（428 人），选择“比较重要”的占 28.68%（296 人），选择“一般重要”的占 22.87%（236 人），选择“不重要”的占 6.98%（72 人）。可见大部分学生对自己在教学中的地位有比较清晰准确的认知。

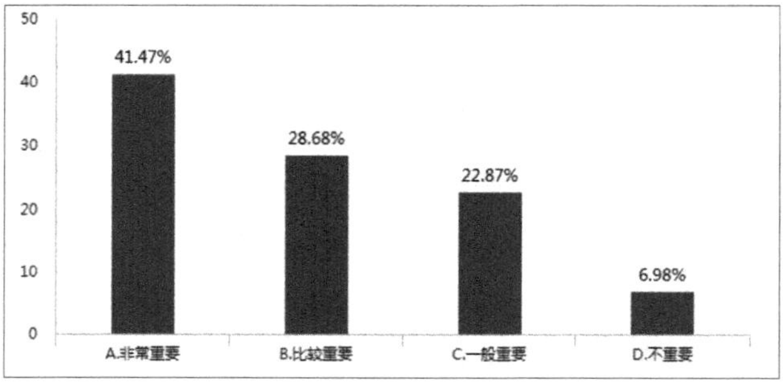

图 16-4　学生对思政课中自身地位的态度

从专业来看（见图 16-5），哲学、法学、医学、管理学专业超过一半的学生认为“非常重要”，而理学、工学专业认为“非常重要”的只占 20% ～ 40% 左右，可见专业差别与主体性认知有一定关系，相对来说，文科专业对思政课中自身地位的认知较高于理工科专业。

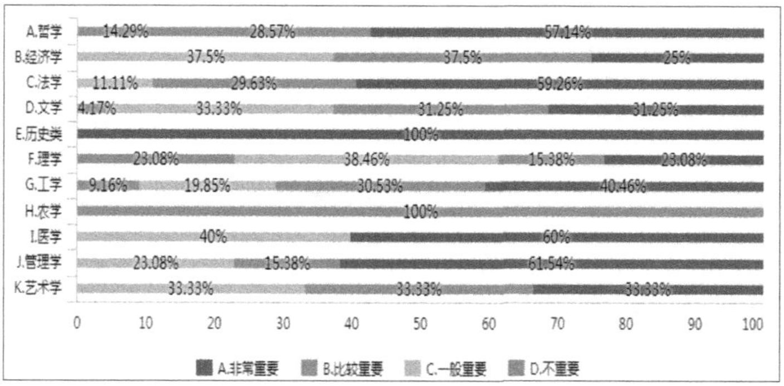

图 16-5　不同专业的学生对思政课中自身地位的态度

关于另一个问题“您觉得新时代的高校思政课教师和学生的关系是？”的回答（见图 16-6），从总体调查情况来看，有 52.71% 的学生认为学生发挥主体作用，从“要我学”转变为“我要学”；有 12.02% 的学生认为教师发挥主导作用，学生听懂听会就行；有 33.72% 的学生认为教师“教”与学生“学”相统一；有 1.55% 的学生认为其他，其中包含“自己选择学习内容，让老师讲”“学习部分内容，但并不一定要全部了解”。可见，有超过一半的学生能够认识到自身的主体作用，但仍有部分学生认为教师在教学中更为重要，忽视自身主体作用的发挥。新时代高校思政课师生关系已不仅仅是教师讲学生听，而是要调动学生积极性、参与性，充分发挥学生的主观能动作用，才能提升思政课实效性。分析可知，学生主观性认知仍然距期望值有所差距，需要继续努力和提升。

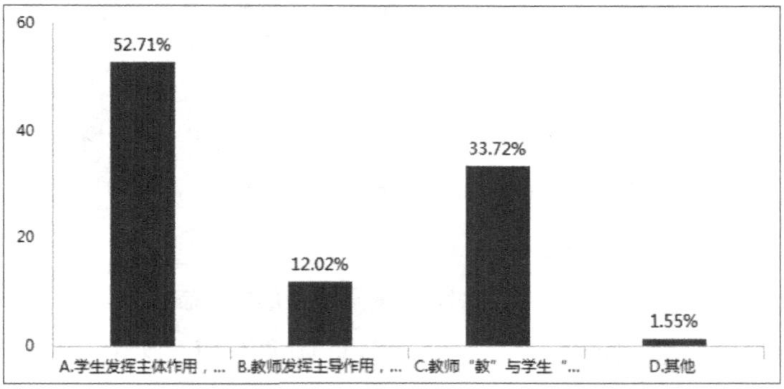

图 16-6　学生对思政课师生关系的态度

第二，学生对思政课的重视程度。从总体调查情况来看（见图 16-7），上思政课是否会逃课、迟到或在上课期间做与课程无关的事情，选择“经常”和“偶尔”两项之和的为 55.82%，可见约一半的学生会出现以上情况，对思政课的重视程度与学生主体性的发挥紧密相连。

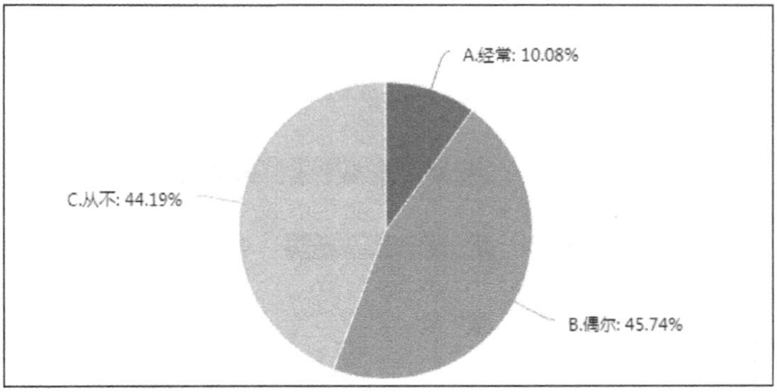

图 16-7　学生对思政课的重视程度

从年级分布来看（见图 16-8），一年级、二年级、三年级、四年级和研究生及以上的学生选择“思政课逃课，上课迟到，上课期间做与课程无关的事情，如聊天、玩游戏、看小说、睡觉等现象的存在程度不普遍”的占比分别为 13.04%、3.7%、6.67%、5.88%、3.66%。可见，不同年级的学生对思政课的重视程度存在差别，一年级对思政课重视程度最高，其他依次为四年级、三年级、二年级和研究生及以上。这说明大学一年级是学生主动性发挥大有为的时期，需要充分调动起他们的积极性，为以后的学习打好基础。

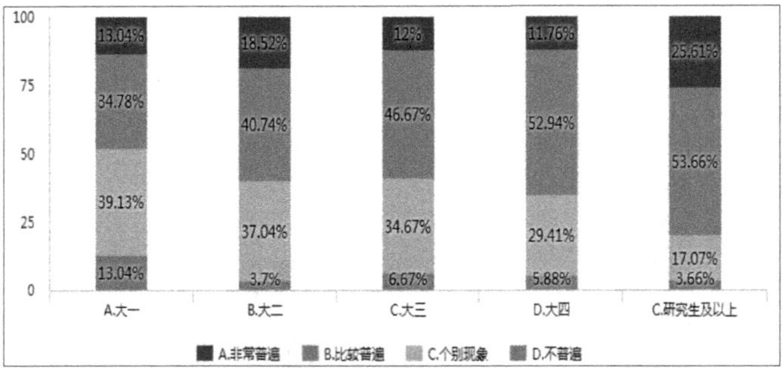

图 16-8　各年级学生对思政课的学习态度

第三，学生对思政课的学习态度。从总体调查情况来看（见图 16-9），有 17.44% 的学生对于思政课政治理论的学习的做法是“课前预习，课后复习”，51.55% 的学生选择“利用课堂时间边学习边记忆”，27.52% 的学生选择“考前突击，答完就忘”，3.49% 的学生选择“理论生硬难背，课上学习其他科目”。由此可见，绝大多数学生对思政课的学习态度较认真，但还存在课上学习其他科目的现象。需要加强引导，端正学生学习态度，使课程内容真正的“入耳、入脑、入心”。

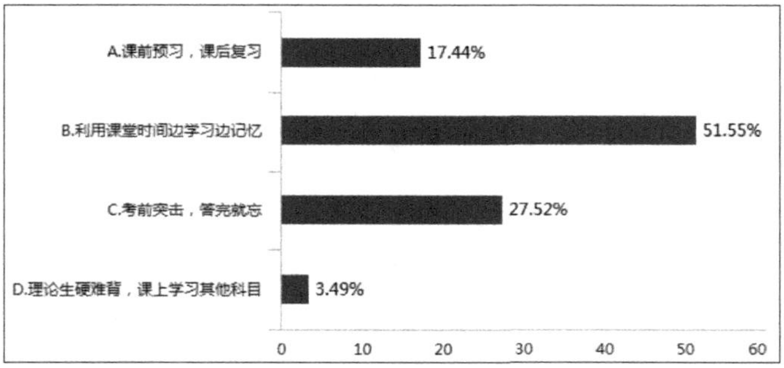

图 16-9　学生对思政课的学习态度

（2）学生参与教学活动主动性有待提升

教学活动是师生交往互动的过程，只有充分发挥学生的主体作用，才能使学生加深对思政课知识的理解和认同，达到理想的教育效果。本次调查着重了解学生参与课堂教学和参与实践教学的情况。

第一，学生参与课堂教学活动主动性有待提升。

从学生参与课堂教学的总体情况来看（见图 16-10），有 40.31% 的学生经常参与思政课教师在课堂上组织的教学活动，有 54.26% 的学生偶尔参加思政课教师在课堂上组织的教学活动，有 5.43% 的学生则从未参加思政课教师在课堂上组织的教学活动。可见，学生参与思政课教学活动的积极性有待提升。造成这种现象的主要原因包括：一是因为部分高校的思政课仍然采取的是传统的教师授课、学生听课的方式，缺少互动环节，难以充分调动学生学习积极性；二是因为教学的内容以书本为主，缺少密切联系实际的内容，不能有效调动学生学习的主动性；三是学生学习的实用心理较强，更重视考核的结果而非学习的过程。

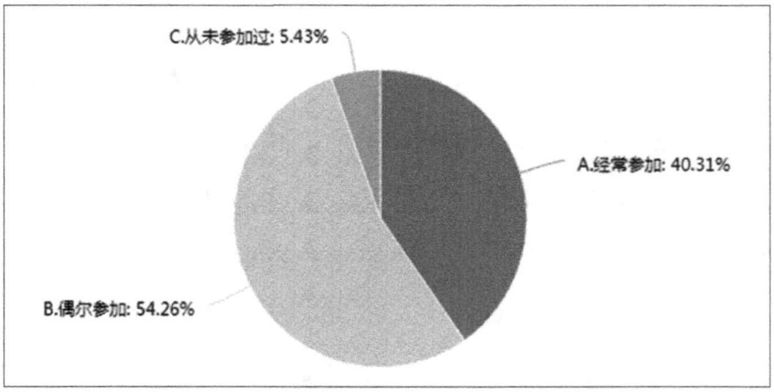

图 16-10　学生参与课堂教学的总体情况

第二，学生参与实践教学活动主动性有待提升。

实践教学是高校思政课教学的重要环节，是学生发挥学生主体性的重要途径。从学生参与实践教学的总体情况来看（见图 16-11）学生参与实践教学活动的积极性直接影响着思政课发挥学生主体性作用的教学效果。目前，思政课实践教学在各高校虽已得到广泛推广和应用，并取得了一些成绩。但从调查情况来看，学生在回答“您会主动参加思想政治教育专题讲座、学术竞赛、参观博物馆和历史纪念馆等与思政课相关的学术活动或实践活动吗？”问题时，选择“经常参加”的学生占比 28.29%，选择“偶尔参加”和“从未参加过”的学生所占比分别为 63.18%、8.53%，两者之和为 71.71%。这说明学生参与实践教学的积极性仍有可提升的空间。

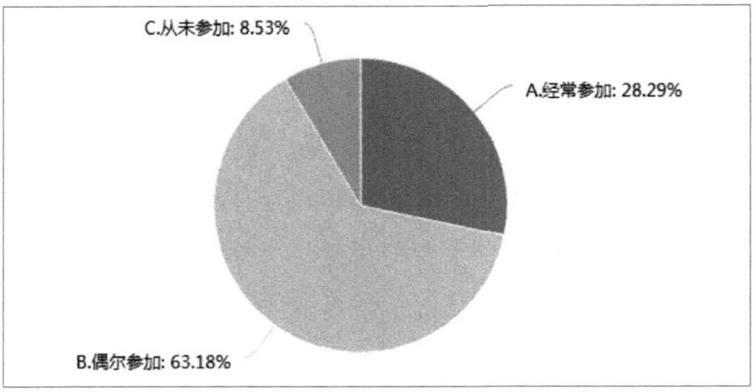

图 16-11　学生参与实践教学的总体情况

出现上述现象的原因包括：一是对实践教学重视程度不够，导致学生参与积极性不高，影响了实践教学有效性的实现和提升；二是思政课实践教学活动涉及不同学院、不同班级的学生，教师组织协调有一定难度；三是虽然近年来实践教学的教学目标逐渐明确，各高校也逐渐形成了统一规范的教学大纲，但与理论课相比，实践课教学的经验相对不足，缺乏具体有效的指导、监督和考核，影响其深入、可持续地开展；四是不能更好地从学生思想实际出发，确定实践教学内容与形式，影响学生主体性作用的发挥。

（3）思政课教学改革需要加快

“05 方案”以来，高校思政课日益受到重视，课程建设也处在不断调整和完善中。2015 年，中共中央办公厅、国务院办公厅联合印发《关于进一步强调和改进新形势下高校宣传思想工作的意见》，强调新形势下高校思政课进行改革、创新的必要性和紧迫性。实践证明，思政课只有符合学生特点，才能调动学生积极性，更充分地发挥思政课立德树人的关键作用。本次调查主要通过了解学生对思政课以及对教学方式的满意程度的情况，来分析当前思政课教学改革力度。

第一，学生对思政课的满意程度。学生满意度是高校思政课教学评价的一个重要综合性指标，也是教育主管部门开展思政课教育评估的重要依据。从学生对思政课的总体评价来看（见图 16-12），调查对象对“您对思政课的总体评价是”的回答，选择“了解国家大事，有助于提升政治素质”的占 79.07%（816 人），选择“通过考试可以获得学分，顺利毕业”的占 44.96%（464 人），选择“思政课内容丰富，有利于提升理论水平”的占 70.54%（728 人），选择“对于考研和就业有所帮助”的占 30.23%（312 人）。其中“了解国家大事，有助于提升政治素质”和“思政课内容丰富，有利于提升理论水平”两项的占比均高于 70%，这表明高校学生对思政课总体比较认可，满意度较高。

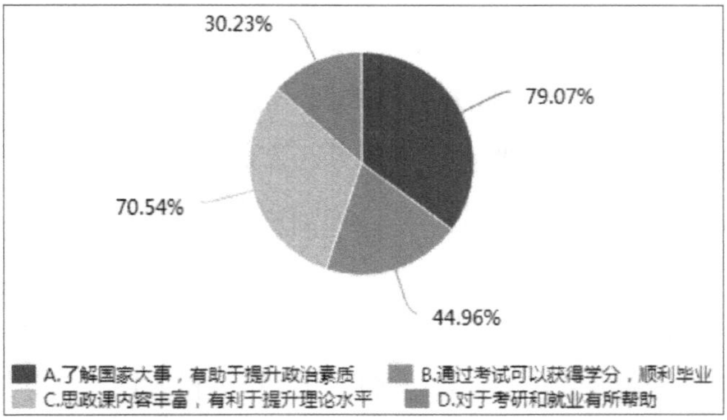

图 16-12　学生对思政课的评价

第二，学生期待的教学方式。在思政课教学过程中，良好的教学方式，能够充分调动学生参与教学活动的积极性，从而达到良好的教育教学效果，保证教学质量的真正提升。对“您希望思政课教学中采取哪种教学方式”的回答（见图 16-13），在被调查的学生中，19.77% 的学生选择“板书式教学”，有 68.99% 的学生选择“PPT 多媒体教学”，52.71% 的学生选择“视频录像为主，辅以教师解读”，63.18% 的学生选择“实践式教学”，16.67% 的学生选择“网络教学”，17.05% 的学生选择“慕课 + 辅导”。由此可知，学生对于网络教学、板书式教学和“慕课 + 辅导”的认可度较低。“慕课”是近年来高校思政课教学改革的重要形式之一，但由于对技术条件、师资队伍等要求较高，因此普及度相对较低，一定程度上影响了学生对“慕课”的评价。

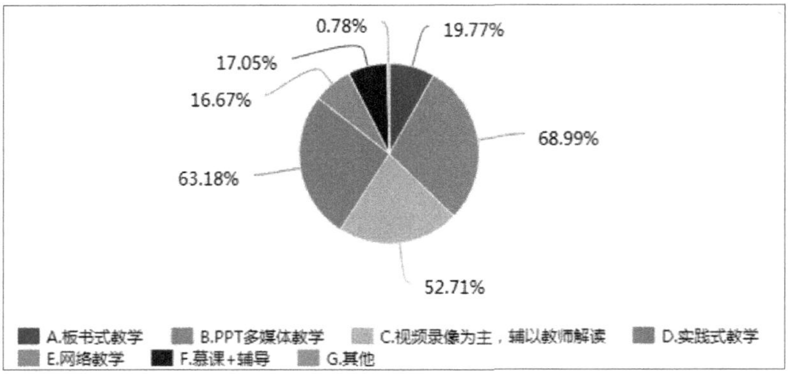

图 16-13　学生期待的教学方式

第三，考核方式需进一步优化。考试具有独特的教育和管理功能，作为“指挥棒”的考核方式对于实现高校思政课教学使命具有重要作用。各高校为了适应思政课教学改革的需要，在考核方式方面一直在积极探索，多方努力。调查问卷最后一题“关于思政课学生主体性作用发挥，您还有什么建议？”的结果，有近一半的教师都强调了考核方式要灵活一些，注重过程考核，避免“一考定乾坤”。思政课教学过程重视过程考核，可以避免学生出现考前突击、考完就忘的现象，能够引导学生将更多时间和精力投入课堂教学中。

（4）教师引导和教学水平有待提高

思政课教师是立德树人的主体，是教学过程中的主导者，是灵魂的工程师，教学引导力和教学水平的高低是决定教学质量高低和能否实现教学目标的关键。

从调查的情况看，学生在回答“你认为思政课让自己感兴趣并且受益主要取决于什么”（此题限选 3 项）的问题时（见图 16-14），选择“教学内容贴近现实”的占比为 68.22%，选择“教师知识渊博，富有人格魅力”的占比为 74.42%，选择“教学形式灵活多样”的占比为 64.34%，选择“教材图文并茂，可读性强”的占比为 22.48%，74.42% 的学生认为思政课教师是其从思政课中受益的重要影响因素。此外，“影响听课效率的主要因素”一题的调查结果显示（见图 16-15），69.77% 的学生认为影响听课效率的主要因素是教师的讲授风格，39.92% 的学生认为是外界因素的干扰（如手机），46.12% 的学生认为是上课的时间安排。其中教师的讲授风格占比最高。综合上述两题调查结果可见，思政课教师是影响学生主体性发挥的不可忽视的重要因素。

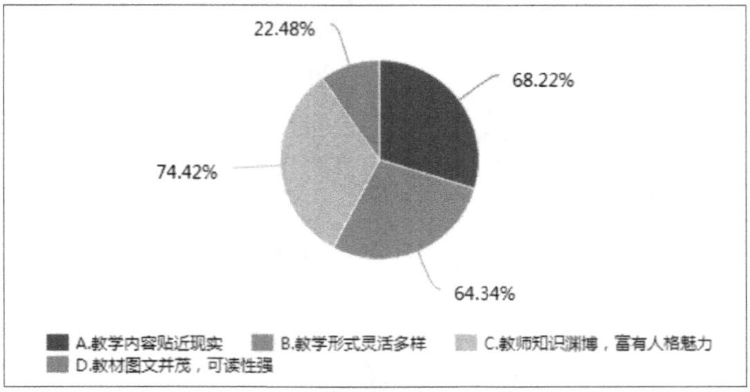

图 16-14　思政课让学生受益的因素

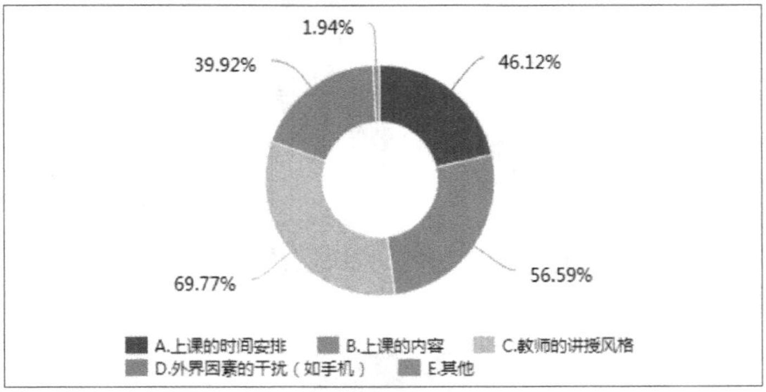

图 16-15　影响学生听课效率的因素

对“思政课课堂上老师讲的内容能让您理解清楚吗？”的回答（见图 16-16），“非常能理解清楚”的学生占39.92%。对“思政课课堂上老师会经常引导大家展开讨论、分组情景演示吗？”的回答（见图 16-17），选择“经常”的学生占 41.47%。对另一个题目“思政课课堂上教师采取的哪种教学方式？”的回答（见图 16-18），“依照课本知识进行单一讲授”“多媒体和课本讲义相结合”“教师提出问题，师生互动”“分小组讨论，学生代表发言”所占比依次是 29.46%、88.76%、65.89% 和 42.64%。思政课的教学内容涉及面广，并且更新速度快，处在不断调整丰富中，对思政课教师的教学能力提出了更高的要求。如果教师知识储备不足，不了解学科发展的前沿动态，讲授知识时脱离现实需要、内容少有更新，或者思维僵化，教学方法陈旧、单一，会影响学生学习的积极性。

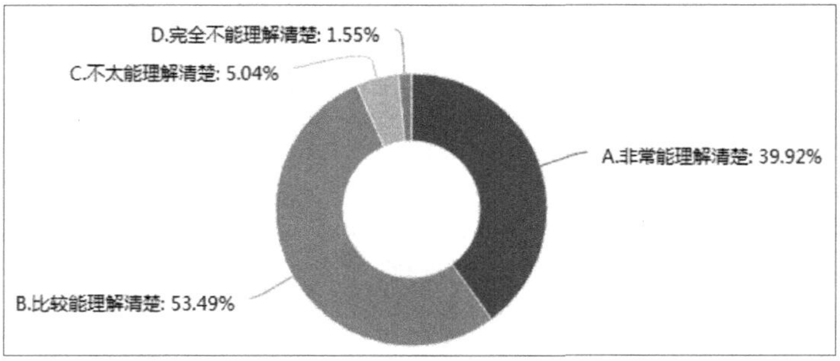

图 16-16　学生对教学内容的理解

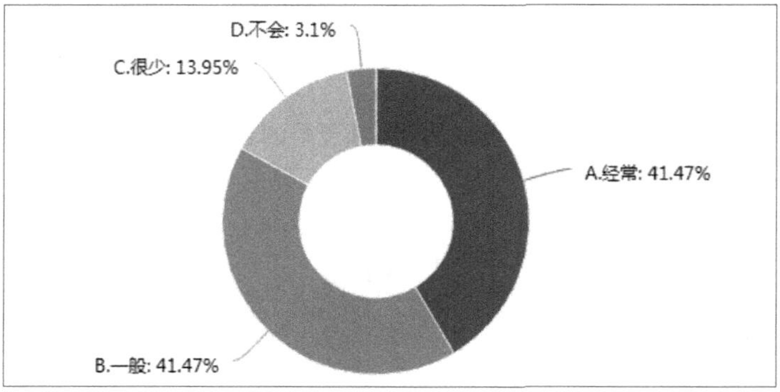

图 16-17　教师对学生的引导力

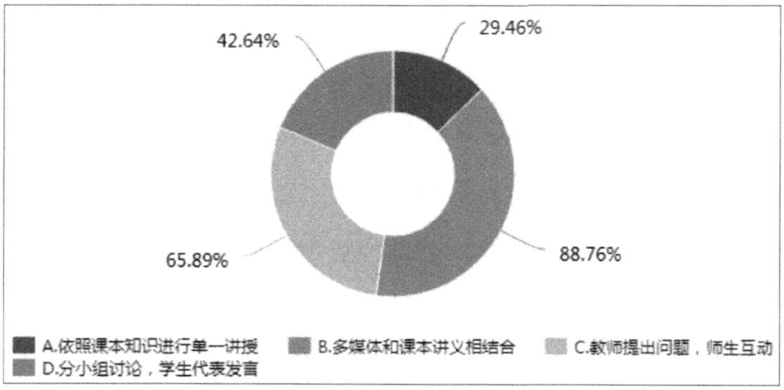

图 16-18　教师普遍采用的教学方式

（5）教学内容有待优化更新

调查数据显示，对于“大学生逃课，上课迟到，上课期间做与课程无关的事情，如玩手机、看小说、睡觉等现象的原因”（见图 16-19），选择“学生对思政课内容不感兴趣”的比例为 78.38%；对于“为了提高学生积极互动率、实践参与率，您认为思政课应该如何改革（限选 3 项）”（见图 16-20），选择“突破教材体系，更深入地讲授一些专题”“增强时事政治及社会热点分析”“让同学参与课堂，自主阐述观点”的比例分别为72.22%、77.78%、79.63%。充分发挥学生的主体性，是提升思政课教学实效性的重要途径。

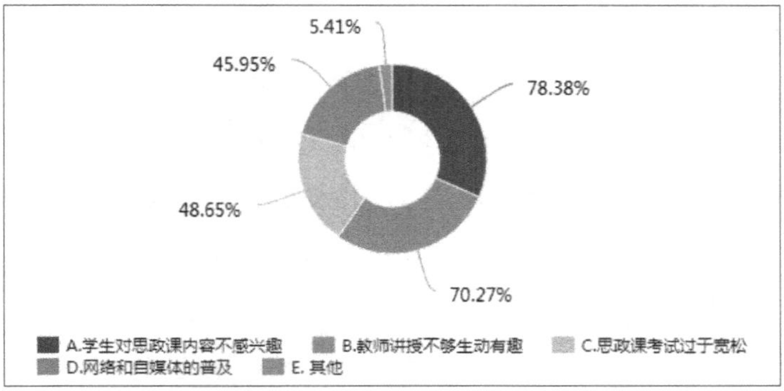

图 16-19　影响学生“抬头率”的原因

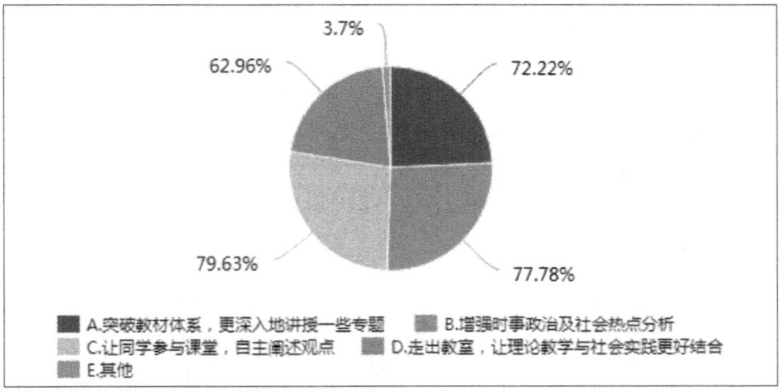

图 16-20　提高学生积极互动率、实践参与率的方式

三、思政课学生主体性发挥的具体路径

高校思政课在培养中国特色社会主义事业合格建设者和可靠接班人方面起着至关重要的作用，高校思政课发挥学生主体性是一项比较复杂且长期的任务。毛泽东同志曾强调：“我们不但要提出任务，而且要解决完成任务的方法问题。”[①] 解决当前高校思政课学生主体性发挥方面存在着问题，需要学生、教师、学校等多种因素相互协调，共同作用，才能保障学生主体性作用的发挥，才能把思政课建设成为学生真心喜爱、终身受益、毕生难忘的优秀课程，才能

① 毛泽东选集：第 1 卷 [M]. 北京：人民出版社，1991：139.

完成思政课立德树人的重要使命。

1. 调动学生的积极性和参与性

（1）端正学习态度

1995年11月23日，国家教育委员会关于颁布试行《中国普通高等学校德育大纲》的通知，提出“教育与自我教育相结合的原则”，指出要发挥教育者和受教育者的两个积极性：“教育者与受教育者要建立一种民主、平等、彼此尊重、相互学习的师生关系；增强学生接受教育的主动性，并不断提高自我教育的能力。”① 态度决定行为，学生对于思政课的认识和态度，直接关系着其主体性发挥的程度。思政课不仅仅是一门必修课程，而且是传播马克思主义意识形态、用马克思主义“三观”占领大学生思想阵地的核心课程，具有鲜明的政治性和理论性。因此，学生必须端正对思政课的态度，在课堂上认真听讲，积极参与教师组织的教学活动，构建有效的师生互动方式，培养自身发现问题、分析问题并解决问题的能力。主动预习和复习，独立思考，善于总结，调动积极性和主动性，促进自身全面发展。总之，学生端正学习态度，提高对思政课的重视程度，是充分发挥主体作用的前提。

（2）培养主体意识

“教育和引导只是学生成长的外部条件，内因才起决定作用。面对种种思想教育活动，学生如果缺乏被信任感，缺少选择的自由度，缺乏接受思想教育的主观愿望，就很难发挥主动性和积极性。我们不能只将学生看作施加影响的对象，学生同时也是积极的创造力量，他们在不断地塑造着自己。应该鼓励并引导学生在成长的过程中，自愿地作出正确的选择，主动地吸收有益的养分，自觉地积极接受思想教育。”② 因此，无论是课堂教学还是实践教学，学生都要发挥自己的主观能动性，充分挖掘自己的兴趣，找到适合自己学习的方式方法，并不断在实践中进行调整改革，才能在学习马克思主义理论的同时，提高

① 教育部思想政治工作司. 加强和改进大学生思想政治教育重要文献选编（1978—2014）[M]. 北京：知识产权出版社，2015：157.

② 徐文良. 难忘的历程——高等学校思想政治教育的回顾与思考 [M]. 长春：吉林人民出版社，2008：105-106.

实际的运用能力，进而完成思想政治理论课立德树人的根本任务。

（3）拓展参与方式

通过调查数据显示，教学形式单一是造成不少高校的思政课教学效果不理想、思政课不受学生的欢迎原因之一。这就要求高校以深化实践教学改革为突破口，拓展学生参与方式，立足第一课堂、第二课堂，依托网络课堂，做到“面面俱到”“多体联动”。

首先，第一课堂要除了要充分发挥思想政治理论课的主渠道作用外，还要坚持课程思政的教育理念，充分挖掘通识教育、专业教育和创新创业教育课程中的思想政治教育资源，实现显性教育和隐性教育的有机统一。

其次，大力开展实践教学，发挥第二课堂的育人作用。把思政教育融入理论宣讲、社会实践、志愿服务、校园文化等活动之中，调动学生参与的积极性，推动思想政治教育与社会主义核心价值观教育的有机结合，组织学生通过讲演、PPT 展示等形式充分表达自己对问题的理解，成为思想政治理论的讲授者和传播者。虽然主导性和主体性相统一的提出具有晚近性，但之前教育与自我教育相结合的原则，可以视作主导性和主体性统一的理论先导：1984 年 9 月，《关于高等学校开设共产主义思想品德课的若干规定》提出，要“注意引导学生进行自我教育”，充分发挥学生的主体性，“不仅要向学生传播共产主义思想，还要充分发挥学生的积极性和主动性，引导他们注重实践，身体力行”，同时积极运用和发展主题研讨会等行之有效的自我教育方式[①]。

最后，在互联网时代，要充分利用信息技术的发展，开展网络教学作为第一课堂和第二课堂的补充，推动思想政治教育与互联网的有机结合。通过大数据的应用，精准挖掘学生的兴趣点，通过丰富多彩的形式，引导学生积极参与，更好地实现思想政治教育入脑入心的目标。从 2017 年开始，教育部办公厅开展了高校学生思想政治理论课学习成果展示系列主题活动，活动内容包括：“赤子初心”——全国高校思想政治理论课学生艺术作品巡展；“践行核心价值观 • 凝聚最美中国梦”——全国高校学生讲思政课公开课展示；“我心中

① 教育部社会科学司 . 普通高校思想政治理论课文献选编（1949—2008）[M]. 北京：中国人民大学出版社，2008：101.

的思政课”——全国高校学生微电影展示；“思政课学习之星”——全国高校学生马克思主义理论学习夏令营。通过艺术展、公开课、微电影、夏令营等形式思政课学习成果的重要展示，也是提升学生思政课参与度、增强学生对思政课获得感的重要方式，体现了对调动学生主动性、积极性的重视。

综上，高校思政课发挥学生主体性，需要总结经验，通过问卷进行分析，发现京津冀很多高校在教学模式、课堂教学、实践教学方面作出很大努力，在发挥学生主体性作用、增强思政课实效性方面取得了一定成绩，同时也为其他高校提供了经验借鉴，但在学生主体性发挥、教师主导性发挥、教学平台以及教学机制方面也存在一些问题和不足，需要进一步改进和完善。

2. 推动思政课的改革创新

（1）丰富思政课的教学内容

根据调查数据可知，思政课的教学内容不能更好满足学生的要求是导致大学生学生兴趣不高，进而影响主体性发挥的重要原因。思政课教学内容不仅仅是教材的理论知识，还包括结合学生实际丰富和完善的内容。思政课要想发挥学生主体性，要求在讲明白理论知识的同时，要基于学生思想动态和内心需求，贴近社会的客观实际，将一般性的阐述与有针对性的批判结合起来，增强学生对思政课的认同感和获得感，使课堂教学内容更加具体生动，更好地调动学生积极性、主动性，发挥主体性作用。

（2）加强思政课的实践教学

实践教学是课堂教学的有益补充，体现了理论与实际的结合、思政“小课堂”和社会“大课堂”的结合，能够培养学生运用理论解决问题的实践能力，也是调动学生主体性的一种重要的教学方式。高校要认真贯彻党的教育方针，重视实践教学在思政课教学中的作用，加大对思政课实践教学的支持力度，结合学生实际情况和学校当地的现实条件，建立社会实践教学基地或组织学生进行实践活动。对思政课教师来说，要通过实践研修，积极参加相关培训，转变传统的教育教学理念，充分利用新媒体技术，设计实践教学计划，探索实践教学新模式。对学生实践教学效果的评价采取过程性评价和形成性评价相结合的方式，既注重学生在实践过程中的表现，又注重学生在实践学习结束后报告的考核，真正提高其参与实践教学的能力和水平。鼓励学生大胆探索，勇于思考，敢于创新，充分发挥主体性作用。

（3）创新思政课的教学方式

当今社会经济快速发展，网络技术发达，思政课要顺应时代发展步伐，不断改进教学方法，创新教学方式。这就要求思政课教师一方面要充分认识学生的认知规律，分析学生的接受特点，另一方面要主动学习和利用各种教学方法和手段，灵活运用多媒体教学、网络教学、“慕课 + 辅导”等多种教学方法，线上线下相结合，传统创新相结合，把理论性与实践性、思想性与创新性有机融合在一起，引导学生积极参与课堂教学，实现师生之间的良性互动，打造思政课的精品课堂。同时，原有的“一卷定乾坤”的考核方式也要实现转型升级，注重过程考核，改变学生考试“临时抱佛脚”的心态，调动学生平时学习的积极性。通过丰富的教学形式，拓展学生参与方式，使思政课教学过程真正成为一种教育者和受教育者之间共享知识、心理沟通、情感共鸣、智慧共建、意义生成、精神共振的过程。

3. 优化思政课的教学环境

2017 年 2 月 27 日，中共中央、国务院印发的《关于加强和改进新形势下高校思想政治工作的意见》提出“坚持全员全过程全方位育人”。“三全育人”成为学术界研究的焦点问题，各高校开始进行顶层设计，并在实践层面逐步推开，推动“三全育人”综合改革，构建校内校外、课内课外、网上网下协同育人的立体格局。“三全育人”需要社会、学校、家长、学生全员参与，贯穿学生成长的全过程，体现在学生成长的方方面面。如 2018 年，上海教育系统提出的“三圈三全十育人”，就是把全员育人理念细化落实的实践。“内圈”聚焦第一课堂育人主渠道，狠抓思想政治理论教育教学改革；“中圈”聚焦素质教育第二课堂、网络育人第三课堂，实现三大课堂联动育人；“外圈”聚焦整合社会资源，服务高校育人，通过实施开门办思政，构建全社会关心支持大思政格局。思政课教学环境的优化，为学生主体性的发挥创造了客观条件。

（1）创造良好的校园环境

校园环境是思政课教学的具体环境。学生生活在校园内，校园环境无疑会在潜移默化中对学生的成长成才发挥隐性教育作用。良好的教风、优良的学风以及健康的校园文化是陶冶大学生的情操、锻炼大学生的意志、塑造大学生人格的重要途径：高校要加强校风建设，注重校园文化的整体规划，在校园内形成同学之间互帮互助、师生之间平等和谐的教育氛围；加强教风建设，教师要树立正确的教学观，运用多种教学手段帮助学生独立解决问题，引发学生独立思考，调动学生积极性；加强学风建设，学风建设是学校的灵魂，学生是学习的主体，通过讲座、实验、学习小组等方式，调动学生主体性，激发学生内心动力，形成良好的学习氛围。2015 年 7 月，《普通高校思想政治理论课建设体系创新计划》提出，通过培育学生理论骨干和理论社团等方式，“引导和鼓励学生通过自我学习、自我教育的方式拓展课堂教学成果”，在强调学生主体性的同时，要求“每个理论社团配备一位思想政治理论课教师担任指导老师”。

（2）营造健康的网络环境

随着网络的发展及其广泛应用，网络环境成为思政课教学的重要途径。把新媒体与思政教育相结合是新时代思政课立德树人的有效路径，因此搭建健康的网络环境是增强思政课时代性、调动学生积极性的重要载体：思政课可以以校园媒体为抓手，建设有吸引力的思政教育网站，作好国家政策的宣传教育，开展丰富多彩的网络文化活动，弘扬主旋律，形成良好的网络育人氛围；思政课也可以新媒体为媒介，创新师生互动方式，通过微信群沟通、课堂大屏幕实时互动等方式，营造轻松民主的教学环境，及时了解学生关注的热点问题并有针对性地进行正确引导，增强学生主体性的发挥。同时，要加强网络监管和规范，构筑抵制不良信息的防火墙，引导学生自觉抵制网络垃圾信息，提高学生的媒介素养。

随着传播媒介手段的现代化，“学校小环境已被大大削弱，所有学校的‘围墙’已被全部‘拆除’”①。因此在新时代，了解学生的思想情绪和心理状态，发挥学生的主体性作用，就要高度重视网络环境的影响。

（3）构建良好的社会环境

社会环境是思政课教学的大背景。曾任国家教委政教司大学生思想处处长、副司长的张晋峰曾指出：“大学生中间出现的种种现象，其根源基本上不

① 徐文良 . 难忘的历程——高等学校思想政治教育的回顾与思考 [M]. 长春：吉林人民出版社，2008：172.

在学校里面，要到社会中去寻找，学生中间的言论行为都是社会现象在学生中的反映。因为大学生精神是好的，他们对社会的认识本质是好的。"[①] 构建良好的社会环境对思政课教学起着至关重要的作用。

思政课要帮助学生树立理想信念，培养学生认识问题和解决问题的能力，坚定他们对中国特色社会主义理论体系、道路、制度、文化的自信和认同，就需要将中国特色社会主义实践融入课堂教育教学。公平有序的市场环境、和谐稳定的政治局面、凝心聚力的文化氛围对学生的成长成才起着引导作用。要发挥市场经济在学生思想行为发展过程中的积极作用，引导学生处理好个人利益和社会利益的关系；发挥政治大环境在凝聚人心方面的导向作用，如充分运用疫情防控下党的正确领导的生动案例，坚定学生的理想信念；面对社会各种思想文化的交流交融，营造健康向上的文化环境，发挥马克思主义在弘扬主旋律、培育正确价值观方面的作用，引导学生积极向上、成长成才。同时要加强实践教学，引导学生经风雨、见世面，提高自身的独立思考力、鉴别力和判断力。

坚持以学生为主体、以教师为主导，是思想政治理论课程教学方法改革的重要内容。"当代教育的主体性问题主要是指学习者长期被遮蔽的主体性的确认和澄清问题，即学习者不再是被动的学习对象，而应当成为自觉的学习主人。学习者的思想不再是单纯地被给予，而是通过思辨和考量的理性方式获得"，具体到思想政治理论课上，要求思政课遵从"以生为本"的教学理念，"强调从以教师为中心的'重教轻学'的教学观念转到'基于学'而'设计教'的方式上来，注意挖掘以主体性发挥为特征的大学生自主学习能力和学习热情。只有自觉认识大学生的主体性和千方百计激发这种主体性，才能为思想政治理论课程教学方法改革找到方向"[②]。

---

① 中国高等教育学会 . 改革开放 30 年中国高等教育改革亲历者口述纪实（1978—2008）[M]. 北京：教育科学出版社，2008：278.

② 郭凤志 . 高校思想政治理论课建设研究 [M]. 北京：北京师范大学出版社，2019：184.

第十七章　发挥隐性思想政治教育的作用

当今世界正经历着“百年未有之大变局”，国际格局深刻调整，全球治理体系深刻变革，我国经济社会高速发展，国际地位大幅提升，社会转型时期的多元思潮给大学生的价值观带来了冲击，高校思想政治教育的发展面临着前所未有的机遇和挑战，仅仅依靠显性思想政治教育难以适应思想政治教育大环境的要求。2019 年 3 月 18 日，习近平总书记在学校思想政治理论课教师座谈会上指出：“要坚持显性教育和隐性教育相统一，挖掘其他课程和教学方式中蕴含的思想政治教育资源，实现全员全程全方位育人。”因此，如何将隐性教育运用到高校思想政治教育实践之中，与显性教育更好地配合，形成整体的育人合力，提升思想政治教育针对性和实效性，成为重要的研究课题。

一、隐性思想政治教育的理论依据和特点分析

隐性教育是一项长期性和系统性的教育实践活动，作为实践早已有之：我国从古代开始就一直重视“潜移默化”的教育形式，如古代的“六艺”“孟母三迁”，以及近代时期陶行知的生活教育理论，都强调教育环境对人的熏陶教化作用。但隐性教育作为学术研究还是一个较新领域：20 世纪 80 年代末 90 年代初，学术界开始隐性教育的研究，但相对零散，尚未形成系统。近年来，尤其是 2019 年学校思想政治理论课教师座谈会召开后，隐性教育成为一个热点问题。研究者从不同的视角出发，对隐性思想政治教育的概念进行了界定：第一种是方法论取向。将隐性教育纳入思想政治教育方法进行研究，探讨隐性教育的特点和功能。第二种是课程论取向。1968 年，美国教育学家杰克逊（Philip W.Jackson）在其著作《班级生活》（*Life in Classroom*）中提出了“隐性课程”（hidden curriculum）一词。隐性课程即在学校中以间接的内隐的方式呈现的

课程，研究者界定隐性教育“是把隐性教育作为教育的下位概念、隐性课程之上位概念予以定位的”①。第三种是资源论取向。高校思想政治教育资源包括以思想政治理论课为主的显性资源、其他课程中蕴含的以及课堂教学之外的隐性思想政治教育资源。第四种是实践论取向。如白显良认为隐性教育“在实践中往往隐藏其教育目的，并以隐蔽的方式开展施教，其教育效果的呈现也是隐现的”②。

1. 隐性思想政治教育的理论依据

20 世纪 80 年代，我国开始了对隐性思想政治教育的研究，其中，马克思主义关于人的全面发展的理论为隐性教育提供了理论依据；国外优秀研究成果也提供了重要借鉴；改革开放以来高校思想政治工作相关文件中，多次提到要加强隐性思想政治教育，提高思想政治教育实效性，为今天隐性思想政治教育的实行提供了重要的经验借鉴。

（1）马克思主义关于人的全面发展的理论

马克思主义的核心思想是人的全面发展的理论，认为教育与生产劳动相结合是实现人的全面发展的重要途径。恩格斯指出，在共产主义社会里，“教育将使年轻人能够很快熟悉整个生产系统，将使他们能够根据社会的需要或他们自己的爱好，轮流从一个生产部门转到另一个生产部门。因此，教育将使他们摆脱现在这种分工给每个人造成的片面性。这样一来，根据共产主义原则组织起来的社会，将使自己的成员能够全面发挥他们的得到全面发展的才能”③。全面的教育是实现人的全面发展的重要条件，隐性思想政治教育的目标是实现全员、全过程、全方位育人，它致力于“把思想政治教育渗透、融合、‘隐’‘寓’于丰富的社会实践活动中进行开展，与促进人的全面发展的教育在本质上具有一致性”④，是马克思主义关于人的全面发展理论在思想政治教育领域的具体体现和生动实践。

---

① 白显良 . 隐性思想政治教育基本理论研究 [M]. 北京： 人民出版社，2013： 33.

② 白显良 . 隐性思想政治教育基本理论研究 [M]. 北京： 人民出版社，2013： 35.

③ 马克思恩格斯选集：第 1 卷 [M]. 北京： 人民出版社，2012：243.

④ 白显良 . 隐性思想政治教育基本理论研究 [M]. 北京： 人民出版社，2013：78.

（2）其他与隐性教育相关的思想和理论

第一，杜威的教育思想。约翰•杜威（John Dewey）是20世纪美国著名的哲学家、教育学家和心理学家，他曾提出："通过学校生活和各科教学来对学生进行'间接的道德教育'，而不必专门开设道德课程，因为学校生活和各科教学都包含着丰富的道德教育内容"[①]，生活和实践是道德教育的重要基石。除此之外，杜威强调学校道德与社会道德的一致性，认为学生在学校受到的教育即社会生活的教育；还提出"教育即生活"理论，认为教育是生活的过程，学校只是社会生活的一种形式，理想的学校教育应与学校以外的社会生活相契合，适应现代社会变化的趋势，并成为推动社会发展重要力量。杜威有关道德教育的理论，蕴含着将道德教育内容寓于学校生活和各科教学之中的思想，与隐性教育思想有契合之处。

第二，苏霍姆林斯基的教育思想。苏霍姆林斯基提出教育的任务就是为了培养"个性全面和谐发展的人"[②]，为了追求和实现这个任务，在学校中，对学生所进行的德育、智育、体育、美育和劳动教育都是重要的。苏霍姆林斯基的教育理论继承和弘扬了马克思主义关于人的全面发展理论，能够为隐性思想政治教育提供借鉴。

第三，心理学的无意识接受理论。从心理学的角度来看，无意识是"个体不曾觉察到的心理活动或过程"[③]。心理学的相关研究表明："人们在无意识的状态下更容易受到外界刺激和信息的影响，而在这种状态下所开展的教育活动往往能够取得较为理想的效果。"[④]隐性思想政治教育是将教育内容隐藏在教育对象的日常活动和学习生活中，在无意识的情况下通过潜移默化的方式对其产生影响的，二者具有相通和契合之处。

除了隐性教育的思想和理论外，西方国家隐性思想政治教育的实践也为我们提供了启示和借鉴。"美国也有德育，不过，他们不叫德育课，而是主要通

① 于影．高校思想政治教育的隐性教育研究 [D]. 大连：辽宁师范大学，2007.

② 蔡汀，王义高，祖晶．苏霍姆林斯基选集 [M]. 北京：教育科学出版社，2001.

③ 彭聃龄．普通心理学 [M]. 北京：北京师范大学出版社，2001：170.

④ 高永生．大学生隐性思想政治教育方法研究 [D]. 长春：东北师范大学，2013.

过人文类课程来进行德育的。例如，美国的历史不过 200 多年，但是，他们的大学、中学、小学都要上历史课。在这一类的课程中，他们要讲美国价值观产生的历史、美国价值观的合理性、把美国价值观推向世界的必要性。这不是德育是什么？更何况，他们的一些学校在宗教课程中直接讲德育，在一批大学中有一些教授在专门研究和试验直接进行德育的课程。他们从事学生管理的各种工作，包括心理咨询、学生事务管理、学生实习和参与社会活动管理、学生宿舍管理等方面的人员，比我们的还要多。”①

（3）中国共产党关于隐性思想政治教育的相关论述

在我国古代优秀传统文化中，蕴含着许多隐性教育因素，中国共产党始终是优秀传统文化的忠实继承者和弘扬者。新中国成立以来，中央多次颁布相关文件来指导高校学生思想政治工作，蕴含了丰富的隐性思想政治教育内涵：1957 年，毛泽东同志曾经提出了要使受教育者在德育、智育、体育几方面都得到发展的教育方针，同时还明确了在课堂讲授过程中要坚持启发式，废止注入式。1994 年，中共中央在对有关学校德育的工作进行全方位的指导时指出：“要大力开展学生喜闻乐见的丰富多彩、积极向上的学术、科技、体育、艺术和娱乐活动，建设以社会主义文化和优秀的民族文化为主体、健康生动的校园文化。”② 进入 21 世纪后，高校的思想政治工作更加受到关注和重视，中央多次强调要重视校园文化建设，发挥校园文化的育人功能，同时鼓励高校开展丰富多样的文化活动来加强大学生思想道德修养和精神文明素质，寓教于乐，把德育与智育、体育、美育有机结合起来，促进学生的全面发展。2019 年 3 月，习近平总书记在学校思想政治理论课教师座谈会上强调，要坚持显性教育和隐性教育相统一，挖掘其他课程和教学方式中蕴含的思想政治教育资源，实现全员全程全方位育人。

① 中国高等教育学会 . 改革开放 30 年中国高等教育改革亲历者口述纪实（1978—2008）[M]. 北京：教育科学出版社，2008：282.

② 教育部思想政治工作司 . 加强和改进大学生思想政治教育重要文献选编（1978—2004）[M]. 北京：知识产权出版社，2015：71.

2. 隐性思想政治教育的特点分析

显性教育是在课程学习中利用各种公开手段、公开场所以及教学内容的直接介入，有组织、有系统地在各类课程中融入思想政治教育的元素，达到教育效果。隐性思想政治教育是同显性教育相对应的一种教育方法，具有潜隐性、渗透性、持久性特点。

（1）教育目的的明确性

“思想政治教育的目的和任务反映了思想政治教育的本质和方向，规定了思想政治教育的基本内容，影响着思想政治教育的载体和方法，是思想政治教育的一个根本问题，也是思想政治教育学的一个重要方面。”[①]思想政治教育的目的是一段时期内政治思想在教育领域的具体体现，在不同时期和不同阶段有着不同的反映，中国特色社会主义新时代，高校进行思想政治教育的最终目的是具体而明确的，就是促进人的自由而全面的发展。隐性思想政治教育作为思想政治教育的一部分，其教育目的与显性思想政治教育是一致的，即培养德智体美劳全面发展的社会主义合格建设者和可靠接班人。

（2）教育方式的灵活性

相较于以课堂教学为主的传统的显性思想政治教育方式，隐性思想政治教育的方式则显得更为灵活与开放，目的也更不易被人察觉。隐性思想政治教育的实施不受时间和空间上的限制，可以随时随地进行。隐性思想政治教育包含学校、家庭和社会生活教育的方方面面，既存在于课堂教学活动中，也存在于校园物质环境、文化环境和精神环境之中，还可以通过周围环境对学生进行熏陶教化，使学生在潜移默化中便接受了教育。有学者指出，隐性思想政治教育的方式没有固定的模式，只要是能起到教育作用的就是适合的方式[②]。

（3）教育对象的自主性

自主性是新时代大学生的显著特性。传统的教育方法是通过教师在课堂上对学生进行知识的灌输来达到教育目的和教育任务的，这种教育方式容易引起

---

① 陈万柏，张耀灿 . 思想政治教育学原理 [M]. 3 版 . 北京：高等教育出版社，2015：78.

② 王彩芳 . 隐性德育及其校园资源的育人功能 [J]. 中国成人教育，2005（2）：28-29.

学生的逆反心理，影响教学效果。而隐性思想政治教育的内容被隐藏于各种活动中，教育者没有给教育对象施加任何明确的、直接的外部意图，教育对象可以在各项教育活动和良好氛围中自主地选择教育内容、教育方式，在潜移默化中实现教育效果的优化和自身素质的提升。

（4）教育内容的渗透性

教育内容具有渗透性，这种渗透性指的是将思想政治教育内容渗透到整个教学过程和日常生活之中。“隐性教育的渗透性改变了传统单一的课堂教育，从课堂到课外，延伸到校园生活的每个角落，渗入到受教育者的思想、政治、道德等与生活息息相关的各个方面，随时随地地对受教育者进行思想上的引导和熏陶。”①

（5）教育效果的持久性

“教育效果即通过一系列有目的、有计划的教育活动，教育对象在思想上对教育内容的理解与接受程度和在行为上向积极方面转变的程度。”②隐性思想政治教育通过利用多种手段和资源，积极调动学生在教育实践活动中的热情和参与度，使他们化被动学习为主动学习，提升了思想政治教育的实效性。由于隐性思想政治教育是通过润物无声的方式对学生进行熏陶教育，可以更好地促进教育内容入脑入心，这种教育效果一旦形成，就会长期、持续地影响着学生的学习和生活，有利于学生思想道德品质的稳固和提高。

3. 显性教育与隐性教育的辩证关系

显性思想政治教育与隐性思想政治教育同属思想政治教育体系，是两种不同的教育形式，二者在高校思想政治工作中是辩证统一、相辅相成的。

（1）二者的区别

第一，教育地位不同。在高校思想政治教育中，思想政治理论课（即显性思想政治教育）是主渠道，其他方面如课程思政、校园文化活动、规章制度等（即隐性思想政治教育）则构成“微循环”：主渠道起着直接的和主要的作用，负责宣传党的各项路线、方针、政策，传递思想政治信息，对大学生进行正面

① 徐恒．隐性思想政治教育应用中存在的问题及对策 [D]. 西安：中共陕西省委党校，2015.

② 杨然．大学生隐性思想政治教育及其实践路径探究 [D]. 苏州：苏州大学，2016.

直接的思想道德教育；而“微循环”则起着协助和配合主渠道的作用。思想政治教育是一个系统性的工程，其庞大的工作量如果仅仅依靠主渠道来进行，容易导致主渠道压力过大而变得拥挤和低效率，难以达到理想的教育效果；作为“微循环”的隐性思想政治教育，其教育因素隐藏在大学生日常学习和生活的方方面面，无处不在，随时随地发挥着作用，能够“维护主渠道的安全，分担主渠道的压力”①。

第二，教育方式不同。显性思想政治教育采取的是通过教师正面讲授的形式对学生实现知识的灌输，其教育内容是相对固定的、明确的；隐性思想政治教育作为与显性教育相对应存在的教育方式，运用多种喜闻乐见的手段，通过内隐的方式对学生实施教育活动，其教育内容丰富，教育方式灵活，且学生不易察觉教育者的教育意图，在潜移默化中受到了熏陶和感染。

第三，教育效果不同。显性思想政治教育具有很强的时效性，能够产生立竿见影的效果，但方法相对单一，无法保证获得持续的教学效果；隐性思想政治教育具有丰富的教育载体，“对教育者进行长时间的教育熏陶，通过足够教育内容上量的积累，进而达到受教育者思想和行为规范上质的改变，使其所传导的价值理念和道德规范植入大学生心中”②，能够更长久地影响他们的行为方式和生活习惯。

（2）二者的联系

在高校思想政治教育要将显性教育和隐性教育有机结合起来，取其所长，弃其所短，增强思想政治教育的针对性和实效性。

第一，二者教育目标的一致性。“思想政治教育目标是思想政治教育的起点和归宿，它概括了时代对受教育者的要求，体现着国家、社会和教育者的期望，规定了人的思想品德的发展方向，在整个思想政治教育过程中起着导向、激励、调控作用。”③显性思想政治教育和隐性思想政治教育的教育目标具有一致性，都是为了努力提高大学生的思想道德素质和科学文化水平，培养能够担

① 刘建军．论思想政治教育的主渠道与微循环 [J]. 思想教育研究，2014（9）：56-59.

② 李晓洵．高校隐性思想政治教育路径研究 [D]. 哈尔滨：东北农业大学，2017.

③《思想政治教育学原理》编写组．思想政治教育学原理 [M].2 版．北京：高等教育出版社，2018.

当民族复兴大任的时代新人。

第二，二者相互渗透，辩证统一。“隐性思想政治教育与显性思想政治教育的关系不是静态的，而是一种互动辩证的过程。”[①]二者在实践中相互交织，共同发挥着作用，显性教育中往往蕴含着隐性教育的因素，隐性教育中也传递着显性教育的信息和经验。隐性思想政治教育工作的顺利进行离不开显性思想政治教育工作的引导，否则可能会导致教育过程的随意性和盲目性；反过来，如果显性思想政治教育的过程没有隐性思想政治教育的配合，也会影响教学功能的发挥。

总之，无论在何种情况下，都不能将显性思想政治教育和隐性思想政治教育等同起来或割裂开来，二者在思想政治教育中发挥着不同的作用和功能，在教育过程中，要“充分发挥两种教育方法各自的优势，达到教育功能的动态平衡，才能确保教育功能的最大化”[②]。

二、高校加强隐性思想政治教育的必要性

隐性思想政治教育的实施是复杂的时代环境的现实需要，分析高校隐性思想政治教育的必要性，有利于我们更好地认识隐性思想政治教育实施的合理性和科学性，对高校思想政治教育活动的有序开展具有重要意义。

1. 落实“三全育人”理念的需要

培养什么样的人、如何培养人以及为谁培养人是高校的思想政治工作的根本问题。面对新时代新形势新任务，高校要加强隐性思想政治教育，以课程思政为切入点，拓宽思想政治教育渠道，提升思想政治教育水平，推动思想政治教育改革创新，激发思想政治教育内生活力，实现“三全育人”战略目标，担当培养民族复兴大任时代新人的历史使命。

（1）全员育人

全员育人即育人上的“全员性”，指的是学校中的所有部门、所有教职工都负有育人的职责，包括领导干部、所有专业的教师、辅导员、行政管理人员

① 郭雪花 . 显性教育与隐性教育相结合的德育新模式研究 [D]. 厦门：厦门大学，2006.

② 李晓洵 . 高校隐性思想政治教育路径研究 [D]. 哈尔滨：东北农业大学，2017.

等都是大学生成长成才的引导者和思想政治工作的实施者。“高校全体教职工都应将立德树人作为根本任务，强化育人意识和责任担当，自觉在各自本职工作中对学生实施直接或间接的思想价值引领。”[①]首先，高校党委作为学校的“一把手”，负责学生思想政治教育的组织、协调、实施，因此，要始终坚持其对思想政治工作的统一领导，积极规划顶层设计，探索建立党、政、教、学、团全员覆盖、各尽其能的工作机制。思想政治理论课是高校落实立德树人根本任务的关键课程，办好思想政治理论课的关键在教师，作为思政课教师，不仅要具备扎实的专业知识，还要做到“六个要”，即“政治要强、情怀要深、思维要新、视野要广、自律要严、人格要正”[②]，自觉做好大学生的人生导师，引导他们“扣好人生第一粒扣子”。其他专业课教师同样肩负着不可推卸的育人职责，要深入挖掘专业课程中蕴含的思想价值和精神内涵，努力培养“又红又专”的复合型人才。辅导员是大学生思想政治教育的骨干力量，作为与学生接触最为密切的教育者，辅导员能够第一时间掌握学生的思想动态，了解学生的关注热点与现实追求。行政管理人员要加强与大学生的沟通和交流，了解学生所思所想，在各自的岗位上优化服务态度，提升服务育人效能，创造和谐的育人环境。

（2）全过程育人

全过程育人是指立德树人的根本任务不仅要贯穿高校教育教学全过程，还要贯穿大学生学习成长全过程，对大学生的思想政治教育提出了更高的要求。大学生成长发展是人生的一个阶段，在不同的发展阶段，会遇到不同的问题，《国家中长期教育改革和发展规划纲要（2010—2020年）》强调，要“把德育渗透于教育教学的各个环节”。这就要求高校必须围绕大学生学习成长的各个阶段来开展思想政治教育工作。以燕山大学为例，新生在刚入学时要进行入学

---

① 杨晓慧．高等教育“三全育人”：理论意蕴、现实难题与实践路径[J]. 中国高等教育，2018（18）：4-8.

② 习近平．用新时代中国特色社会主义思想铸魂育人 贯彻党的教育方针落实立德树人根本任务[EB/OL].（2019-03-19）.http://cpc.people.com.cn/n1/2019/0319/c64094-30982234.html.

教育和校史校情教育；利用暑期或重要纪念日，组织不同年级的学生去井冈山革命老区、李大钊纪念馆等红色资源基地进行参观和学习；在毕业季作好学生的就业教育，开设就业指导课程，帮助学生以良好的职业素养融入工作环境。根据大学生学习成长的不同阶段采取不同的教育内容，形成全领域、长时段、持续性的育人机制。

（3）全方位育人

全方位育人要求思想政治教育的实施不应仅仅局限于学校，还应考虑社会与家庭构成的大环境对学生人生观、价值观的形成产生的影响，形成学校、社会和家庭的育人合力，通过各种途径、各种措施对大学生进行全方位的思想政治教育，推动形成校内与校外、课内与课外、线上与线下互动的，全方位、立体化的“大思政”格局。

综上，实行“三全育人”理念，全员落实育人责任，全过程贯穿育人环节，全方位融入育人系统，需要显性教育和隐性教育的统一才能实现。

2. 提高思想政治教育实效性的需要

“实效性是思想政治教育的直接目的和最终目的，也是思想政治教育的出发点和归宿。没有实效性，一切思想政治教育都会没有任何意义。”① 我国高校的思想政治教育存在重显性教育、轻隐性教育的特点，会造成教学手段的单一化，影响教学活动的有效性和长效性。因此，提高思想政治教育实效性必须创新和丰富教育形式，开发和利用多种教育资源，改变传统的单一的教育方式，发挥隐性思想政治教育在高校思想政治教育中的独特作用，促使大学生将理论认知、情感体验以及行为实践与课堂知识的积累有机结合起来，让受教育者在潜移默化中接纳和吸收教育信息，提升思想政治教育实效性。

3. 促进大学生全面发展的需要

马克思认为：“人是环境和教育的产物。”② 随着改革开放的不断深入和网络信息技术的发展，人们的思想观念和生活方式日益多样化，大学生的主体意

① 张耀灿，郑永廷，吴潜涛，等 . 现代思想政治教育学 [M]. 北京：人民出版社，2006：355.

② 马克思恩格斯选集：第 1 卷 [M]. 北京：人民出版社，2012：17.

识和参与意识不断增强。在新的时代背景下，必须不断转变教育观念，更新思想，与时俱进，才能达到好的教育效果。传统的显性教育以思想政治理论课为主渠道，难以覆盖课堂教学之外的其他领域，而隐性教育“能够突破时间和空间的限制，全面覆盖大学生日常学习和生活的众多领域”①。具体说来就是，“从空间上，包括校内、校外、课堂内、课堂外的影响；从时间上看，包括系统、持续的影响和偶发性、暂时性影响；从影响源本身看，包括可见的实体性和不可见的非实体性影响；从影响的自觉程度看，包括有意识的、人为控制的影响和较为自发的影响”②。要与显性思想政治教育的知识传授和能力培养相结合，发挥隐性思想政治教育独特的育人功能，建立良好的校风、学风、班风来营造和谐的校园文化环境以促进大学生的全面发展。

综上，高校隐性思想政治教育问题既是一个理论性课题，也是一个实践性课题，隐性思想政治教育的实施有其现实需要和必要性。在新的形势下，加强隐性思想政治教育是实践“三全育人”理念、构建“大思政”格局的需要，同时也是提高思想政治教育实效性、促进大学生全面发展的需要。

三、高校隐性思想政治教育发展现状的分析

分析高校隐性思想政治教育的发展现状，有利于总结现有经验教训分析问题的成因，进而有针对性地提出解决办法，采取有效措施，提高思想政治教育的实效性。

1. 高校隐性思想政治教育取得的成效

隐性思想政治教育有效弥补了传统显性思想政治教育方法的不足，越来越受到思想政治教育工作者的重视，各高校也在陆续开展隐性思想政治教育相关实践活动，取得了一定成效，积累了一定的教育经验。

（1）隐性思想政治教育理念共识逐步形成

近年来，隐性思想政治教育逐渐成为学术界的研究热点问题，学者从不同角度分析和研究了隐性思想政治教育的概念、特点以及功能等内容，形成了比

① 张晓莉．高校隐性思想政治教育探析 [D]. 上海：华东师范大学，2010.

② 戚万学，杜时忠．现代德育论 [M]. 济南：山东教育出版社，1997：289.

较具有代表性的著作，比如郑永廷主编的《思想政治教育方法论》和白显良主编的《隐性思想政治教育基本理论研究》等，为隐性思想政治教育的实施提供了理论基础。

党和国家高度重视高校思想政治教育工作中的隐性教育，为隐性教育的实施指明了前进方向：如《关于进一步加强和改进大学生思想政治教育的意见》指出，高等学校各门课程都具有育人功能，所有教师都负有育人职责。广大教师要以高度负责的态度，率先垂范、言传身教，以良好的思想、道德、品质和人格给大学生以潜移默化的影响，要把思想政治教育融入大学生专业学习的各个环节，渗透到教学、科研和社会服务各个方面，要大力建设校园文化，把德育与智育、体育、美育有机结合起来，寓教育于文化活动之中。各高校越来越重视隐性思想政治教育的独特作用，并结合自身办学特色，进行隐性思想政治教育的实践和改革，如大部分高校都已启动课程思政改革，并结合自身的办学特点开展校园文化建设，推动了高校隐性思想政治教育实践活动的开展。

（2）隐性思想政治教育实践活动有序推进

随着隐性思想政治教育的理念共识逐步形成，实践活动也开始有序推进。2019 年，为贯彻落实立德树人根本任务，燕山大学全面启动了课程思政建设工作。课程思政契合隐性教育的育人功能，彰显隐性教育的“隐性”特点，促进隐性教育的内容构建[①]。学校制订了推进课程思政建设的实施方案，启动了课程思政教改立项，举办了课程思政主题沙龙、教师座谈会、专题研讨会、典型案例交流会等一系列专题研讨活动。通过举办课程思政教学设计竞赛，达到以赛促教的目的，在全校范围内全面推进课程思政建设，使各类专业课程与思想政治理论课程同向同行，形成协同效应，实现知识传授和价值引领有机统一，为推动学校教育教学和人才培养质量的稳步提升，发挥了积极作用。

高校积极挖掘校园文化中蕴含的隐性教育资源，相关实践活动也越来越系统化、正规化。比如燕山大学在办学治校过程中铸就了艰苦奋斗、创业图强、

① 巩茹敏，林铁松 . 课程思政：隐性思想政治教育的新形态 [J]. 教学与研究，2019（6）：45-51.

严谨求实、负重奋进的办学精神，形成了“厚德、博学、求是”的校风校训，打造了“燕鸣论坛”“红色旋律”“潮汐杯”辩论赛等文化品牌，极大地充实了学生的精神生活，弘扬了主旋律。燕山大学也在努力完善校园硬件设施建设，校史馆、东北亚古丝路文明博物馆、“琢园”及其他校园文化景观，也在助力校园文化建设，真正从时间和空间方面保证了思想政治教育的连贯性，提高了思想政治教育的实效性。

2. 高校隐性思想政治教育存在的问题

唯物辩证法的根本观点是发展的观点，事物的发展是一个过程，一切事物只有经过一定的过程才能实现自身的发展，隐性教育在高校的发展也需要逐步成熟的过程。隐性思想政治教育在高校的实施取得了一定的成效，但也有一些可提升之处：方法缺乏有效创新，资源利用不够充分，教育合力尚未完全形成。

（1）隐性思想政治教育方法缺乏有效创新

方法是人们为了认识世界和改造世界，达到一定目的所采取的活动方式、程序和手段的总和。“思想政治教育方法是思想政治教育过程中教育者对受教育者实施教育时所采用的方式，是实现思想教育要求和内容向教育对象思想转化并促进其内化的中介要素，与思想政治教育活动相生相伴，直接决定着思想政治教育的活动方式、存在状态和教育效果。”[①]依据思想政治教育存在方式的不同，可以划分为显性教育思想政治方法和隐性思想政治教育方法。对隐性思想政治教育方法的研究，有利于丰富思想政治教育方法，也有利于完善思想政治教育体系。在高校的教育教学工作中，方法论的改革创新存在一定的滞后：一是对于隐性思想政治教育方法的利用，依然简单地局限于课外实践活动、校园文化活动等，缺乏创新性；二是在运用隐性思想政治教育方法时，没能够紧跟时代和社会发展需要，不断采用新的方法来满足当代大学生思想多样化、个性化的要求，拓展隐性教育的渠道，实现隐性思想政治教育与时代、社会同进步；三是隐性思想政治教育方法单一，没有充分利用高度发达的信息传播媒

① 白显良．隐性思想政治教育基本理论研究 [M]. 北京：人民出版社，2013：156.

介，比如校园网、微博和微信等现代信息传递方式，来引领思想政治教育的发展，及时广泛地传递教育信息，实现教育主客体超时空、多角色的沟通与交流，来构建网络隐性思想政治教育基地，提升思想政治教育效果。

（2）隐性思想政治教育资源利用不够充分

“隐性教育资源是指融入思想政治教育活动中的具有隐性教育信息、功能和价值的一切存在。”[①] 高校隐性思想政治教育资源往往以不被人注意的方式存在于高校环境、各种活动、日常生活之中，纷繁多样、错综复杂。从对大学生的教育方式上看，分为课内和课外两大部分；从性质上看，分为物质形态和精神形态两种。长期以来，人们过于依赖或偏重对显性思想政治教育资源的开发和利用，而忽视了对隐性思想政治教育资源的挖掘，导致隐性思想政治教育资源不必要的闲置和浪费，具体表现为：

第一，各类课程中的隐性思想政治教育资源未得到有效利用。高校课程教学体系分为公共基础课程、专业教育课程、实践类课程等，其中，公共基础课程注重在潜移默化中坚定学生理想信念，厚植爱国主义情怀，加强品德修养，增长知识见识，培养奋斗精神，提升学生综合素质；专业教育课程注重挖掘提炼专业知识体系中所蕴含的思想价值和精神内涵；实践类课程注重让学生在实践中增长智慧才干，在艰苦奋斗中锻炼意志品质。现实中，我国高校各类课程的育人功能还没充分发挥出来，主要表现在：一是在公共基础课程中，片面强调专业课的学习而削弱公共课的地位；二是在专业教育课程中，片面强调对学生专业知识和技能的传授和培养，而相对忽视对学生思想品德的塑造和价值观的引导；三是在实践类课程中，存在重形式轻内容的现象，相对忽视了实践教学对大学生成长成才的重要作用。

第二，校园文化中的隐性思想政治教育资源未得到有效利用。校园文化中的隐性思想政治教育资源包括物质层面、精神层面和制度层面，在开发和利用中主要存在的问题是：一是高校物质文化建设缺乏思想政治教育内涵和特色。虽然许多高校在物质文化设施建设上加大了投入，但校园建筑、环境布置、绿

① 徐恒．隐性思想政治教育中存在的问题及对策 [D]. 西安：中共陕西省委党校，2015.

化美化等没有彰显精神文化意义，并不能够真正地带给学生知识的启迪和心灵的熏陶。二是精神文化建设呈现功利性或娱乐性倾向。功利性是指由于受社会大环境和高校自身的影响，存在唯学历、唯职称、唯论文等倾向，娱乐化倾向是指高校组织的校园文化活动过于注重娱乐功能，影响了其中蕴含的隐性思想政治教育功能的发挥。三是制度文化缺乏人文关怀。部分高校存在重管理轻服务的现象，学生管理工作没有真正做到“以人为本”，需要切实强化管理育人，不断深化服务育人。

（3）隐性思想政治教育合力尚未完全形成

首先，从宏观层面来讲，学校、家庭和社会之间的教育合力尚未完全形成。马克思认为人的本质在其现实性上是社会关系的总和，受传统教学观念的影响，学校被视为教育活动的主阵地，忽视了家庭教育和社会教育的协同育人作用。

其次，从微观层面来讲，高校显性教育和隐性教育的合力尚未完全形成。显性思想政治教育与隐性思想政治教育相互渗透、相互补充，二者各有千秋，互相取长补短。只有将二者统一于思想政治教育实践中，才能有效地促进教育对象的思想品德的发展，取得最好的教育效果。然而，在实际的教育教学工作中，显性教育和隐性教育的优势并没有得到充分的体现，出现了衔接不畅、配合不佳的问题：一是“重显轻隐”的倾向，导致一些隐性思想政治教育因素未能有效发挥出来；二是显隐“两张皮”的问题，尤其是二者的成熟度并不一致，显性思想政治教育在长期的发展中形成较固定的模式，而隐性思想政治教育方法仍属于新生事物，二者的“无缝衔接”和有机配合还需要在实践中不断探索尝试。

四、高校实施隐性思想政治教育的优化路径

高校隐性思想政治教育的优化是面对新形势新任务的必然选择，从课程、校园和社会三方面入手，由小及大、由内及外地挖掘其他课程和教学方式中蕴含的思想政治教育资源。燕山大学是一所以工科为主的高校，隐性思想政治教育的实施具有更强的必要性和更广阔的发挥空间，同时也有着深厚的教育基础：不仅有举办十年的“红色旋律”校园文化建设项目，更有丰富的校史文

化。除此之外，燕山大学地处沿海，临近京津，优越的地理环境优势使其能够深刻感受改革开放脉搏，具有更丰富的感性材料。以燕山大学为例，探索隐性思想政治教育在高校思想政治教育教学中的应用，力求提出可推广性和可操作性强的建议及措施。

1. 全面推进课程思政建设

隐性教育能够拓展思想政治教育的时间和空间维度，是课程思政改革实行的逻辑起点，课程思政是隐性教育理念的扩展和具体的落实。2007 年 12 月，《高校思想政治工作质量提升工程实施纲要》中明确提出了“课程思政”的概念。近年来，课程思政已经成为学术界研究的热点问题。习近平总书记在全国高校思想政治工作会议上强调：“做好高校思想政治工作，要用好课堂教学这个主渠道，思想政治理论课要坚持在改进中加强，其他各门课都要守好一段渠、种好责任田，使各类课程与思想政治理论课同向同行，形成协同效应。”各高校积极学习习近平总书记关于教育的重要论述和相关讲话精神，相继启动课程思政的改革。

（1）公共基础课程是课程思政建设的天然载体

高校的公共基础课程分为公共必修课程和公共选修课程，公共必修课程包括思想政治理论课、体育、大学英语等，公共选修课程则涉及各类专业。《高等学校课程思政建设指导纲要》指出，公共基础课程要“注重在潜移默化中坚定学生理想信念、厚植爱国主义情怀、加强品德修养、增长知识见识、培养奋斗精神，提升学生综合素质”。燕山大学着力推进公共基础课程中的教学改革：在“大学英语”课程中实现语言学习与思想政治教育的有机结合，培养学生的跨文化交流能力，树立学生的民族认同和文化认同，增强学生的文化自信；将体育类课程与德育相融合，除了引导学生养成运动习惯、掌握运动技能、发展健全人格外，同时弘扬体育运动和比赛中彰显的爱国主义和集体主义精神。要充分认识公共基础课程教学的重要性，切实加强公共基础课程教学改革，进一步提高教学质量和育人质量。

（2）专业教育课程是课程思政建设的特色资源

完善课程思政体系，要将专业教育课程作为课程思政的重要组成部分，立足各个学科、专业的特点，挖掘其中的思想政治教育资源，实现知识传授与价值引领的有机统一。课程思政教学改革涵盖广泛，包括理、工、文、经管、艺术等各个学科和专业，同时强调各专业课程要依据学科专业特点，精准把握课程思政的切入点：在工程技术类课程中，突出培育求真务实、实践创新、精益求精的工匠精神，强调国内外技术发展情况对比分析，培养学生踏实严谨、追求卓越的优秀品质。在自然科学类课程中，突出培育科学精神和创新精神，将辩证唯物主义和历史唯物主义理论贯穿渗透，引导学生尊重自然规律，勇挑人类共同发展进步的历史重任。燕山大学发布了《燕山大学课程思政教学研究与改革项目申报指南》，为专业课教师进行课程思政改革提供方向指引；启动了课程思政教学改革立项，强调要遵循学生成长规律和教育教学规律，运用现代教育思想和现代教学手段，探索适合各专业课程思政的教学内容；在“理论力学”这门课程中，结合国家推进、全面深化“新工科”任务的要求，强化以学生为中心，以成果为导向、持续改进的 OBE 核心理念，形成了“课程内容 + 具体项目 + 思政元素”三位一体的课程体系；在哲学社会科学类课程中，突出体现马克思主义中国化的最新理论成果，以社会主义核心价值观、中华优秀传统文化教育为灵魂和主线，引导学生不断增强“四个自信”；在人文艺术类通识课程中，强调突出培育高尚的文化素养、健康的审美情趣、乐观的生活态度，注重把爱国主义、民族情怀贯穿渗透到课程教学中。

（3）实践类课程是课程思政建设的有效延伸

实践类课程分为专业实验实践课程、创新创业教育课程和社会实践类课程，《高等学校课程思政建设指导纲要》指出：“专业实验实践课程，要注重学思结合、知行统一，增强学生勇于探索的创新精神、善于解决问题的实践能力。创新创业教育课程，要注重让学生‘敢闯会创’，在亲身参与中增强创新精神、创造意识和创业能力。社会实践类课程，要注重教育和引导学生弘扬劳动精神，将‘读万卷书’与‘行万里路’相结合，扎根中国大地，了解国情民情，在实践中增长智慧才干，在艰苦奋斗中锤炼意识品质。”燕山大学倡导学生个性发展，鼓励学生发挥特长，积极开展创新创业教育活动，搭建了创新创业教育平台，使创新创业教育与专业教育相互促进、深度融合，培养大学生综合素质。思想政治理论课实践教学采取了组织大学生开展立足于校园内的社会公益实践活动的模式，通过社会公益实践活动的开展，培养了学生的社会责任感和无私奉献的精神，践行社会主义核心价值观。专业课的社会实践，以燕山大学“汽车构造（三级项目）”为例，该课程采用项目式教学，教学环节包括理论教学、讨论课、课程项目和实验，根据课程特点，在课程知识传授过程中将爱国、敬业、诚信和友善等德育教育元素有效渗透到课程内容中。同时通过布置课下调研行业发展动态的作业，一方面让学生及时了解汽车构造先进技术的应用与发展，另一方面引导学生深入思考技术更迭的趋势与规律，激发学生开拓创新与追求极致的工匠精神，使学生在实践中实现自我价值与社会价值的统一。

2. 着力加强校园文化建设

多元文化冲击下的大学校园，如何让马克思主义的意识形态、中国特色社会主义的理想信念，以及对祖国、对人民、对中国共产党的深厚情感牢牢占据大学生的内心世界，不仅是高校思想政治工作、思想政治理论课教学需要面对的问题，也是校园文化建设的主题。苏霍姆林斯基曾经指出：“用环境进行教育是教育过程最微妙的领域之一。”[①] 校园文化是在学校管理和教育教学实践中形成的特定的物质文化、精神文化和制度文化的总和，其中，“物质文化是体现精神文化的载体；而精神文化则是校园的核心文化，透射出一所高校特定的人文底蕴”[②]，制度文化则是促进二者功能发挥的保障。校园文化代表了一所学校的文化追求、价值取向、精神境界，是不容忽视、潜移默化的教育力量。

（1）打造“红色旋律”文化品牌

习近平总书记在全国高校思想政治工作会议上指出：“做好高校思想政治工作，要更加注重以文化人以文育人，广泛开展文明校园创建，开展形式多样、健康向上、格调高雅的校园文化活动，广泛开展各类社会实践。”从 2010 年开始，燕山大学以马克思主义学院为依托，在全校范围内开展“红色旋律”

① 苏霍姆林斯基 . 教育的艺术 [M]. 肖勇，译 . 长沙：湖南教育出版社，1983：100-101.

② 李铭 . 高校隐性思想政治教育研究 [D]. 北京：首都师范大学，2009.

校园文化建设项目，以“高举中国特色社会主义伟大旗帜，传播宣讲马克思主义，反对多元化，弘扬主旋律，占领主阵地”为建设宗旨，以推出精品、形成特色、营造品牌为基本工作思路，积极开展系列“红色”题材的校园文化活动，经过多年的不断改革和完善，“红色旋律”活动构建了包括讲坛、读书会、影苑、网络建设、“红色旋律”报和社会考察在内的立体化格局：讲坛是“红色旋律”系列活动的中心，“名师汇聚、思想碰撞、解答热点、饱含底蕴，是‘红色旋律’的讲坛的突出特点”①；“红色读书会”为师生提供了一个共读经典、抒发情怀、交流思想的平台；“红色影苑”在三位主评老师的引领下，感悟永恒的爱国主义精神；网络建设是“红色旋律”特色校园文化活动的重点内容，使师生能够更加方便地交流与互动；“红色旋律报”是燕山大学马克思主义研究会成员的自办报刊，承载了师生们对马克思主义理论的热爱和丰富的思想硕果；通过对革命根据地、纪念馆等的考察，使师生们增加对中国革命和建设艰巨性的感性认识。“红色旋律”如今已经成为思政课堂的重要延伸，营造了浓厚的思想政治教育氛围，成为燕山大学“一个响当当的校园文化品牌”②。

（2）挖掘百年校史红色基因

红色基因是刻在一个民族血脉中永恒不变的精神支柱，以一种巨大的精神力量托起中华民族的脊梁。党的十八大以来，习近平总书记在多个场合深切缅怀革命先烈，反复重申延续“红色基因”、弘扬革命精神的关键作用。燕山大学在对大学生进行思想政治教育时，在隐性思想政治教育上不懈努力，着力开发校园红色教育资源，并与本校的办学特色相结合，全面发挥红色基因的育人功能。2020 年恰逢燕山大学百年校庆，“建校溯源百周年，独立办学一甲子”，在办学治校的过程中，燕山大学形成了底蕴深厚的校园文化，培养了众多在社会主义建设和改革事业中作出杰出贡献的人才。燕山大学的校史与新中国的发展史是同向而行的，新中国成立后，为了配合工业化的进程和“一五计划”的

---

① 王新华，李晔.“红色旋律”凝铸精神家园——燕山大学以主旋律引领校园先进文化建设 [J]. 教学研究，2012，35（1）：1-4.

② 耿建林，陈元秋，刘英 . 燕山大学：奏响“红色旋律”，打造思政“金课”[N]. 光明日报，2019-05-16（015）.

实施，才有燕山大学的前身——东北重型机械学院的独立建校；为改革开放后，1984 年设立了 14 个沿海开放城市，燕山大学南迁秦皇岛，并不断发展壮大。燕山大学始终秉承科技创新的发展原则，主动为国家战略需求服务，为国家和地方的经济社会进步作出了巨大贡献。燕山大学进一步发挥校园红色基因的独特育人功能：加强与优秀校友的沟通交流，通过榜样的力量激励学生努力奋斗；精心组织编写校史，汲取奋斗的精神力量；打造“国之重器”的雕塑工程——万吨水压机及人物情景雕塑，建设校史陈列馆，用校友们的优秀品格、先进事迹和奋斗精神，教育引导学生立大志、筑梦想，找到自己努力前进的方向，实现人生价值。

（3）建立健全管理保障机制

“管理育人是制度发挥自身作用的主要体现之一，管理制度的健全是对大学生进行思想政治教育的良好的体制保证。”① 学校的管理制度必须是生动灵活且与时俱进的，才能保障思想政治工作的有序推进和隐性思想政治教育的顺利进行。高校必须要采用灵活的管理方式，将管理工作的实施、评价与隐性育人功能的发挥统一起来，充分尊重学生主体地位，转变工作作风，推动各项体制机制从“重管理”向“重育人”转变，努力把刚性的管理转化为柔性的教育，刚柔并济，提升高校思想政治工作实效。以燕山大学为例，在东北重型机械学院时期就总结出了做学生思想政治工作“三个相结合”的方法：把思想政治工作同业务学习相结合、同管理制度相结合、同生活上的关心相结合，推动了学生思想政治工作的有效开展。近年来，燕山大学学工处也在吸收先进经验的基础上，努力提升服务水平，强化育人实效，切实完善学生管理规范和办法，承担起对大学生进行培养和教育的使命，全面促进大学生综合能力的提高，同时完善了部门管理，提高了育人能力，发挥了隐性思想政治教育的功能。

“学校教育与社会教育、家庭教育的一个重要不同点，就是有特定的育人环境。如果只是进行业务教学，可以运用远距离教学。之所以把学生集中在学校进行教育，就是因为存在一个特定的育人环境，有利于熏陶、引导、培育学

① 李铭 . 高校隐性思想政治教育研究 [D]. 北京： 首都师范大学，2009.

生，使之具备高于社会一般水平的思想品德素质。”[①] 人创造了文化，文化又在无形之中塑造着人。校园文化是由学校中的全体人员共同创造的，积极向上的校园文化一旦形成，就是重要的隐性思想政治教育力量。对校园文化中蕴藏的隐性育人资源进行挖掘，促进思想政治教育的改革创新，为全员全程全方位育人作出了有益的探索

3. 深入挖掘社会教育资源

社会资源是对大学生进行思想政治教育的重要教育资源，对学生深层次的心理结构有着潜在的渗透作用。习近平总书记在全国高校思想政治工作会议上强调：“完成立德树人根本任务，需要整合学校、家庭、社会各方面的力量，形成协同育人的机制。”因此，要发挥“引进来”和“走出去”的双重作用，共同助力高校隐性思想政治教育的发展。

（1）“引进来”——发挥校外资源优势

高校加强隐性思想政治教育，教师是优化教学效果的关键。要充分发挥校外教育资源的优势，树立“引进来”的理念，建设一支包括思想政治素质、道德品质、理论素养和教学能力在内的综合实力强劲的教师队伍。2008 年，中央专门出台文件指出，加强高等学校思想政治理论课教师队伍建设，不仅要实现校园内师资队伍的优化组合，还要把视野拓展到校园外，“积极争取从社会各界聘任理论研究、教学单位和实际部门的专家学者和领导干部承担一定的思想政治理论课教学”。2020 年 1 月 16 日，《新时代高等学校思想政治理论课教师队伍建设规定》指出：“高等学校可以实行思政课特聘教师、兼职教师制度。鼓励高等学校统筹地方党政领导干部、企事业单位管理专家、社科理论界专家、各行业先进模范以及高等学校党委书记校长、院（系）党政负责人、名家大师和专业课骨干、日常思想政治教育骨干等讲授思政课。”近年来，燕山大学高度重视师资队伍建设，积极鼓励在职教师继续深造，引进海内外优秀人才，邀请知名专家学者进行专题学术讲座，使思政课教师在数

① 徐文良. 难忘的历程——高等学校思想政治教育的回顾与思考 [M]. 长春：吉林人民出版社，2008：172.

量和质量上都有了显著提高。同时，鼓励产教结合：一方面邀请行业专家等来校举办讲座，为学生传授实践经验，另一方面也组织学生参观与专业相关的优秀企业单位，由专业教师或行业带头人进行现场教学，让学生对未来自己将要从事的工作方面有更加深入的了解，达到课程教学所要求的知识传授与价值塑造目标。

（2）"走出去"——积极参加实践研究和培训活动

首先，教师要"走出去"。为切实提高思想政治理论课教师综合素质，要鼓励教师"走出去"，积极参加实践研修和培训活动。《关于深化新时代学校思想政治理论课改革创新的若干意见》指出："建强高校思政课教师研修基地，依托首批全国重点马克思主义学院所在高校重点开展理论研修，依托高水平师范类院校重点开展教学研修，全面提升每一位思政课教师的理论功底、知识素养。建立一批'新时代高校思想政治理论课教师研学基地'，组织思政课教师在国内考察调研，在深入了解党和人民伟大实践中汲取养分、丰富思想。组织思政课骨干教师赴国外调研，拓宽国际视野，在比较分析中坚定'四个自信'"。同时，各高校要积极加强校际的交流与协作，共同提升思政课教师的理论功底和知识素养。

其次，学生要"走出去"。要鼓励学生积极参加校外实践活动，通过参观爱国主义教育基地等实践活动实现与书本知识的互联互通，激发学生的学习热情。党的十八大以来，习近平总书记多次对爱国主义教育基地建设管理工作作出重要指示，他指出："爱国主义教育基地是激发爱国热情、凝聚人民力量、弘扬民族精神、传承红色基因的重要场所。"爱国主义教育基地"是进行爱国主义和革命传统教育的宝贵资源，是弘扬民族精神和时代精神的重要载体和依托，具有其他爱国主义教材和课堂所没有的独特资源"[①]。燕山大学每年都会组织学生到李大钊纪念馆、井冈山等爱国主义教育基地进行参观和学习，指引学生自觉承继红色基因，传播红色文化，增强热爱祖国的深厚情感。爱国主义教

① 刘义飞．论爱国主义教育基地建设的时代价值 [J]. 经济与社会发展，2009，7（10）：195-197.

育基地是对大学生进行价值观培育的关键社会资源，在今后的教育实践中必须长期不断地鼓励和支持。

探索高校实施隐性思想政治教育的优化路径，首先要全面推进课程思政建设，进一步贯彻落实立德树人根本任务；其次要着力加强校园文化建设，发挥校园文化独特的教育力量；最后要深入挖掘社会教育资源，“引进来”与“走出去”双管齐下，共同助力高校隐性思想政治教育发展。

隐性思想政治教育作为一种潜移默化的教育方法，有效弥补了显性教育的不足，既是一个理论性课题，也是一个实践课题。显性教育和隐性教育相统一既反映了高校思想政治教育研究的基本趋势，也是提升高校思想政治教育整体性和实效性的必然选择。中国特色社会主义进入新时代，我们要抓住机遇，直面挑战，促进隐性思想政治教育实践的发展不断深化，促进高校育人工作的能力和水平不断提升。

第十八章　构建课程思政的育人大格局

习近平总书记在全国高校思想政治工作会议上指出："要用好课堂教学这个主渠道，思想政治理论课要坚持在改进中加强"，"其他各门课都要守好一段渠、种好责任田，使各类课程与思想政治理论课同向同行，形成协同效应"[①]。习近平总书记的重要讲话为课程思政改革提出了要求，指明了方向。在教学中实现知识传授与价值引领的统一，寓价值引领于知识传授之中，使大学生在获得科学知识的同时树立正确的价值观，成为德智体美劳全面发展的合格人才，这是课程思政改革需要关注的核心问题。因此，在课程思政改革中突出其价值引领是题中应有之义，也是使各门课程与思政课共同完成育人目标的关键所在。

一、课程思政的必要性分析

思想政治理论课与其他课程"两张皮"的现象，是指仅仅依靠思想政治理论课和日常思想政治教育工作进行思想政治教育，其他课程，包括通识教育课和专业课等"置身事外"，思想政治理论课"单项突进"。"两张皮"现象不利于高校思想政治教育的进行以及立德树人根本任务的完成。通过分析"两张皮"现象的产生原因和消极影响，分析课程思政的必要性。

1955 年 4 月，高教部副部长刘子载在高等工业学校、综合大学校院长座谈会上的发言中列举一些现象，部分高校未能充分认识所有教师都负有对学生进行思想政治教育的职责："有人以为对学生进行思想政治教育工作室政治辅

① 习近平在全国高校思想政治工作会议上强调：把思想政治工作贯穿教育教学全过程开创我国高等教育事业发展新局面 [N]. 人民日报，2016-12-09（01）.

导处或党、团组织的事，与己无关。如北京医学院有一位教师看到同学损坏了很多仪器，不及时去教育同学，却将这些仪器值多少钱开了一个单子给团委会，让团委会去教育；甚至不少教师对学生政治思想教育完全采取了与己无关的不闻不问的态度。因此，应向每一个教师反复说明：通过教学活动（这是最主要的方面）和适当地关心学生的课外活动，来培养学生的共产主义道德品质，这是每个新中国教师的光荣职责。”在这个发言中指出：“要做到全面负责，当然是有困难的，绝不能要求过高、过急，但学校各级领导和全体教师必须明确树立这种思想，并在今后工作中有计划地、有步骤地加以贯彻。”[①] 新中国成立后，已经明确了全员育人的必要性和目标，并认识到只有循序渐进才能收到实效，但是还有需要通过具体的政策措施来使之落地落实。

哲学社会科学是人们认识世界和改造世界的重要工具，是推动历史发展和社会进步的重要力量，繁荣发展哲学社会科学事关党和国家事业发展的全局。高等学校的哲学社会科学课程具有鲜明的意识形态属性，对于帮助大学生坚定正确的政治方向、正确认识和分析复杂的社会现象、提高思想道德修养和精神境界具有十分重要的作用。如果哲学社会科学教师对马克思主义理论一知半解，置之不理，甚至把“反马”“非马”思想奉为圭臬，在课堂上宣扬与社会主义核心价值观相抵触的观点，就会加大高校思想政治教育的阻力，消解思想政治教育的效果，影响高校立德树人目标的实现。2014 年 11 月 14 日，《辽宁日报》发表编辑部文章《老师，请不要这样讲中国——致高校哲学社会科学老师的一封公开信》。信中说，该报记者奔赴东西南北中，深入北京、上海、广州、武汉、沈阳 5 座城市的 20 多所高校，听了近百堂专业课，大家被老师们渊博的专业知识、严谨的治学态度、自觉的责任意识所感动，发现“‘呲必中国’的现象一定程度存在，有的还很过分，必须引起教育界的警觉和重视”，具体表现为：第一是缺乏理论认同。有的老师用戏谑的方式讲思想理论课，揭秘所谓马克思恩格斯的“隐私”；将毛泽东与古代帝王进行不恰当的比较，解

① 教育部社会科学司．普通高校思想政治理论课文献选编（1949—2008）[M]. 北京：中国人民大学出版社，2008：22.

构历史，肆意评价；对党的创新理论不屑一顾，动辄把实践中的具体问题归结为理论的失败。第二是缺乏政治认同。有的老师传递肤浅的“留学感”，追捧西方“三权分立”，认为中国应该走西方道路；公开质疑中央出台的重大政策，甚至唱反调；片面夸大贪污腐败、社会公平、社会管理等问题，把发展中的问题视为政治基因缺陷。第三是缺乏情感认同。有的老师把自己生活中的不如意变成课堂上的牢骚，让学生作无聊的“仲裁”；把“我就是不入党”视为个性，显示自己“有骨气”；把社会上的顺口溜和网络上的灰色段子当作论据，吓唬学生“社会险恶”，劝导学生“厚黑保身”。在评说中国时，只看地理的横坐标，不看历史的纵坐标；只看问题，不看成绩，离开全面的、历史的思维方式和研究方法，借别人的尺子来规划，用西方的刻度来丈量中国。淡化、消解了思想政治教育的成效，与高等教育立德树人的根本任务背道而驰。

2005 年，在经济全球化、文化多样化和价值多元化的背景下，意识形态领域受历史虚无主义、新自由主义等各种错误思潮的冲击，西方敌对势力对中国特色社会主义否定、分化，我国经济社会发展面临新问题，马克思主义在有的领域被边缘化、标签化，在一些学科中“失语”、教材中“失踪”、论坛上“失声”。中央为了加强马克思主义理论研究力量，稳定思想政治理论课教师队伍，提高思想政治理论课教学的实效性，在进一步巩固马克思主义在意识形态领域的指导地位的背景下设立马克思主义一级学科。

二、课程思政的实践路径

随着实践的发展，理论界、学术界和高校对实施课程思政的必要性和重要性，逐渐达成共识，课程思政的路线图也日益清晰。

1. 开设思政课选修类课程

开设思想政治理论课的选修课和拓展性课程，扩大增量，实现学科交叉、文理渗透，拓展和深化对理论知识的理解。新课程的开设有利于吸收政治、经济、文化等领域的最新研究成果，体现了马克思主义学说与时俱进的生命力，是对思想政治理论课主干课程的有益补充。

在上海市课程思政改革中，构建“4+1+X”的课程体系，“4+1”是“05

方案”中的四门主干课加“形势与政策”课，“X”是“自选动作”，要求每所高校结合自身特点开出“中国系列”选修课，形成“一校一特色”格局。比如上海应用技术大学的“中国智造”，发挥学校专业优势，宣讲中国盾构、高铁技术迅猛发展、领先全球的历程，春风化雨间增强学生的“四个自信”。华东政法大学的“法治中国”通过专题讲座的方式，配备最优秀的法学师资，讲授法治中国建设过程中最前沿、最新的理论动态和改革实践，明确法治中国未来发展的前景与方向。上海对外经贸大学的“人文中国”课程以“解读中国人文，传递中国精神，展示中国气派，凝聚中国力量”为主线，精心设计课程内容和形式，在课程内容上突出“三讲”：讲商道，亮出“经贸”学科优势；讲礼数，以学校体育特色项目——中国传统“射艺”为切入点；讲情怀，立足校训以及学校“感恩教育”传统，为师生打开思政大格局、大视野。另外还有上海海事大学的“走向深蓝”、华东理工大学的“绿色中国”、东华大学的“锦绣中国”、上海第二工业大学的“大国工匠”等。这些课程围绕办学优势和专业特色，对思想政治理论课的主干课程形成有力的配合。2019年4月30日，教育部办公厅发布了《关于开展“一省一策思政课”集体行动的通知》（见表18-1），充分发挥各地的区位优势和资源优势，因地制宜，因势利导，在省级层面打造一批品牌工作项目，总结凝练一批可复制可推广的先进经验和做法，与课程思政改革相互呼应、相互促进。

表18-1 “一省一策思政课”

序号	地区	项目名称	牵头学校
1	北京市	“习近平新时代中国特色社会主义思想在京华大地的生动实践”案例教学	北京大学、清华大学、中国人民大学、北京师范大学、北京理工大学
2	天津市	思政课实践教学创新探索	天津师范大学、天津工业大学
3	河北省	高校思政课青年教师授课大赛	河北师范大学
4	山西省	思政课集体备课行动	山西大学
5	内蒙古自治区	高校思政课实践教学创新计划	内蒙古大学
6	辽宁省	思政课教师素质提升工程	沈阳航空航天大学、大连理工大学、辽宁大学、东北大学、沈阳师范大学、沈阳农业大学
7	吉林省	“学习筑梦”思政课选修课建设	长春理工大学
8	黑龙江省	高校思政课“三推两提”建设工程	哈尔滨师范大学

（续表）

序号	地区	项目名称	牵头学校
9	上海市	高校马克思主义学院“大手牵小手”结对共建	华东师范大学
10	江苏省	课堂、网络、实践“三位一体”思政课教学	南京师范大学
11	浙江省	“课说浙江”思政课教学集体大备课活动	浙江工商大学
12	安徽省	楷模·大师进思政课堂	安徽大学
13	福建省	“讲好中国故事 上好思政课程”行动计划	福建师范大学
14	江西省	思政课立体课堂建设	南昌大学
15	山东省	思政课“同城大课堂”教改项目	山东财经大学、齐鲁师范学院、青岛科技大学、山东大学（威海）等
16	河南省	高校思政课教师能力提升计划	郑州大学
17	湖北省	“深度中国”示范思政课推广计划	华中科技大学
18	湖南省	思政课教师“开放式”课堂培训	中南大学、长沙理工大学、湖南农业大学、湖南科技大学
19	广东省	“当代中国马克思主义精品理论课程”建设	华南师范大学
20	广西壮族自治区	思政课多层级结对共建行动	广西师范大学
21	海南省	高校思政课集体备课制度	海南大学、海南师范大学
22	重庆市	思政课教学体系建设行动	西南大学
23	四川省	实施“精准思政”教学模式	电子科技大学
24	贵州省	红色文化融入思政课教学	遵义师范学院
25	云南省	高校思政课“手拉手”共建计划	云南大学
26	西藏自治区	马克思主义国家观民族观历史观文化观宗教观“三进”创优行动	西藏大学
27	陕西省	高校思政课“新课堂建设”行动	西安交通大学、陕西师范大学、西北大学
28	甘肃省	思政课名师工作室计划	兰州大学
29	青海省	高校思政课教学攻关行动计划	青海师范大学
30	宁夏回族自治区	高校思政课资源共享平台建设	宁夏大学
31	新疆维吾尔自治区	思政课实践教学大舞台建设	新疆师范大学
32	新疆生产建设兵团	“兵团精神”融入思政课程体系建设	石河子大学

燕山大学以马克思主义学院教师为主体开设了系列选修课，作为对思政

课主干课程的拓展和补充，包括“冷战后世界经济与政治”“毛泽东著作选读”“中国当代外交”“犯罪心理学案例剖析”“马克思《1844年经济学哲学手稿》导读”“中国传统文化”“辩证逻辑与批判性思维”“习近平科学技术观重要论述研读”等，其中“中国传统文化”是国家级精品视频公开课，力图以点带面地反映中国传统文化的全貌，使学生感受中国传统文化魅力，获取精神力量和智慧源泉。

除了以马克思主义学院教师为主体开设的选修课外，燕山大学的其他通识选修课也充分体现了课程思政的内容。如针对非英语专业大学二年级学生开设的“跨文化交际”的校级文化类选修课，具体内容包括跨文化交际与全球化、文化感知与价值观、文化与言语交际、文化与非言语交际、文化多样性和跨文化适应五个单元，用爱国精神、政治信仰、社会责任、奉献精神和价值观教育来重塑课程内涵，提升课程的政治性和思想性。不仅激发了学生跨文化交流的浓厚兴趣，提高对文化差异的敏感度和宽容度，而且能够培养学生的国际视野、认知辨析能力和更为全面的思考方式，自觉地成为社会主义核心价值观的坚定信仰者、积极传播者和模范践行者。

这些选修课和拓展性课程的开设，体现规范性与多样性的统一，与思政课同向同行，有助于形成特色鲜明、结构合理、内容鲜活的课程体系，引导学生坚定理想信念，筑牢家国情怀。

2. 挖掘现有课程的思想政治教育因素

不同的课程虽各具特色，但都蕴含着丰富的思想政治教育资源。课程思政需要结合高校的办学特色和专业特色，挖掘现有课程的思想政治教育潜能，拓宽课程思政的渠道，增强思想政治教育的亲和力和针对性。燕山大学坚持爱党爱国爱社会主义高度统一，系统回顾并梳理学校建校以来伴随新中国重机行业成长的光辉历史，传承发扬熔铸在燕大人骨子的奋斗基因、工匠精神、卓越品质和家国情怀，着力培养能担当民族复兴大任的时代新人，着力培养德智体美劳全面发展的社会主义建设者和接班人。同时强化分类指导、精准施策，突出针对性，强调各专业课程要依据学科专业特点，找准课程思政切入点。以下试从哲学社会科学类课程、理工类课程、艺术类课程三个角度，分析思政课与高校专业课程同向同行的实现形式。

（1）哲学社会科学类的课程具有鲜明的意识形态属性，是课程思政改革的天然结合点

哲学社会科学是知识体系与价值体系的统一，是塑造人们世界观、人生观、价值观，培育健康人格和高尚道德情操的理论工具，蕴含着巨大的思想政治教育潜能。正如习近平总书记所说："当代中国哲学社会科学是以马克思主义进入我国为起点的，是在马克思主义指导下逐步发展起来的。"① 两类课程有天然的相通之处，高校中两类课程也有交叉和重叠，有些内容既是公共理论课的组成部分，也是相关学科专业的基础和主干课程。以"05 方案"为例："原理"课中的马克思主义哲学和政治经济学部分，与哲学和经济学的相关专业内容有重叠的部分；"基础"课则与伦理学、法学等专业的课程相联系。这种课程内容的相关性，是课程思政改革在哲学社会科学类课程能够实行的逻辑起点和重要基础，而一定的专业知识也为思政课的展开提供了必要的支持。

（2）理工类课程是课程思政改革的难点和突破口

马克思主义哲学为各门具体科学的研究提供了正确的世界观和方法论。在理工类课程中进行课程思政改革，可以通过挖掘理工类课程中科学技术对社会历史进步意义的案例，加深学生对辩证唯物主义和历史唯物主义基本原理的认识、掌握和运用，或者通过挖掘专业领域的杰出人物和时代楷模的榜样作用，开展爱国主义、职业素养、科学精神和工匠精神的教育。以燕山大学的专业课"电力系统分析"为例，这门课程从以下四个方面体现了课程思政的要求：首先，科技国情法。将科技与国情及世界整体发展相结合，提升对科技发展的归属性、目的性和服务性的认识，通过将电气科研成果与国情对照讨论，向学生传递一个道理：不仅科学家有祖国，科学技术也是有国界的。其次，实时跟踪法。密切追踪专业和行业的热点新闻，将专业知识与社会热点事件结合，既有利于激发学生对于专业的兴趣和科研热情，又有利于培养学生的社会责任和家国情怀。如 2020 年，武汉爆发新冠疫情，火神山医院的电力建设 5 天 5 夜就

① 习近平 . 在哲学社会科学工作座谈会上的讲话 [M]. 北京：人民出版社，2016：5-6.

完成了，体现了“中国速度”与“中国质量”的统一，体现了职业道德素养，激发了学生的爱国情怀；2021 年 2 月，美国得克萨斯州停电，在课程中与我国电网建设相比较，从专业知识角度进行原因分析，并强调遵守电力系统安全稳定标准，促进对学生职业素养、责任意识和爱国情怀的培养。再次，横纵对比法。从历史看发展，提升道路自信；从未来明责任，增强使命担当；与国际横向对比，寻找准确定位，明确突破方向。回顾中国电力工业不断发展壮大的历程，通过“特高压输电”等世界之最的介绍，展示我国电力工业发挥的伟大成就，充分证明我国的制度优越性，培养爱国情怀，坚定社会主义信仰。在讲解坝后式水电厂的发电过程后，通过三峡工程与埃及阿斯旺水电站的对比，使学生深刻认识到大型工程绝对不能受制于人的道理，激发我们的爱国热情和行业荣誉感。最后，科研伦理法。从科学研究对于人类社会发展进程的影响，教导学生作为一名科技工作者，对于所从事的专业更应心存感激，坚守科研的初心和底线。

（3）艺术类课程是实行“课程思政”改革的生动载体

在教学实践中，可以将艺术作品要表达的深刻内涵与思想政治理论课要实现的教学目标相融合，彰显艺术类课程的德育功能：艺术类课程应该致力于学生德智体美劳的全面培养，通过审美体验，提升精神境界。

综上，课程思政的目标是深度挖掘高校各学科门类专业课程蕴含的思想政治教育资源，构建“全面覆盖、类型丰富、层次递进、相互支撑”的课程体系。除此之外，社会实践类课程是课程思政的重要领域，还应该开拓课程思政在创新创业教育和实践教学中的阵地，营造学校、家庭、社会、一体化育人的格局。从自在到自为，化实然为应然，抓住契机推进“课程思政”的整体性推进。需要注意的是，其他课程不能生硬植入、机械搬运思想政治教育元素，要真正做到润物无声，育人无痕，到位而不越位；而且课程思政不只停留在经验传播层面，需要深入分析其科学内涵、生成机理，提炼可复制、可推广的改革创新模式，形成更清晰的路径设计和更明确的建章立制。

3. 发挥教师和教材在课程思政中的作用

课程思政建设是一项系统性工程，既需要国家战略层面的重视，更需要从基层教学层面上的务实推进，从课程体系、教材体系、师资队伍体系、政策保障体系等方面协同发力，常抓不懈，久久为功，而教师队伍的认识程度、能力水平和责任担当是课程思政改革取得成效和价值引领的关键。理念创新是实践创新的先导，课程思政需要教师充分认识课程改革的可行性和必要性，同时要求教师有过硬的政治素质，熟悉本学科、本领域的马克思主义基本理论观点，把德育的目标和任务落实到教学过程中，能够以专业技能知识为载体加强大学生思想政治教育，彰显强大的说服力和感染力。而教师对专业内容的理解程度，对思想政治教育内涵的把握程度，决定了对所教授课程思想政治教育元素的挖掘度。如果教师对课程思政的理解不到位、理论知识储备不足，就会造成教学过程中生硬加入思政课内容的现象。

同时，思想政治理论课教师和马克思主义学院不能在课程思政改革中“置身事外”。师资队伍越是源出多门，就越是需要发挥思政课教师的主导作用：参与“课程思政”的规划、设计，保证正确的政治方向；协助专业课教师，把思想政治教育元素有机融入教学大纲和课程教案。不仅在校内形成教师之间、学院之间和部门之间的常态化沟通机制，同时形成高校之间的校际合作，如2020年12月3日，燕山大学外国语学院和东北大学秦皇岛分校外国语言文化学院进行了课程思政建设的经验交流。总之，课程思政改革的推进需要组建多学科背景互相支撑、良性互动的课程教学团队，通过教师之间的协同育人，保障课程之间的同向同行。

除了师资队伍建设外，教材建设也是教学改革和成果固化的重要一环。任何教材内容的编写都离不开价值立场的选择，在教材中始终贯彻马克思主义理论的基本立场、观点和方法，是课程思政改革的基础性工程。2004年后，党中央决定实施“马工程”重点教材建设，由教育部和中宣部组织编写教材，其范围不仅包括高校思想政治理论课，而且覆盖哲学、政治学、法学、文学、历史学等哲学社会科学专业课程。相关教材的编写获得马克思主义学科群的理论支撑，不仅是“马工程”浓墨重彩的一笔，确保马克思主义在哲学社会科学中的指导地位，同时也是“课程思政”实施的重要依托和载体。除马工程教材外，“课程思政”示范教材的建设也在循序渐进推进中，马工程教材主要是覆盖哲学社会科学，而“课程思政”类的教材涉及领域广泛，覆盖完全，包括理工类、医学类、艺术类和其他类别。除了编写修订新的教材外，还需要围绕“课程思政”的教学目标对现有教材进行系统、深度的“二次开发”，在不影响原有课程的知识图谱、逻辑体系和内在结构的前提下，开发课程蕴含的思想政治教育因子。

课程思政的建设需要常抓不懈，久久为功，既需要国家战略层面的重视，更需要从基层教学层面上的务实推进，而教师队伍的认识程度、能力水平和责任担当是保证改革成效的关键，教材建设是课程思政改革的重要依托和评价改革成效的重要标准。

4. 强化课程思政的组织保障

燕山大学高度重视课程思政建设，为了推动课程思政的扎实推进和有序进行，2019 年 9 月，燕山大学在新学期“教学研究和改革项目”的申报中，专门把“课程思政”教改项目单列。10 月，《燕山大学推进课程思政建设实施方案》经学校党委常委会审议通过，强调要强化授课教师担当学生健康成长指导者和引路人的自觉意识，结合学科特点挖掘课程蕴含的思想政治教育元素，丰富课程内涵，优化教学设计，创新教学方法，使各门课程都“守好一道渠、种好责任田”，实现思想政治教育和知识体系教育有机统一、价值引领和知识传授及能力培养有机统一、教书和育人有机统一，培养德才兼备、全面发展的高素质人才。11 月，燕山大学召开“课程思政”部署会议，明确时间节点，有序推进：2020 年年底前为示范建设期，2021 年及以后为普及推广期，且覆盖本科生和研究生所有课程，具体举措包括：

（1）启动教改立项，明确方向指引

入选燕山大学校级“课程思政”教改项目，包括“特种塑性加工技术”“数据结构”“工程热力学”“解析几何”“比较诉讼法”“大学英语”和“中国音乐赏析”等多门课程，学科门类跨度之大，让全校师生耳目一新。

（2）组织交流研讨，促进成果推广

举办了课程思政主题沙龙、教师座谈会、专题研讨会、典型案例交流会等一系列专题研讨活动。各系（教研室）通过定期开展“课程思政”集体备课，讨论课程教学的内容和方式，总结课程开展的成效；通过召开工作推进会、现场会、研讨会、交流会等形式的活动，共享课程思政建设经验；通过示范观摩听课活动，把脉融入课程课堂教学的思政教育元素，为课程思政建设注入持续动力。

（3）举办教学设计竞赛，以赛促教

截至 2021 年 5 月，燕山大学举办了两届课程思政教学设计竞赛，以赛促教、以赛促学、以赛促改、以赛促建。以燕山大学机械工程学院为例，机械工程学院以课程思政教学改革及竞赛为抓手，实施“五个一”工程，即力争通过 2 ～ 3 年的努力：建设一批课程思政示范课，培养一批善讲课程思政的教师，打造一个课程思政教学竞赛，整理一本课程思政案例集，建立健全一套课程思政育人教学体系，切实促进各类课程与思想政治理论课同向同行。

（4）作好教学质量监控，保证课程思政建设质量

燕山大学各学院组织专人定期对开展的课程思政建设情况和课程质量进行督导检查，在教学运行状态评价中强化课程思政考核，及时宣传表彰，督促整改，确保课程思政建设工作落到实处，取得成效。比如燕山大学开设的“物理化学”课程，通过调查问卷的方式，合理设置问题，在教学评价体系中增加价值引领的权重，设置对学生未来的发展规划的调研问题，了解学生的价值观、学习生活态度和报效祖国的志向，作为课程思政教学效果的评价。

三、充分发挥思政课程对课程思政的价值引领作用

课程思政改革的目的在于积极挖掘高校各类课程的思想政治教育元素，价值引领是课程思政改革的目标追求和原动力；价值引领的基本方略是将“八个相统一”贯彻到课程思政改革中，处理好课程思政与思政课程的关系，提升教师的思想政治素养。

1. 价值引领是课程思政的目标和原动力

价值是客体具有的能够满足主体需要的属性。培养什么人、为谁培养人、怎样培养人，是教育的根本问题。我国的国家性质决定了我们的高等教育必须把培养社会主义建设者和接班人作为根本任务，要满足国家事业发展的客观要

求，满足人民对美好生活向往的殷切期望。高等学校的办学理念、课程体系设计、教学安排必须服务于这个目标，课程思政改革同样也需要发挥价值引领作用。课程思政绝不是把大学的各类课程都变成思政课，而是通过挖掘各类课程中的思想政治教育元素，在专业知识传授过程中，引导学生树立正确的世界观、人生观、价值观，使学生在“成才”的同时努力“成人”。

围绕立德树人根本任务，我国高校课程体系设计大致可分为三个模块：一是思想政治理论课，它是“落实立德树人根本任务的关键课程”。目前本科阶段的“基础”“原理”“纲要”“概论”四门主干课和“形势与政策”课，在纵向上与中小学阶段和研究生阶段的课程相衔接，形成大中小学一体化、相互贯通的思想政治教育课程体系。横向上，思政课程之间构成严密的逻辑关系，环环相扣、相互贯通，在教育目标、教育内容、教育方式等方面在整个高等教育课程体系中发挥引领作用。二是综合素养课。这类课程主要包括外语、计算机、体育等公共基础课，以及文学、艺术修养、心理教育等通识教育课。公共基础课能够为学生专业课的学习打下基础，通识教育课主要以素质教育和满足学生个性化需求为目标。三是专业教育课程。这类课程是大学专业学习的核心，体现大学教育专业化、职业化以及追求高、精、尖的特征。专业课中的哲学社会科学类课程凸显意识形态属性，其中的价值意蕴不言而喻；自然科学类的专业课程也能通过科学思维和职业素养的培育进行价值传导。以专业技能知识为载体对大学生开展思想政治教育，摆脱了空洞的说教和晦涩的演绎推理，具有强大的说服力和感染力。这种方式能够将课堂主渠道的功能凸显出来，扭转专业课程重智轻德、价值缺失的现象。这三个模块的课程之间是有机统一、不可分割的关系，它们具有目标上的一致性、功能上的契合性、内容上的互补性。

2. 思政课程为实现课程思政的价值引领提供方向指引

课程思政改革要处理好思政课程与课程思政的关系：在深入挖掘各类专业课程的思想政治教育资源、丰富思政课程内容的同时，要切实发挥思政课程对课程思政的价值“导航”作用，切实保证课程思政不偏离改革的“初心”，让课程思政的思政意蕴得以彰显，主要体现在以下三个方面：

（1）政治方向引领

政治性是思政课的本质属性，是思政课程的“初心”和灵魂。以思政课程引领课程思政改革的政治方向，是二者之间实现逻辑互构的起点。思政课程的开设可追溯到新中国成立伊始，《中国人民政治协商会议共同纲领》明确规定：“人民政府的文化教育方针，应以提高人民文化水平，培养国家建设人才，肃清封建的、买办的、法西斯主义的思想，发展为人民服务的思想为主要任务。”[①]改革开放以来，思政课经过“85 方案”“98 方案”“05 方案”的历次改革，但其政治属性，其引领整个高等教育政治发展方向的地位，始终没有动摇。课程思政当然不是把专业课、综合素质课都变成思政课，但它作为服务于“大思政”格局而生成的教育理念，必然遵循思想政治教育的规律，必然要与专业化、系统化的思政课程同向同行，必然要把正确的政治方向作为自身建设成效的重要标准，否则课程思政就会失去灵魂或迷失方向。思政课要从政治方向上引导课程思政，使各类课程都能把知识传授、能力培养与立德树人紧密结合。

（2）价值观引领

培育和践行社会主义核心价值观是新时代思政课教学的价值遵循。在坚定正确政治方向的同时，为青年成长提供正确的价值引领，是思政课的重要功能。思政课程承载思想价值引领的理论担当，能否明晰善与恶、美与丑、对与错、是与非，这对处于人生“拔节孕穗期”的青年学生来说，显得尤为重要。与此同时，育人是课程思政的根本诉求，其改革的全部意义恰在于此。这一诉求集中体现在教师要通过对各类课程中蕴含的思想政治教育元素的挖掘及彰显，使其由隐性教育到显性教育，把思政课程的教学目标有机融入其他各类课程的知识体系中，使各类课程在知识传授过程中注重价值塑造，满足学生成长成才的需要。

（3）方法论引领

马克思主义是科学的世界观和方法论，它给人们提供认识、分析和解决问

① 教育部社会科学司 . 普通高校思想政治理论课文献选编（1949—2008）[M]. 北京：中国人民大学出版社，2008：1.

题的正确立场、观点和方法。因此，马克思主义不仅是哲学社会科学各门学科的研究对象，而且也为包括自然科学在内的各门学科提供科学认识问题的立场、观点和方法，这是任何科学研究的灵魂。无论是马克思主义唯物论要求人们遵循客观世界的发展规律，还是马克思主义辩证法要求人们全面辩证地分析研判问题，抑或是历史唯物主义的人民立场，都是各类科学研究取得卓越成就的根本保证。思政课程通过对马克思主义理论的系统教学，使学生认识和了解中国共产党带领中国人民在马克思主义的指导下取得的巨大成就，进而坚定“四个自信”。

3.“八个相统一”是实现课程思政价值引领的基本方略

“八个相统一”在课程思政中包含三个层面，即价值层面、课程层面和教学方法层面，不仅是推动思政课改革创新必须遵循的基本原则，也是课程思政改革实现价值引领的基本方略。

（1）坚持政治性和学理性相统一、坚持价值性和知识性相统一、坚持建设性和批判性相统一，明确了各类课程在价值观层面的基本要求

“古今中外，每个国家都是按照自己的政治要求来培养人的，世界一流大学都是在服务自己国家发展中成长起来的。我国社会主义教育就是要培养社会主义建设者和接班人。”[①] 政治性和学理性的统一，鲜明地指出了我们社会主义大学的性质，指出了社会主义大学各类课程设置都要围绕“四个服务”的政治属性，明确了高等教育课程的学术性、专业性是其生命力所在。政治不是抽象的、空洞的，必须与理论的逻辑性、科学性紧密结合，才能发挥作用。要用正确的政治方向引导学生，用理论的科学性吸引学生，用论证的严密性征服学生。高校的人文社会科学类课程具有明显的意识形态属性，必须坚持以政治性为灵魂，坚持以科学的理论为指导。自然科学类课程必须解决“为了谁”的问题，培养学生报效国家、为人民服务的本领，教育学生认清科学技术的“双刃剑”作用，积极承担社会责任，遵纪守法，让科学知识造福于人类，培养他们敬业爱岗的职业道德和精益求精的工匠精神。

① 习近平. 在北京大学师生座谈会上的讲话 [N]. 人民日报，2018-05-03（02）.

价值性和知识性是任何一门科学知识都固有的两种基本属性，寓价值引领于知识传授之中是成功教育的一般规律。处于“拔节孕穗期”的青年学生，不仅需要知识的雨露让其长高长大，更需要正确世界观、人生观、价值观的引导使其长强长壮。教师只有用丰厚的知识成果滋养正确的价值观念，在知识传授过程中以透彻的学理分析回应学生的思想和人生困惑，帮助学生在事实判断中形成正确的价值判断，作出正确的价值选择。此外，大学教育追求真理的科学精神决定了在思想观念上要明确“坚持什么、反对什么”，因此，要处理好课程教学中建设性和批判性的关系。建设是“立”，要旗帜鲜明地传导主流意识形态、践行社会主义核心价值观，坚持科学精神、求真求实；批判是“破”，要敢于对各种错误观点、歪理邪说、伪科学进行回击和批判。这“三个统一”阐释问题的维度不同，但目标一致。

（2）坚持理论性和实践性相统一、坚持统一性和多样性相统一是从课程建设层面而言

毋庸讳言，高校大多数课程都具有理论性和实践性的双重特征，都具有知识传授、能力培养和素质提升的教育功能，三者之间从逻辑上是层层递进的。课程建设之所以强调理论性，是因为大学教育不同于一般的职业技能教育，不仅需要学生有较为扎实的理论功底，还要有高超的解决实际问题的能力，培养出能够担当民族复兴大任的综合素质。实现这一目标就必须做到理论教学和实践教学的统一，只有知行合一，理论学习和生产实践相结合，才能将理论内化于心，外化于行，才能将理论知识转化为人民服务的本领，转化为推动实现民族复兴大业的强大力量。因此，各类课程的教育教学既要立足于课堂，将理论学习悟深悟透，又要走出课堂，向群众学习，向社会学习，在实践中学得真知，增长才干。要把每门课程的“小课堂”与社会这个“大课堂”紧密结合起来，真正做到学思用贯通、知信行统一。

统一性和多样性强调的是各类课程设置以及教学既要体现教书育人、知识传授的一般规律，在教学目标、人才培养模式、考核方式等方面体现规范性、统一性，又能够因地因时因课制宜，尊重不同学科的特点和差异，包容多样，求同存异。在多学科、多领域、多样化的教学活动开展中形成育人共识，实现

价值引领。

（3）坚持主导性和主体性相统一、坚持灌输性和启发性相统一、坚持显性教育和隐性教育相统一是从教学方法层面而言

任何课程的教学都要处理好教师主导与学生主体的关系，在发挥好教师传帮带、答疑解惑的主导作用的同时，尊重学生的心理以及兴趣差异，为他们量身定制研读项目和选题，让他们在接触和解决实际问题的过程中领悟教学理念，掌握知识要点，同时开发他们的创新思维，提升其创新能力。目前，很多高校针对学生特点开展的项目式教学就是这种教学方法的典型运用。在完成项目的过程中，学生要充分发挥自身的主动性和创造性，在教师指导下独立自主地进行分析和研究，并得出结论，以此激发学生的自我意识和主体意识。在知识传授过程中，“灌输”是一种传统的教学方法，对于学生掌握基本的知识点、了解学科领域的发展成果，都是不可或缺的。但灌输不等于照本宣科，不等于方法单一。教师在坚持传统教学方法的同时，要结合学生实际，结合学科发展的最新进展，积极运用启发式教学方法，激发学生参与热情，培养学生的问题意识，启发学生得出正确结论。显性教育是在课程学习中利用各种公开手段、公开场所以及教学内容的直接介入，有组织、有系统地在各类课程中融入思想政治教育元素。隐性教育是利用隐性资源和环境，运用非常规和隐性方式，比如，探究真理的科学精神，努力钻研报效国家的爱国情怀，以及工科类课程在专业实习过程中精益求精的工匠精神的培育，财会类课程中“不做假账”的诚信意识的确立，等等，让学生在不知不觉中潜移默化地接受思想政治教育的熏陶。显性教育和隐性教育相互联系，互为补充。

“一枝独秀不是春，万紫千红春满园。”课程思政使高校的思想政治教育由思想政治理论课“单项作战”转向“整体联动”，由“独奏曲”转向“协奏曲”，有效地提升了高校思想政治教育的实效性。

附　　录

附录 1：高校思政课教学情况的调查问卷（教师卷）

十分感谢您参加此次问卷调查。本次问卷调查主要目的是调查高校思政课教学情况。您的参与对本次调研目的的实现具有十分重要的意义。请您务必按照您的实际情况如实作答。

一、基本信息

1. 您的职称（　）A. 教授　B. 副教授　C. 讲师　D. 其他

2. 您的教龄是（　）

A.1 ~ 5 年　B.6 ~ 10 年　C.11 ~ 20 年　D.21 年以上

3. 您所承担课程有（　）【可多选】

A. “马克思主义基本原理”

B. “毛泽东思想与中国特色社会主义理论体系概论”

C. “中国近现代史纲要”

D. “思想道德修养与法律基础”

E. “形势与政策”

F. 其他

二、问卷内容

1. 您平时会使用什么方式进行思政课教学？（　）

A. 传统教学法

B. “慕课”

C. “翻转课堂”

D.“微电影教学法”

E. 其他

2. 您认为当前制约思政课学生主体性发挥的主要因素是什么？（　）【可多选，最多选择 3 个选项】

A. 教材理论性较强

B. 教师学术水平不高

C. 教学方法和手段单一

D. 班级规模过大

E. 学生学习动机复杂化

F. 其他

3. 您认为提升学生在课堂上“到课率”“抬头率”“互动率”的最有效措施应该是（　）【限选 3 项】

A. 加强课堂管理

B. 提升教师教学水平

C. 改善教学方式方法

D. 改变大班授课的现状，开展中班或小班授课

E. 加强互动，调动学生参与课堂教学的积极性

F. 其他

附录 2：高校思政课学生主体性发挥的调查问卷（学生卷）

感谢您参加此次问卷调查。此项调查的主要目的是了解思想政治理论课学生主体性作用发挥的现状，您的参与对本次调研目的的实现具有十分重要的意义。本问卷采用不记名的方式作答，您的答案我们将完全保密。问卷中所有问题答案无对错之分，请你务必按照你的实际情况如实作答。感谢您的参与配合！

1. 您的性别是（　）（单选题）

A. 男

B. 女

2. 您就读的年级是（　）（单选题）

A. 本科生一年级

B. 本科生二年级

C. 本科生三年级

D. 本科生四年级

E. 硕士研究生

F. 博士研究生

3. 您就读的专业类别是（　）（单选题）

A. 文史类

B. 理工类

C. 艺术类

D. 其他类

4. 您是否为中共党员？（　）（单选题）

A. 是

B. 否

5. 您对思政课的态度是（　）（单选题）

A. 只要不挂科就行

B. 很感兴趣，让我终身受益

C. 很重要，是了解国家大政方针的关键课程

6. 您本人对思政课的重视程度是（　）（单选题）

A. 非常重视，利用课内外时间主动学习

B. 比较重视，与专业课同等对待

C. 不太重视，因为老师点名不得不去上课

D. 很不重视，经常逃课，即使去上课也是看别的书

7. 您觉得学习思政课对于您来说有什么意义？（　）【可多选】

A. 了解国家大事，有助于提升政治素质

B. 通过考试可以获得学分，顺利毕业

C. 思政课内容丰富，有利于提升理论水平

D. 对于考研和就业有所帮助

8. 您认为自己在思想政治理论课教学中所处的地位重要吗？（　）（单选题）

A. 非常重要

B. 比较重要

C. 一般重要

D. 不重要

9. 您觉得新时代的高校思政课教师和学生的关系是（　）（单选题）

A. 学生发挥主体作用，从"要我学"转变为"我要学"

B. 教师发挥主导作用，学生听懂听会就行

C. 教师主导性与学生主体性相统一

10. 青少年阶段是人生的"拔节孕穗期"，同时又是富有想象力和创造力的，最需要精心引导和栽培。对此，您的态度是（　）（单选题）

A. 非常赞同

B. 比较赞同

C. 不太赞同

D. 很不赞同

11. 对于思政课教师在思政课课堂教学的理论内容，您的态度是（　）（单选题）

A. 非常感兴趣

B. 比较感兴趣

C. 一般感兴趣

D. 不感兴趣

12. 您是否会关注国内外重大时事政治热点？（　）（单选题）

A. 非常关注

B. 比较关注

C. 一般关注

D. 不关注

13. 对于思政课政治理论的学习，您的做法是（　）（单选题）

A. 课前预习，课后复习

B. 利用课堂时间边学习边记忆

C. 考前突击，答完就忘

D. 理论生硬难背，课上学习其他科目

14. 您是否积极参与老师在思政课堂上组织的教学活动？（　）（单选题）

A. 很积极

B. 偶尔参加

C. 从未参加过

15. 您对思政课老师布置作业的完成情况是（　）（单选题）

A. 认真完成

B. 应付完成

C. 抄袭完成

D. 根本不做

16. 您在思政课课堂上集中精神听讲的时间为（　）（单选题）

A. 全程认真听讲

B. 一半以上时间认真听讲

C. 偶尔认真听讲

D. 基本都不认真听讲

17. 您会主动向思政课教师请教政治理论相关的问题吗？（　）（单选题）

A. 经常

B. 一般

C. 很少

D. 完全不

18. 您会主动参加思想政治教育专题讲座、学术竞赛、参观博物馆和历史纪念馆等与思政课相关的学术活动或实践活动吗？（　）（单选题）

A. 经常参加

B. 偶尔参加

C. 不参加

19. 思政课课堂上老师讲的内容能让您理解清楚吗？（　）（单选题）

A. 非常能理解清楚

B. 比较能理解清楚

C. 不太能理解清楚

D. 完全不能理解清楚

20. 思政课课堂上教师采取的哪种教学方式？（　）【可多选】

A. 依照课本知识进行单一讲授

B. 多媒体和课本讲义相结合

C. 教师提出问题，师生互动

D. 分小组讨论，学生代表发言

21. 您希望思想政治理论课教学中采取哪种教学方式？（　）（单选题）

A. 板书式教学

B.PPT 多媒体教学

C. 视频录像为主，辅以教师解读

D. 实践式教学

E. 网络教学

F. 慕课＋辅导

22. 思政课课堂上老师会经常引导大家展开讨论、分组情境演示吗？（　）（单选题）

A. 经常

B. 一般

C. 很少

D. 不会

23. 您会在课下和思政课老师进行沟通交流吗？（　）（单选题）

A. 经常

B. 一般

C. 很少

D. 不会

24. 有没有思政课教师曾经对您产生良好影响？（　）（单选题）

A. 有一位

B. 有两位

C. 有多位

D. 没有

25. 您的专业课老师在课上是否会引入思政课的要素？（　）（单选题）

A. 是，很多

B. 是，不多

C. 否，没有

26. 您认为影响你自己听课效率的主要因素是（　）【可多选】

A. 教学方法和手段单一

B. 班级规模过大

C. 教师的讲授风格

D. 课程内容无趣

27. 您目前在思政课上遇到的最大问题是（　）【可多选】

A. 课程内容太难，不好理解

B. 学习主动性差，不想学

C. 教师讲得无聊，不感兴趣

D. 网络吸引力更大，不好控制

28. 学习思政课之后，你的思想最主要的变化是（　　）【可多选】

A. 坚定了马克思主义信仰

B. 增加了中国特色社会主义道路、理论、制度、文化自信

C. 增强了对党和政府的信任感

D. 对社会现实问题的认识更加理性

E. 端正了世界观、人生观、价值观

F. 自己的人生规划更加清晰

G. 提高了思想境界

29. 对于发挥学生主体性，提升思政课实效性，您有什么建议？

后　　记

本书为2018年度教育部高校示范马克思主义学院和优秀教学科研团队建设项目（重点选题，项目批准号：18JDSZK019）“改革开放40年高校思想政治理论课建设经验研究”的最终成果，是课题组三年研究的总结。

高校示范马克思主义学院和优秀教学科研团队建设项目是教育部为深入学习贯彻习近平新时代中国特色社会主义思想和党的十九大精神，深入贯彻落实全国高校思想政治工作会议精神，全面推动习近平新时代中国特色社会主义思想进教材、进课堂、进学生头脑，深入实施《普通高校思想政治理论课建设体系创新计划》而设立的以思想政治理论课教学改革为主要内容的教学科研项目。项目的实施内容包括团队所依托的思政课教学科研组织二级机构建设和项目本身的研究成果两个部分。本书所展示的是后一部分——“改革开放40年高校思想政治理论课建设经验研究”的最终成果。

改革开放以来，高校思想政治理论课在改革中创新，社会各界对思政课建设的重视程度不断提升，党对思政课的全面领导不断加强，思政课教学机构建设、课程体系建设、教材建设、教师队伍建设、学科建设不断完善，教学改革不断深化，大中小思政课一体化建设取得明显成效，思政课程与课程思政的融合度不断提升。改革开放40年高校思想政治理论课建设经验证明，必须以习近平总书记在学校思政课教师座谈会上提出的“八个统一”作为办好思政课的根本遵循，在守正创新的道路上不断推动教学理念、教学内容、教学手段的全方位改革，才能让思政课成为学生“真心喜爱、终身受益”的优秀课程。

全书由王新华、齐凯君提出研究框架，撰写写作提纲，完成初稿、审稿、定稿。燕山大学马克思主义理论专业2018级研究生吕菲、高原、李光、邵沐奇在初稿完成过程中帮助搜集资料，开展调研活动。感谢同学们为项目顺利开展提供的帮助！

燕山大学社科处在项目开展过程中给予了大力支持。燕山大学出版社为本书的出版提供了巨大帮助，在此一并表示感谢！

王新华　齐凯君

2021 年 6 月于燕山大学